袁 影 编注

西方修辞学经典选译

——核心概念地图集

（增订版）

罗明安　袁　影　译

WESTERN RHETORIC

A CORE CONCEPT READER IN CHINESE TRANSLATION

(EXPANDED AND REVISED EDITION)

上海外语教育出版社
外教社　SHANGHAI FOREIGN LANGUAGE EDUCATION PRESS

图书在版编目（ＣＩＰ）数据

　　西方修辞学经典选译：核心概念地图集 / 袁影编译注；罗明安译.－－增订版.－－上海：上海外语教育出版社，2025.－－ISBN 978-7-5446-8409-5

　　Ⅰ.H05

　　中国国家版本馆CIP数据核字第202520YW89号

出版发行：**上海外语教育出版社**

（上海外国语大学内）　邮编：200083

电　　话：021-65425300（总机）

电子邮箱：bookinfo@sflep.com.cn

网　　址：http://www.sflep.com

责任编辑：李健儿

印　　刷：**常熟市华顺印刷有限公司**

开　　本：**890×1240　1/32　印张 10.625　字数 306 千字**

版　　次：**2025 年 4 月第 1 版　2025 年 4 月第 1 次印刷**

书　　号：**ISBN 978-7-5446-8409-5**

定　　价：**35.00 元**

本版图书如有印装质量问题，可向本社调换

质量服务热线：4008-213-263

谨以此书献给

胡曙中导师与上海外国语大学
蒋　严导师与香港理工大学

目　录

序　言

谭学纯

学术概念是学术观察和学术思考的一个独特窗口。

学术认知依托概念范畴，基于某种学术认知的理论建构或解构，通常在支撑该理论的概念范畴中被证实或证伪。这是学术概念的能量映射的权力美学。据此观察，学科奠基多由概念支撑；学科发展多为概念更替；学科重要的理论争鸣，多为概念之辨。学术概念的语义变异或偷换，意味着术语运行的逻辑变轨。学术史建构与重建该学科的概念系统互为因果；很多情况下，存储在学术史记忆中能够随时召唤出场的，不是浩繁的学术史本身，而是学术史无法删除的概念范畴。考察修辞史、修辞格史、修辞学史，不管是着眼于全球视野或本土传统，还是注重言语行为的微观细节或理论的宏大叙事，抑或是出于狭义修辞观或广义修辞观，都可以从学术概念中反观相应的理论资源、研究范式、目标诉求和方法论参照。

提出并解释学术概念是思想的权利。发现世界的前提，是发现表述世界的概念；解释世界的前提，是解释表述世界的概念。概念术语作为能指，在思想流淌的历史长河中漂移；概念术语作为所指，在能指的漂移中不断地被阐释。一个在很多学科中都呈现为概念阐释的见仁见智的实例是："交叉学科/跨学科/多学科"的具体所指及其在何种意义上与某个特定的认知对象匹配。概念纠缠的表象，隐藏着学术运作机制中某些不容易观察到的东西。以修辞学科为例，有关修辞学的学科生态和学术空间，即修辞学"研究什么""怎样研究""为什么这样研究"等学术理念和学术操作的一些重要问题，均纠结于"交叉学科／跨学科／多学科"；可以通过语义分析、还原学术事实、追溯传统学脉、参照域外风景，尝试给出概念纠缠的复杂问题背后的学理。据此，我倾向于这般区分：指向学科性质的表述，宜为"交叉学科"；指向研究主体学科视野的表述，宜为"跨学科"；作为修辞学交叉学科性质和跨学科视野的逻辑延伸，是修辞学科置身"多学科"构建的学科生态，修辞学研究介入"多学科"共享的学术空间。这里体现的逻辑理路，也许可以部分地解释为什么巴赫金批评"纯语言学"的修辞研究，倡导"超语言学"的修辞研究；解释为什么广义修辞观在"纯语言学"和"超语言学"之间寻找平衡的支点，主张不同学科互相吸纳"他者"智慧，共同为修辞学科的生长注入创新能量。概念新释、重释、误释或过度阐释，反照出相应的阐释逻辑、阐释理据以及阐释姿态的高调或低调，这一切无不彰显思想的维度和轨迹。正是与概念阐释相伴随的人类精神活动，砌筑了以学术概念为基石的理论大厦，丰富了福柯"知识考古学"意义上的思想史。

　　不排除有些概念术语的译介可能很难找到全息对应的汉语符码。"修辞"作为汉译的能指，相对于源语"Rhetoric"的所指来说，不一定具有意义全覆盖的意味。中国译者从先秦典籍中找到了一个符号——"修辞"，用这个存活了两千多年的能指，打包"Rhetoric"的所指，Rhetoric从古希腊的时空场景旅行到中华本土，以"修辞"的能指形象现身。在这个过程中，信息损耗或变异，可能是常态。也许没有必要苛求翻译家在重新打包的符码转换中原封不动地进行信息储运。也许正因为《周易》"修辞立其诚"的"修辞"与"Rhetoric"的所指不完全相同，才更需要由此追寻中国修辞学的发生和方法论意义，求证中西修辞学不同的学术关怀之路。诸如此类的现象，绝不止"修辞"一例；而如果跨文化交流接受了目标语和源语信息不对称，既成事实的误读进入大众传播，也不一定完全是负能量。有时候，学者的较真似乎很难改变既成的文化事实。

　　学术概念的选择、译注和研究，是学者参与学术史建构的一种方式。《西方修辞学经典选译——核心概念地图集》的选文、注释以及所附阅读文献梳理了相关术语的词源学、符号学、哲学渊源和人文意蕴，还原该术语赖以生成的理论背景和知识关联，挖掘和解析核心概念在历史流变和

序 言 ⅼ xiii

跨文化语境中的语义丰富性。从伊索克拉底的"凯洛斯"(Kairos),可以追溯"修辞情境/语境"概念的始源;从古老的雄辩术,到被誉为"当代修辞学研究的中心"的修辞批评,核心概念隐含着某种引导读者信奉的话语权威,一些概念术语在学术文献中的复现率,可以反映一个历史时期的学术热点及走向,映射更广泛的学术实践中的衍生状况,显现相关研究范式的理论问题与学术生长空间。如何在读写互文性的意义上处理这些复杂信息,需要了解学术概念"表达—接受"的原初"在场"和演化"在场";也需要了解目标概念的"在场"是否涉及关联性场域。概念术语毁于机械搬运;兴于"我注六经"和"六经注我"的智慧。如何入乎其内、出乎其外地赡洽贯通细碎术语,如何在"活性"研究中助推扎实学风,是概念术语研究者试图走出的难局,也是值得期待的文化工程。

主持者袁影,在上海外国语大学攻读博士学位和香港理工大学从事博士后合作研究期间,接受过很好的学院派训练,本书是其精心推出的修辞学研究新成果。由于国内人文学科研究近年的"修辞学转向"趋势,而且这种趋势渗透到了语言学科之外的文艺学、新闻传播学、符号学、哲学、历史学等诸多学科[1],这将扩大本书的读者群体;相信本书的出版,会给广大读者提供学术概念所隐含的个人、群体、学科、民族等具有文化资本意义的学术资源。

袁影希望我为《西方修辞学经典选译——核心概念地图集》作序,我则希望这篇草序以我的方式,传递我对学术概念研究推高学术关注度的观察与解释;也希望以我的方式,呼唤学术概念研究的思想含量,并将纷至沓来的思想转化为逻辑清晰的学术叙述。

---

[1] 谭学纯:《新世纪文学理论与批评:广义修辞学转向及其能量与屏障》,载《文艺研究》2015年第5期。

前　言

在我国，许多学科领域都早已出版了各种类型的西方名著文选，或作为教材，或作为研究者的一手资料，为促进学科发展发挥了关键作用。然而，修辞学领域仅拥有常昌富、顾宝桐编译（1998）的《当代西方修辞学：演讲与话语批评》和《当代西方修辞学：批评模式与方法》两个围绕20世纪修辞批评的选本，综合体现西方修辞理论的名著文选至今尚未见面世。为数极少的全译本，如亚里士多德的《修辞学》和西塞罗的《论雄辩家》，由于译者并非专事修辞学，译文中难免存在费解之处；而众多修辞经典的汉译尚待问津或推进，如昆体良（Quintilian）、伊拉斯谟（Erasmus）、肯尼思·伯克（Kenneth Burke）、理查德·韦弗（Richard Weaver）、钱姆·佩雷尔曼（Chaim Perelman）等的代表作。为了尽早缓解我国修辞学领域译著严重匮乏的现状，我们合力推出了这部《西方修辞学经典选译——核心概念地图集》（以下简称《选译》）。

《选译》的孕育历经了三大磨砺：编选、注释和翻译。

西方修辞学名作浩瀚，选择哪些篇目才便于读者在较短时间内既了解了概貌又研习了最关键的原理、原则呢？任何一门学科的理论归根到底是由一些基本的概念或范畴组成的，西方修辞学也不例外。与一般的名著选文集相比，《选译》的主要不同之处在于：以核心概念的经典阐述作为选文的首要依据。因此，编者围绕雄辩（Eloquence）、修辞（Rhetoric）、逻辑诉求（Logos）、人格诉求（Ethos）、情感诉求（Pathos）、修辞推论（Enthymeme）、争议点（Stasis）、论题（Topos）、布局（Arrangement）、宣讲（Delivery）、契机（Kairos）、丰裕（Copia）、受众（Audience）、在场（Presence）、认同（Identification）、戏剧五元（Dramatic Pentad）、词语滤镜（Terministic Screens）、比较修辞学（Comparative

Rhetoric）和修辞批评（Rhetorical Criticism）等三十一个西方修辞学的核心术语（未全现于目录，参见附录），从伊索克拉底、亚里士多德、西塞罗、昆体良、圣比德、伊拉斯谟、乔治·坎贝尔、休·布莱尔、伯克、韦弗、佩雷尔曼、乔治·肯尼迪与索妮娅·福斯等西方古今十余位修辞学家的著述中选译阐释某个或若干核心概念的篇章。文集中的近五十个篇章基本上直接选自英文原著或希腊文、拉丁文的著名英译本，只有伯克的《词语滤镜》与韦弗的《语言即说教》两篇来自比泽尔和赫茨伯格编撰的《修辞学传统：从古典到当代文选》。

　　由于许多选文距今年份久远而且广征博引，为了方便理解，《选译》除了将原作注解尽量翻译保留外，还补充了大量新注（加方括号标示），或提供背景，或疏通难点，或厘清逻辑，以增进对复杂概念或信息的准确识解*。译文前后的"作者与选文简介"和"阅读推荐"可视为两种特殊的注解，前者为每位入选的修辞学家提供了导读性编者按，扼要总结了其生平与所选篇章的主要内容；后者精心挑选了国内外具有代表性的十种相关著述，并围绕相关核心概念对每一种研究的特色作了简明概括。

　　《选译》的编和注是在英文版《西方修辞学经典文选》（袁影 2013）的基础上所做的编选调整和注解补充，而翻译无疑是三者中最为辛劳的过程。针对古典修辞学部分因原文是希腊文或拉丁文，而英译本存在多个版本的情况下，编者选择了西方学者最推崇的译本，同时辅以一个较为通俗易懂并且注解丰富的新译，过程中如遇难解之处往往通过相互参照加以解决。当代修辞学部分虽然大都原文是英文，但伯克的恣意、韦弗的玄奥常令其国人生畏；而要读懂哲学、法学出身的佩雷尔曼，还需勉力补课，如在译《语篇的论据顺序》时，其中的难点就是通过仔细研读笛卡尔《方法论·情志论》一书中的相关章节后才得以理顺。各篇译文大都由笔者的先生罗明安首先译出，由笔者对照原文逐字逐句审读修改定稿。过程中一些篇目的电子版更正曾获研究生王妞的辅助，同事王彩丽副教授对西塞罗和福斯部分的译文提出过不少修改建议，在此深深感

---

* 　本书脚注注文有带方括号和不带方括号两种：不带方括号的，系原作注解的译文；带方括号的，乃本书编者补充的新注，其功用如此处行文所述。特此说明。

谢她们对《选译》所作出的宝贵贡献! 整个译事过程陆续经历了许多个春秋,修改的版本已难计其数;即便如此,由于我们的水平和经验所限,恐尚存错漏或欠妥之处。付梓之际,即为履冰之时,个中滋味非亲历者难以体会。在此恳请有缘的读者,如您发现某处译文有误或某段难以卒读,万勿以一弃全,望予包容并赐函匡正(邮箱: szyuanying@sina.com)。

赵毅衡先生在评《西方现代批评经典译丛》时指出,译丛所提供的是该领域"跳不过的书",并强调"学习的过程是跳不过的";而现在许多追新族却轻视理论的源流,造成消化不良,因此"一直力不从心、气喘吁吁"。同样,我们认为《选译》中的篇目也是研习西方修辞学所不应轻略的,是从事修辞批评、比较修辞学及修辞学跨学科等研究的必要营养。

《选译》能够问世,离不开学界各方的鼎力支持。我国西方修辞学领航者刘亚猛教授多年来对此项翻译极为关心,并常予勉励,不厌其烦地为我们解决了诸多疑难。他会通中西的学养、驾驭双语的笔功,令我辈钦佩不已! 本书有幸请到"广义修辞学"的开创者谭学纯教授作序,此精辟序言是他在芜湖守护其慈母于病榻期间酝酿而成,后仅因两字之差发来了两个版本,治学之严、行孝之深,后学由衷叹服。令我们感动不已的还有对学术译著不计回报的上海外语教育出版社,在此特别感谢该社的译界前辈杨自伍、夏平和悉心编辑了两版《选译》的资深编审李健儿等诸位先生*,感谢为增订版提供了许多宝贵建议的梁晓莉老师。他们的人文精神、广博学识、语言修养与独到见解,为译稿的不断改善和顺利出版作出了重要贡献!

本书所依的许多原始资料是笔者2005—2010年在上海外国语大学和香港理工大学求学、研究期间收集的。上外的胡曙中导师为我开启了西方修辞学的大门,引领我登堂探宝;港理大的蒋严导师(现任教于伦敦大学)孜孜多年翻译《关联:交际与认知》,这一精神感召了《选译》之后继。愿献此书以表敬意!

---

* 李健儿先生在《选译》的首版和增订版编辑中,从整体策划到文字修润等诸多方面都倾注了大量心力。我们为遇到如此敬业、博识、双语修养深厚的责任编辑而由衷庆幸。

对于尚在版权追索期内的原文，我们与作者和原作出版社的版权负责人进行了不遗余力的联系和接触，取得了热情支持和配合；个别再三联系未果者，我们随时恭候函件接洽，以便通过恰当的途径履行相关义务。对此，笔者谨向原作者和有关负责人表示衷心的感谢！

《西方修辞学经典选译——核心概念地图集》于2017年出了首版，现久已告罄，衷心感谢广大读者的青睐！感谢多年来选修笔者修辞学课程的本科生和研究生对《选译》的欣赏，尤其感谢李星宇和李雨萱所提宝贵建言。随着教学探讨和读者反馈的积累，我们感觉到首版存在两大不足：（一）未收入中世纪和启蒙时期的选文；（二）"布局""品味""转义辞格"等重要修辞概念缺席。因此，我们下决心对初版进行增补，收录了古罗马佚名作者《献给赫伦尼厄斯的修辞学》第一卷中的"修辞五艺"和第三卷中的"布局""记忆"、中世纪英国学者圣比德《论转义与非转义辞格》中的"非转义辞格""转义辞格"、启蒙时期英国乔治·坎贝尔《修辞原理》第三卷中的"生动"以及该时期英国休·布莱尔《修辞与美文》第二讲中的"品味"等核心概念。同时，我们对初版中的疏漏和欠缺之处做了更正或调整。希望这一增订版"地图集"能为探秘西方修辞学的旅人提供更多可依的路标和针劳的驿站。

袁　影

2014年末撰于寂照室

2016年秋补记

2023年春增订补记

2024年春修订

［古希腊］伊索克拉底
Isocrates

"凯洛斯"/"契机"

作者与选文简介

伊索克拉底(Isocrates，公元前436—公元前338)出生于雅典一个富裕的乐器制造商家庭，自小享受到了当时最为优越的教育。他追随过多位名师，如最富声望的哲辩师高尔吉亚(Gorgias)、哲学圣人苏格拉底(Socrates)，前者助其形成了富有诗意和韵律感的表达风格；而后者影响了他对于哲学的倾心，在柏拉图《斐德若篇》(*Phaedrus*)的结尾处我们似乎看到了这层影响：苏格拉底当时盛赞了年轻的伊索克拉底所显现的卓越修辞才能和高远哲学志向。

伊氏将一生中大部分时间都奉献给了教学与写作。他开办了雅典第一所正规修辞学校并大获成功，培养出了众多各行各业的优异人才，如辩论家希佩里德斯(Hyperides)、名将提谟修斯(Timotheus)和史学家埃福罗斯(Ephorus)，该校甚至被誉为"雅典的形象"(Image of Athens)。其教学理念与教学体制"为西方教育的后续发展提供了一个延续至今的基本范式"(刘亚猛2008：43)。伴随其教学生涯他还撰写了数量可观的演说辞和论著。《泛希腊集会辞》《泛雅典娜节献词》《奥林匹亚大祭》等都是著名的演说语篇，表达精细微妙而且音韵和谐，其中《泛希腊集会辞》(*Panegyricus*)被亚里士多德视为希腊语的标准散文。伊索克拉底的论说性著述也有数篇传世，最具代表性的当为以下所选的两篇倡导其修辞教育理念的论述：**《驳哲辩师》**(***Against the Sophists***)和**《交换法》**(***Antidosis***)。

《驳哲辩师》作于伊索克拉底创办修辞学校之初，主要是通过质疑其他哲辩师的教学来彰显自己的修辞教学理念和方法。从其锋利的讥讽中，我们不难感受到当时修辞教育所受到的广泛关注以及对生源的激烈竞争。文章篇幅短小，留存下来的可能只是片段。伊氏在此主要抨击了两类哲辩师，一类是教授美德和理性而自己却不能践行的人；另一类是机械传授演说技巧但忽视诚实、公正等美德培养的人。两类哲辩师中，作者将更多的篇幅给予了后一类，还附加了此类人中先前时代撰写演讲术的科拉克斯（Corax）和提西亚斯（Tisias）等。比较这两类哲辩师，他认为，无视道德、机械传授演说技巧者为更糟糕的一类，是一群"好事而贪婪的教授者"。本篇阅读的重点宜放在伊氏自己所提出的修辞教育方法及其关于精彩演说的独特判断标准。他认为修辞教育的成功有赖于三个方面——学生必要的天赋、正规的学习和充分的实践。这种三位一体的教育模式是他一以贯之的理念，在其他著述中也经常论及。本篇最受研究者注目的是有关雄辩演说的三个标准：（1）适合场景（Fitness for the Occasion）；（2）风格得体（Propriety of Style）；（3）论述新颖（Originality of Treatment）。其中第一标准"适合场景"（下文按表述需求有时缩称"适景"）对应的希腊语关键词为"Kairos"（拉丁文转写，音译为"凯洛斯"），后两个标准实为"适景"在语言表达和内容处理上的理想体现。"凯洛斯"是伊索克拉底修辞理论的核心，几乎复现于其所有著述，对后世西方修辞学的研究与实践产生了深远影响。

《交换法》是伊索克拉底的晚年之作（与上篇相隔达35年），文章的标题取自伊氏此前败诉的一场官司。古时的雅典法律要求较为富裕的公民承担一些公益事业的费用，其中有一大项是出资装备战舰，但任何被分配到此项义务的公民可以指控另一位他认为更富有的人来承担此责任或是与他交换财产，这样的起诉被称作"交换法"（Antidosis）。伊索克拉底就遭遇了这样一场起诉——他不仅被指控拥有大量财富，而且被指控教唆年轻人为了利益而诡辩，使他们背离诚实和公正。在这场官司中，伊氏认为自己遭到严重误解，但可能当时的焦点是在财产问题上，他没能为自己的修辞教育辩解。此后不久，他撰文《交换法》，构想了一场类似于柏拉图《申辩》（Apology）中苏格拉底为自己的教学所作的辩护。《交换法》全文很长，近百页；所选部分重申了《驳哲辩师》中三位一体的教育理念，即天赋、学习和实践，并明确表示，三者中天赋最为关键，而实践对师生都是不可或缺的。选择此部分的主要原因在于文中反复出现了"适时"，并涉及"适度"，即Kairos另两大要义。伊索克拉底被视为

4 | [古希腊]伊索克拉底(ISOCRATES)

对"凯洛斯"贡献最为卓著的古希腊修辞学家,因而阅读他的修辞理论需围绕其丰富而微妙的"Kairos"(参见文中相关注解)。

伊索克拉底所生活的年代虽然距今遥远,但他的修辞理论在当代依然深得研究者青睐,并被广泛应用于教育、法律、宗教等诸多领域。全球规模最大的修辞学会议——美国修辞学会(Rhetoric Society of America)双年会,近几届会议上伊索克拉底之名的复现率堪与亚里士多德、西塞罗比肩;而针对"凯洛斯"或"契机"等的话题也成为古典修辞学研究的一个热点,每届会议都出现了专题讨论的盛况,如RSA2022中的"凯洛斯的形而上学研究"(The Metaphysics of Kairos)、RSA2014中的"时机与拓扑学:修辞理论新发展"(Timing and Topology: Advances in Rhetorical Theory)、RSA2012中的"契机的修辞发明"(Kairotic Inventions)、RSA2010中的"奥巴马时代的种族:冲突、道歉与凯洛斯"(Race in the Age of Obama: Blood, Apology, and Kairos)等小组专题。这说明古老的"凯洛斯"理论(含"适景""适时""适度"等)不会随着岁月的冲洗而褪色,依然值得今天的我们继续加以关注、丰富和运用。

驳哲辩师^①

如果从事教育行业者全部愿意照实说话，而非诺而不践地说大话，他们就不会在普通大众之中口碑极差。但事实上，那些毫不顾及实情、只顾大胆吹嘘自己能力的教师们，已经给人留下了这样的印象：马虎、懒惰的从教者，学识似乎超过了认真钻研的奉献者。

确实，谁会不首先痛恨甚至蔑视这些教师呢？^②因为他们热衷于争论，假装追求真理，但在从业之初就企图用谎言欺骗我们（说他们能预知未来）。^③我认为大家都清楚，人类并未获赐预知未来事件的能力，而是远离预知能力。据公认智慧第一的荷马的描述，即便是众神，有时也会就

---

① ［原文为希腊语文本，现存多个英语译本。本篇选译自影响最大的 George Norlin 1929 年英译本 *Isocrates*（Volume II：163—177），哈佛大学出版社出版。篇名有译为《斥智者》和《驳诡辩派》等，但我们认为 Sophists 团体的情况较为复杂，翻译得过褒或过贬都可能引起误解，因此我们采用刘亚猛《西方修辞学史》（2008）中的"哲辩师"译名。］伊索克拉底自认为也是一名哲辩师，但卓尔不群。

② 他心中所指的不是教导他人分文不取的苏格拉底，也不是当时声名未振的柏拉图辩证法，而是小苏格拉底学派，尤其是安提西尼（Antisthenes）和欧克莱德斯（Euccleides），他们为钱而教，遭人蔑视。总之，他指的是这些日后出现于柏拉图《欧绪德谟篇》（*Euthydemus*）中的诡辩者。

③ 在伊索克拉底看来，没有什么"科学（science）"能教导我们在任何情况下行事都能保证幸福与成功。生活本身复杂，无人能够准确预见自己行为的结果——"未来之事未亲见"。教育能做到的是教会人（不同于知识的）合理判断，以足智多谋满足生活临场应急之需，而且能在多数情况下获胜。这是他的"哲学"之基本教义，在驳斥"美德与幸福"的教授者时他再三强调、反复申明。

未来状况互起争论——这不是说他知晓众神的想法，而是他要向我们展示，对人类而言，这种能力仅存于不可能王国。

但是，这些教师竟然恬不知耻，想要说服我们的年轻人：只要跟随他们学习，就可以知道生活中该做什么，并由此而生活幸福，事业兴旺。此外，尽管自称大师和宝贵思想的传播者，他们竟不以讨要三四迈纳（minae）的低价为耻！① 哎！如果他们出售其他贵重商品的价格，对比物之所值是如此低微，他们不会否认自己愚蠢。然而，尽管他们给美德与幸福的定价低不足道，却假装充满智慧，自认有权教育全世界。此外，虽然他们口头上说自己不想收费，并轻蔑地称财富为"臭钱"（filthy lucre），但他们伸手拾取微薄回报，并且许诺能使学生不成天神亦成人雄！② 最为可笑的是，他们毫不信任付费人——也就是说，于自己即将传授修辞之学的对象他们毫不信任，也不听从良言——为安全计，他们要求学生将所付费用，托给未受自己教育的第三方保管③，可见其行与其教并不一致。教导其他理论的人计较有争议的事情，是可以接受的，因为没有什么可以阻止其他行当训练有素的徒众，在契约一事上行为不端。但是，反复灌输美德与理性的人，如果不能首先信任自己的学生，难道还不够荒唐吗？因为无法想象：实诚人会不实诚对待培养自己如此品格的教师。

因此，一旦外行将所有这些事情联系起来，进而发现智慧教授者与幸福传播者自身并不具备智慧与幸福，却要从学生那里收取费用（尽管微薄），发现他们对言语中的矛盾斤斤计较却对行为上的矛盾视而不见，发现他们装作预知未来，却对当前不愿发表中肯的言论、不给予忠告，一旦发现那些听人判断者比这些声称熟知本门者更言行一致、更行事成功，我想，他们就完全有理由藐视这些教导之辞，视其为胡言乱语而非真正的灵魂训诫。

然而，应受诟病的不限于这些哲辩师，还有那些审议性演说的教授

---

① 苏格拉底（在柏拉图《申辩》）曾以同样的讽刺口吻谈到一位名叫伊凡纳斯（Evenus）的哲辩师，此人以五个迈纳［1迈纳等于100德拉克马（drachma）］的收费标准，讲授成为好人和好公民所需的一切美德。
② 即除神之外，什么都能成。
③ 为安全起见，他们要求学生将所付费用存入第三方，直到课程结束。

者。①因为后者对真理毫无兴趣②，但认为：如果收费微薄、教导内容重要，却能吸徒众多并从中获利的话，他们肯定是本门大师。因为他们自己愚蠢却认为别人也同样笨拙，以至于他们尽管演讲尚不如一些外行的即兴之作，却要许诺把学生变成聪明的演说家，决不放过话题所提供的任何修辞可能性。此外，他们并不将此修辞能力归因于学生的实战经验，也不归因于天赋本能，而是忙于灌输演讲术，方法之简单无异于教授字母表中的字母，不去费心考察每种知识的性质，而是考虑由于他们许诺众多，他们自己将令人艳羡，他们的演讲教导将更受人尊重。殊不知此门技艺之所以博大，不是因为有人无所顾忌地胡诌海吹，而是因为有人能够发现每行技艺所蕴含的各种宝藏。

　　对我而言，我太愿意相信哲学③如那些人所声称的那般大有威力，因为我不该是本行最差者，亦非获利最薄者。但是因哲学并无此威力，我愿这种信口开河就此终结。因为我注意到从那儿生出的恶名，并非只会影响不守本分者，我们同在一行的其他所有人都会共背耻辱。

　　但是我惊讶地发现，这些人自封为年轻人的导师，却看不出规则僵硬、固化的技术与全程创新的本门艺术已被他们混为一谈。因为除了这些教师，有谁不知：文字应用术④是恒定不变的，因此我们总是不断地为相同目的使用相同技巧，而演讲艺术是反其道而行的？⑤因为一个演说者

---

① 指整个"审议"（deliberative）演讲术，但对于"喜好诉讼的雅典人"，其中最"有用"的分支是庭辩（the forensic）。［当时还未明确将演说分成议政性、典礼性、庭辩性三大类，而是经常统称为审议性演说，其实本文中主要是指法庭辩论。］

② 他们的兴趣不是正义得胜而是让"糟糕的理由显得更有说服力"。

③ ［哲学（philosophy）一词在该文中多处出现，根据 George Norlin 在译本总介绍中的相关说明，伊氏所指非为通常所理解的抽象思辨的学问，而是广义的包含言说艺术在内的文明智慧。］

④ ［英译为 the art of using letters。文章中 letters 多处出现，根据此前段落中的 letters of the alphabet 以及《牛津英语大词典》的解释"letter 在一些短语里（如 affect / hunt / lick the letter），意为练习或学习头韵（alliteration）"（1989 年第八卷：852），因此我们将文中的 letters 理解为调整字母以取得押韵的字母术或文字应用术。］

⑤ 亦即，仅有机械配方是不够的，必须具备创造性和谋略，一句话，要有创造性的想象力。

之所说，如为后来者所重复并不能起到同样的作用；相反，如果他的讲演方式适合主题需要，而所作相关阐述又异于他人，就会被视为本门中技艺精湛的人。这两种技艺间差别的最好证明是，优秀的讲演必备合乎情景时宜、表达风格得体、内容安排新颖独特的特点①，而对文字术并无此等要求。因此，用这样混淆的观念误导学生者，理当付费而非收费，方显合理，因为自身亟须受教，他们却想为师教人。

如果我的职责不仅在于驳斥他人，还在于提出自己观点，那么，我想所有明智的人一定会认同我的看法：许多学习言说艺术者至今默默无闻，而一些从未受教于任何一位哲辩师的人却摇身一变，成了能言善辩的演说者与政治家。因为不论是演说还是其他活动方面的能力，一见于天赐禀赋，二见于实践培养。②正规训练可以让这些人在发现论题的说服策略方面技艺更纯熟、方法更丰富，因为正规训练教会他们选材不靠撞大运而是取之有道、得心应手；尽管它能够引导其自我改进，并且提升其诸多方面的才智，但也无法将不具天资者完全变身成为优秀的辩者或作者。

我想，既然话已经说到这个份上，就不妨继续把这些事情说清楚。因为我坚持认为，如果有人将自己交托的对象，是对这些事情有些真知灼见者，而非轻诺者，那么要了解所有语篇的组成要素并非难事。但是，从这些元素中选出一些用于每个主题，将其组织起来，适当安排，而且不失时机③、恰如其分地为整个演说饰以引人注目的想法，披上流畅悦耳的语句——我认为，这些是精力充沛、想象丰富的心灵才能完成的任务，需要多多学习。为此，学生不仅需要拥有必备天资，而且必须学习各种演说技巧，并在实践中不断练习；而教师一方在阐明这门技艺的原则时，必须尽量精确，确保传授的一切皆无缺失。此外，自己必须为他人树立雄

---

① ［此处为全文的核心，伊索克拉底有关好的演说的这三个标准经常为研究者所引用，其中第一个标准"合乎情景时宜"（fitness for the occasion），对应的希腊文概念即"Kairos"（拉丁文转写）。关于"Kairos"，见第11页脚注详述。］

② 伊索克拉底认为优秀的演说家有三个必备条件：一是天赋，二是实际经验，三是正规训练。

③ ［此处对应的希腊文中亦出现了"Kairos"。］

辩的榜样,让听教导、仿模式的学生,从一开始就能在演说中,表现出一些未见于他人的优雅和魅力。这些必要前提齐备之后,献身哲学者将大获成功;然而,我上述要点但有所缺,他们的学生必然被判不合格。

至于近来崛起、自命不凡的哲辩师^①,尽管其观点会暂时盛行一阵,但我相信,他们最终都将同意我的主张。仍需注意的是,生活在我们时代之前的那些人,他们没有经过慎重考虑就撰写所谓演讲术。^②这些人不应不受驳斥而被轻易放过,因为他们大言不惭地教人如何诉讼,但用词极不得当^③,那些词语是这门学科的反对者而非拥护者可能希望采用的,而且尽管其方法可以传授,它对庭辩的帮助并不比对其他演说的帮助更大。他们比那些热衷于争论的哲辩师^④更糟糕——因为后者阐述的无用理论,一旦有人用于实践就会立刻惹上一身麻烦,但是此类哲辩师至少在教授中宣扬美德和理性;而前者尽管鼓励别人研习审议性演说,却忽略了本研习包含的所有善的内容,已沦为好事而贪婪的教授者。

然而,想遵循本学科真正规条的人,如果愿意,可以更快地培养出诚实的人格而非演说的技能。请不要以为我主张正直的品格是可以教会的,因为,简言之,我认为世上不存在一种技艺可以把冷静与公正的品格灌输到堕落的天性之中。然而,我确实认为审议性演说的研习,比其他训练更有助于激发和培养此种品格。

为了在摧毁别人的自命不凡时,不至于越己所能妄逞主张,我相信能说服我自己的这些论据,也会让别人明白它们是正确的。^⑤

---

① 即此前提到的那些哲辩师。

② 尤指首先撰写此类著作者锡拉库扎城(Syracuse)的科拉克斯(Corax)和提西亚斯(Tisias)。

③ 伊索克拉底多次表达了对此类演说的反感,总之这种演说声誉不佳。如科拉克斯的规则被称为"糟糕科拉克斯的糟糕蛋"(the bad eggs of the bad Corax)。

④ [应指文中前面部分所驳的传授美德却不能践行的第一类哲辩师,此句开头的"他们"应指当代和前代传授审议性演说技巧的哲辩师。]

⑤ [根据 George Norlin 和 David Mirhady 两位译者的相关说明,此文应该只是原著的片段,遗失了以下伊氏观点的论证。]

交 换 法^① （节选）

......

　　假若命中注定该面对这一控告，愿我在精力鼎盛时，陷此困境；那样，我可以不至于缺乏足够信心直面控方更好地为己辩护，拥护哲学^②事业。如今，尽管哲学已能让我出色地表述其他事情，但关于哲学自身的讨论，即使是次要问题恐怕也非我所能拿捏。然而，说实话，尽管听来愚蠢，如果我也如主题所需述说充分，并让您意识到何为言说追求之真谛，即便生命就此终结，我也心满意足。我宁作此选，更胜寿量绵长却见其受尔等曲解如斯。我已知己之所说远逊于己所期待；然则，我将尽己所能，阐述言说教育的性质、威力相较于别种技艺的异同、对从业者的利益以及我们对它本身所持之观点。知晓实情之时，我相信你们便可更好地深思并做出判断。若我所作演说迥异于你们惯常之演说，我请你们莫要见怪，尚祈海涵。要知道需要辩护的案件不同寻常时，辩护词也会相应地异于常规。因此，既然已经接受我的演说方式、率真特点，并允许我用尽分配给我做辩护的时间，那么依您各位所见，公正合法地投出您的选票吧。

---

① ［本篇英译选自 David Mirhady 和 Yun Lee Too 合译的 *Isocrates I*（University of Texas Press 2000：238—242），主要是考虑其行文中配有对应的原术语，但中译时常参照 George Norlin 的英译，以期准确传达原著的含义。全文很长，在此只选择了与"时机性"（Kairos）关系密切的部分。文章背景及译名的理解请参考"作者与选文简介"中的相关说明。］

② ［此处在该英译中为 philosophy，而 George Norlin 译本中为 liberal education，我们认为此处及本篇中其他各处所用的"哲学"一词都应理解为"言说教育"。］

　　首先，我希望像系谱学者那样谈谈言说艺术。众所周知，我们生来兼备身心，没人会否认两者之中心灵为尊，价值更大，因为凡事无论私与公，都需由心灵来思量，而身体的任务则是为心灵服务，执行其命令。鉴于此，我们一些先辈发现，虽然诸多对象已建有种种艺术，而专攻身与心的艺术尚未出现，他们就发明出两门艺术，并传承到我们手中：体育训练（体操即其一）用于身体，哲学用于心灵。后者下文将有讨论。这两门学科互补、互联、协调一致，于此二门精通者心灵更有智慧，身体发挥更好作用。学者们并不截然分离这两种教育，而是使用相似的方法，进行指导、训练以及其他实践活动。

　　体育教师开始培养学生时，他们会在为竞赛而设计的姿势上指导学生，哲学教师则传授学生言说所要用到的种种形式结构。教授完其经验与系统知识后，这些教师再操练学生，让他们习惯艰苦的任务，然后迫使学生在实践中综合一切所学内容，以期理解更到位，理论观点的应用更能顺应时机（Kairoi）[①]。这是无法仅通过知识的学习而掌握的，因为在各种活动中，即使拥有精确的知识也无法找准这些恰当的时机，但一般而言，谁特别用心，并能认识到时机得失所带来的后果，谁常常就能抓牢它们。在这样的督促和指导下，两类教师都能引领学生成长，身康智健，能力增强。然而，无论是体育教师还是哲学教师，都无法将任何一个他们意欲培养的人，变成可以胜任的运动员或演说者。教师在培养上可以作出贡献，但是，优异的能力，通常仅见于天赋才能与后天训练双双出色者。

　　既然你们对哲学已经稍有了解，如果我重申那些对愿随我学习的人所述的主张，我想你们可以更好地了解哲学的威力。我告诉他们，谁要

---

① ［Kairos的复数形式，含义甚多。它可以指表示时间地点的场景，也可指适当的时机或把握时机；可以指平衡各种场景因素，也可指论据的适合性，甚至可以用来指善于把握时机的神或修辞者等。"适当的时机"（right timing / moment）或"适时"则被视为两大基本含义之一；另一含义为"适度"（proper measure）。参见Sipiora & Baumlin（2002）中James Kinneavy的相关研究。刘亚猛（2007）一文将Kairos汉译为"时机性"，体现了该术语中的一个关键含义。但鉴于Kairos含义丰富，在汉语中无法找到完全对等的词语，根据译论里著名的五不译原则中的"多含故""东土所无故"，不妨将其音译为"凯洛斯"。］

想在演说、公共事务或者任何其他职业上出人头地，首先必须在决定要做的行业上生有天赋；然后必须接受教育，掌握这一领域的知识；最终，必须不断实践，熟悉其用法及施行过程。此后，无论身处什么职业，他们都将业有所成，并远远超胜他人。师生两方各有可司之职：学生应具备所需天赋才能；教师应能向这些学生传授本门知识；而双方都需参与实战演练，教师必须精心引导学生，学生必须严格奉行所受指导。

这就是我想就各门技艺所说的话。如果有人要撇开其他技艺问我，这些方面中何者对言说教育作用最大，我的回应是天赋至要，远胜其他。肯定有人天生擅长创思和学习，勤恳努力，记忆超群；并且音色动听，表达清晰，善选内容，言词和谐，使听众心悦诚服；此外，内有胆略却心怀谦虚和节制，因而能充满自信地从容面对所有公民致辞，恰似同自己商讨一般。难道不是众所周知，即使此人仅受人人有份的普通教育而非优质教育，他也将成为希腊人中无人能敌的演说家吗？

不过，我们还知道，对比前述那些人，如果有人天赋虽逊，但着力实战与训练，他们能力之增强不仅可以胜过过去的自己，而且可以胜过那些有天赋却自得裹足的人。天赋与实践但有其一，即能使人擅长言说或擅长行动，已属难得，二者兼备则无人能敌。我知道天赋与实践的作用，但我无法就教育妄下断论，因为它的威力不等于也不似于前述二者。如果有人听受了言说的所有规则，他会比其他人拥有更确切的知识，也应能成为更令人愉悦的演说者，但只要缺少胆量这一项品质，他就无法面对人群开口说话。

不要以为在你们面前，我降低了我所主张的修辞教育的作用，对于愿意成为我学生的人，和他们交谈时，我极力强调这种教育的威力。为了对我所主张的修辞教育的指控进行辩护，步入这一职业之初，我发表了一篇演说，在其中严正批评了那些人的夸张许诺，表明了自己的观点。在此我将省去对那些人的指控，因为这对目前的场合来说，会言之冗长①，但是我要向你们重申我所说过的观点。我于此开始：

---

① ［此处可视为伊索克拉底本人在实际表达中的"凯洛斯"（与"适度"相关）意识及应用，整篇文章亦可视其为对他人指控的适时回应。可见，他不仅是此概念的倡导者也是切实的践行者。］

［读了《驳哲辩师》的13.14—18片段。］①

这一片段文风更为高雅，胜过我之前所读，但其目的是要申明相同的观点，这将成为我做人诚实的最好证明。显然，我年轻的时候并没有吹嘘或夸大其词，现在虽已年长，并从此职业获益，但我仍将对这一教育谦虚以待。无论风华正茂还是业已退休，无论过去信心充足还是现在身处险地，无论面对愿意做我学生的人，还是为我投票的人，我所用言词皆相同无异。我不知道还有什么办法能够证明自己在言说教育上更加诚实公正了。那么就让此片段，加入我之前所说内容吧。我知道，要改变那些对我持敌意者的态度，我之所说尚嫌不足，还需要更多证据改变他们对我所持观点的看法。所以，我必须继续教学并作演说，直至实现如下二者之一——或是我能改变他们的观点，或是我能证明他们对我的诽谤和指控是错误的。

......

---

① ［指《驳哲辩师》中"但是，我惊讶地发现这些人自封为年轻人的导师……"这
一段以及其后的两个段落，参见本书相关处。］

阅读推荐

1. 坂本敦子. 李颖秋译. 抓住时机的人 错过时机的人［M］. 北京：机械工业出版社,2009.

   此书是日本"黄金时间"（Primetime）企业负责人坂本敦子（Atsuko Sakamoto）对时机所作的专论,阐述了她对于时机管理的系统思考：即抓住时机的机轴（"从价值观和愿景出发"）和三大力量（观察力、预测判断力、行动力与技术力）。书中还提供了因时机的把握和错失而产生的诸多成败实例。

2. 陈光磊,王俊衡. 中国修辞学通史（先秦两汉魏晋南北朝卷)［M］. 长春：吉林教育出版社,1998.

   书中有多处相关"情境"的论述,其中引有《论语》《宋卫策》中关于说话时机的语篇,有助于对"凯洛斯"（Kairos）概念的深入理解和比较修辞学的探研。

3. 刘亚猛. 西方修辞学史［M］. 北京：外语教学与研究出版社,2008.

   书中第一、第二章都论及了伊索克拉底,对其在修辞学及教育学方面的贡献以及在西方修辞学史中承上启下的重要地位做了精辟的分析和总结。

4. 姚喜明等. 西方修辞学简史［M］. 上海：上海大学出版社,2009.

   书中第二章"古希腊：修辞学的诞生"有一节专论伊索克拉底,在参考Norlin译本及当代众多资深修辞学者的相关研究基础上对伊氏的生平、主要著述、修辞教育思想做了较详细的综述和评价。

5. 袁影. 修辞批评新模式构建研究［M］. 上海：上海外语教育出版社，2012.

　　书中第五章论及"凯洛斯"的多种含义与理解，并将其中的"时机"等作为当代"修辞情境"的基本要素，还讨论了"修辞情境"与"语境"的异同。另可参考其《中西"时机"观考辨——〈论语〉与〈伊索克拉底文集〉比较》(《中国比较文学》2016年第3期)。

6. Bitzer, Lloyd. The Rhetorical Situation［A］. *Contemporary Theories of Rhetoric: Selected Readings*［C］. Ed. Johannesen, Richard L. New York: Harper & Row, 1971. 381—393.

　　"修辞情境"是与"凯洛斯"关系最为密切的当代术语，比彻尔此文［初刊于*Philosophy and Rhetoric* 1968］是该术语研究的经典论文，广为引用。

7. Crowley, Sharon, and Debra Hawhee. *Ancient Rhetorics for Contemporary Students*［M］. Boston, MA: Pearson Education, Inc., 2012.

　　此书为美国两位资深女修辞学者所撰，其中的第二章"凯洛斯与修辞情境"对Kairos的丰富含义通过图示做了清晰论述，并通过当代生动的实例演示了"时机"在语篇中的迹象以及如何判断相关的受众和言说者，分析较为具体，有一定的可操作性。

8. Kinneavy, James L. Kairos: A Neglected Concept in Classical Rhetoric［A］. *Landmark Essays on Rhetorical Invention in Writing*［C］. Ed. Young, Richard E., and Yameng Liu. Davis, CA: Hermagoras Press, 1994. 221—239.

　　金尼威［1920—1999］是当代研究"凯洛斯"最著名的美国修辞学家，此文最初发表于1986年，引发了西方对此概念的重视和深入研究。另参见其"Kairos in Classical and Modern Rhetorical Theory"，收录于后面所列第10项文集中。

9. Schiappa, Edward. Ed. *Landmark Essays on Classical Greek Rhetoric*［C］. Davis, CA: Hermagoras Press, 1994.

编者为美国著名修辞学家,此文集是研究古希腊修辞学的重要参考,内有Isocratean Rhetoric专题,收录了W. Jaeger(1943)和E. Rummel(1979)两篇经典论文。

10. Sipiora, Phillip, and James S. Baumlin, Eds. *Rhetoric and Kairos: Essays in History, Theory and Praxis* [C]. Albany, NY: State University of New York Press, 2002.

这一部"凯洛斯"专集体现了当代研究者对于此概念的深度阐述与应用分析,收有James Kinneavy、Richard Enos、John Poulakos等多位资深修辞学者的论文。

［古希腊］亚里士多德
Aristotle

"逻辑诉求""人格诉求""情感诉求"

作者与选文简介

　　亚里士多德（Aristotle，公元前384—前322），众所周知，是古希腊最著名的百科全书式学者。有关其生平，许多著述都已做了较翔实的介绍，此处不再一一赘述，但其中至少有两处值得我们进一步关注，以便于更好地理解其《修辞学》(*Rhetoric*)之特色。首先，他的出生地跨越两国（希腊和马其顿），在边城斯达吉拉（Stagira），不免引人遐想。我们有理由认为亚氏自小就受到了两种文化的熏陶，培养起了相对客观并更为包容的理性倾向。之后来到雅典，他又是以客籍的身份寄居于此，不能像伊索克拉底那样作为公民投身于当时的政治、法律或军事修辞中，因此他的修辞研究体现出更浓厚的学院思辨色彩，有异于本地修辞学者的激辩与昂扬。边地的诞生和客籍的身份无疑在一定程度上造就了其学说的鲜明特征（参见刘亚猛《西方修辞学史》）。第二个关注点是，年轻的亚里士多德投奔名师柏拉图，在当时的学术中心"雅典学院"潜心攻读研习二十年（17—37岁）。其间，他成为学院中第一位讲授"修辞学"课程的教师，《修辞学》一书便是当时的授课讲义（生前并未发表）；可能由于多次讲解，而他对于修辞的认识又经历了前后阶段的变化渐至成熟（参见肯尼迪《希腊的说服艺术》），抑或是由于后人整理、修改而出现偏差，因而读者发现书中似乎存在一些自相矛盾的表述（如首章与余章）也就不足为怪了。此外，在讲授"修辞学"之前或同时，亚氏还教授"辩证法""伦理学""政治学"等其他许多课程，这也有助于我们理解《修辞学》一书开篇与这些学科所做的比较和联系，领悟该书突出的学科意识和超越前人的逻辑体系性。

　　《修辞学》被誉为西方修辞理论第一部系统之作，由三卷组成。其第一、第二卷是围绕内容策略的修辞发明（Invention），主要论述了逻辑诉求(Logos)、人格诉求(Ethos)、情感诉求(Pathos)三种说服手段。其中逻辑诉求中又包含了作为演绎法的修辞三段论(Enthymeme)和作为归纳法的例证,前者受到亚里士多德的特别推崇,被视为"最有效的说服方式"。修辞三段论之所以如此重要,编者认为,是因为它关系到在任何说服性言语行为中修辞者观点的构筑和为了赢取受众而进行的微妙呈现,即常以省略命题的含蓄方式来达成理想的交流效果。选文中第一卷的开头两章,除了明确"修辞"的定义、范围和功能外,还着重对修辞推论的特征与表现方式进行了较为清晰的论述,成为此后无论是修辞学还是逻辑学中修辞三段论后续研究的奠基石。对另外两个诉求,亚氏在书中也大体给出了各自的所指。关于人格诉求,他提出了三个基本要素:明智(good sense)、美德(good moral character)和善意(goodwill);情感诉求则含有三个考察方面:情感状态的描述、情感作用的对象和情感产生的原因。此两大说服方式在卷二的第一章作了集中论述;第二章针对情感诉求,借助人类的基本情感"愤怒",围绕三个考察面做了举例说明。《修辞学》第三卷则简要论及"布局"(Arrangement)、"宣讲"(Delivery)和"文体"(Style)三大经典范畴,与此前"修辞发明"的铺展形成鲜明对比,可能亚氏认为这些并非修辞学的核心因而未加详述。

编者认为,以下《修辞学》所有选文中也是全书中分量最重而且难度最大的,是第一卷第二章。1954年版的Roberts英译本目录共用了34行来罗列其细目,为各章之首即见一斑;当中涉及的关键术语多达近十个——修辞、人格诉求、情感诉求、逻辑诉求、修辞推论、例证法、或然性、征象、论题,视其为全书前两卷的纲领亦不为过。值得注意的是,此章已减轻了第一章中对于情感诉求的偏激态度,观点更显客观和全面,应是亚氏较为成熟时期的讲稿,值得细读慢研。我们在翻译过程中也反复推敲、再三斟酌,并补充了较多注解,力求理解到位、传意准确。

《修辞学》虽撰成于两千多年前的古希腊,但由于其较为完备的体系性和科学性以及西方学术卓越的承续传统,该书中的说服三诉求等概念在当代依然广受重视。以美国肯尼思·伯克(Kenneth Burke, 1897—

1993）为代表的西方新修辞学家，其理论大都是在谙熟亚氏学说的基础上所作的推陈出新。因此，无论是探秘古典的说服手段还是深入当代的认同等新修辞观，亚里士多德的这部《修辞学》经典都是不容尘封或略过的。

修辞学·第一卷^①

第一章

修辞学与辩证法堪称一对。^②两者所涉事物或多或少都在所有人的常规知识范围之内,不专属于某一科学。此二者所有人多多少少都会用到,因为在一定程度上,人人皆试图探讨或坚持某观点,辩护自身或驳斥他人。一般人这样做或出于随意,或凭借实践习得的技能。这两种方法既然都可能获得成功,显然我们可对其进行系统研究,探索为何有些辩者习练成功而有些却率性自成。人人会赞同,此种探索属于艺术^③的功能。

如今,现行修辞课本的编纂者只构建了本门艺术的一小部分。说服方式(the modes of persuasion)^④才是这门艺术的真正组成部分,此外的

---

① [亚里士多德《修辞学》的英译有多个版本,在此选择最为流行的初版于1954年兰登书屋(Random House)的 W. Rhys Roberts 译本,此部分为全书(共三卷)第一卷中的前两章,位于该译本第19—31页,可视为全书的纲领。]

② "修辞学"(Rhetoric)和"辩证法"(Dialectic)大致可译为英语的 "the art of public speaking"(公众演讲艺术)和 "the art of logical discussion"(逻辑论辩艺术)。亚里士多德对"修辞"所下的定义颇具哲学意味,见于第二章开头。[关于"修辞学"与"辩证法"的异同,参见刘亚猛《西方修辞学史》2008:50—51。]

③ 此处与下文中"艺术"(art)一词代表对某主题进行方法性研究。

④ [此为亚氏修辞学的核心,第二章即围绕"说服方式"的阐述,其中第三段明确指出三种方式:人格诉求,情感诉求,理性诉求。]

一切都只是附属品。但是，对修辞推论（enthymeme）①这一修辞说服的实质内容，这些作者只字不提，却主要对付非根本的部分。偏见、怜悯、愤怒以及类似情绪的引发，与实质内容无关，仅仅意在影响裁决案件者的个人情绪。因此，在某些城邦尤其是治理出色的城邦，判案的规则现已制定，若它们能在所有地方得以实施，如上所述的那些人就无话可说了。无疑，人们都认为法律应该制定这些规条，而一些人，像在战神山（Areopagus）②法庭上，能将他们的想法付诸实践，禁止讨论非重要事端。这才是健全的法律和习惯。误导裁决者的情绪，让其生怒、嫉妒、怜悯，是不对的——就如在用木工尺前将它折弯一般。再者，诉讼当事人显然无须旁骛，仅需说明所谓的事实是否如此、是否发生。至于一件事重要与否、公正与否，凡是立法者未做规定的，应由审判员自行决定，不劳诉讼当事人来指教。

因此，重要的是，完备制定的法律应当尽量规定好一切，而尽可能少留事情让审判员裁决，这样做有几条理由。首先，寻一位或少数几位处事得宜、胜任立法、执法公正的人，要比找一大群人容易。其次，制定法律经历长久慎思，而当庭裁决时间紧迫，判案难以同时满足公正与权宜两面要求。最重要的理由是立法者的判定并非针对个别而是针对可能发生的、一般的情况，而审判员的职责是裁决眼前的确定的案件。他们常常会受到爱憎亲疏或个人利益等因素的影响，导致他们看不清真相、判断也因考虑个人苦乐而模糊失准。因此，我们认为：一般而言，需要法官裁决的事情是越少越好；但是，至于事情过去发生与否、将来发生与否、现在存在与否等问题，必须留待法官判决，因为立法人无法预见到这些。若情况如此，"引子"或"叙述"或演说的其他部分应该包括什么内容，是无关紧要的问题。因而任何人如果于此费心立规，便显然是在研

---

① ［此概念为亚氏修辞学核心之核心，可译为"修辞推论"或"修辞三段论"，有关此术语的理解及应用可参见袁影《解析"修辞推论"——亚里士多德〈修辞学〉核心概念》，载于《修辞学习》2006，（5）；袁影、蒋严《修辞三段论与寓义的语用推导》，载于《外语教学与研究》2010，（2）。］

② ［战神山，意即"战神阿瑞斯之石山"。位于雅典卫城的西北方，是古希腊历史中一座著名的圣山，拥有雅典城邦的最高法庭，因而被誉为西方现代法庭的缘起。］

究非关键的方面,虽然它们似乎属于本门艺术。① 此处这些修辞作者对付的唯一问题,是如何将法官置于一种特定心境;而关于演说者应该用的说服方式,他们并未对我们说道,如何获得修辞推论的技巧,他们竟然只字未提。②

因此,尽管同样的系统修辞原则适用于政治演说,一如其适用于法庭演说,尽管前者更高尚、更适合公民大众,而非如同后者那样关注私人间的个人事务关系,这些作者却绝口不谈政治演说,一个个都著述大谈法庭辩论的方法。他们之所以这样做,是由于政治演说中谈论非实质内容的诱因较少。对比法庭演说,政治演说较少要弄不择手段的伎俩,因为需要处理更重大的事务。在政治辩论中,裁决者要做的决定事关自己的根本利益,因而他除了证明措施提议人所说属实外,没有其他什么需要证明。但是,在法庭演说中这还不够,他要赢得听众才会有回报;而作为主要听众的审判者要决定的是别人的事,他们会关心自己满意与否,偏听偏信,常为辩论者所支配而不能做出客观的裁决。因此在许多地方,如我们先前已说,法庭上禁止无关的辩说;而在政治集会上,裁决者自己会小心防范于此。

显然,严格意义上的修辞研究,关注的是劝说方式;而劝说明显是一种证明,因为当我们认为一件事得到了证明,就会被彻底说服。演说者的证明即修辞推论,通常就是最有效的说服方式。修辞推论是三段论的一种,不做区分地考虑各种三段论,是辩证法的任务,不论就其整体还是分支而论。显然,最清楚三段论如何构成以及含有哪些要素的人,也必最擅长使用修辞推论,尤其在他进一步了解到修辞推论所关注的内容,明白此推论与严格的逻辑三段论之区别后。③ 理解真理和理解近乎真理的东西,所用的是同一种认识能力;而且,人们有足够的自然本能知晓何为真,并通常确实抵达真相所在。因此,能[运用逻辑三段论]对必然性的真理做出很好推断的人,也就能[通过修辞推论]对或然性的事项做

---

① [此处亚氏之所以视演说的开头、叙述等组成部分为修辞学的非本质内容,应该是这些部分最易掺入情感因素。此看法有些偏激,可能是其早期的观点。]

② [显然亚氏是将代表理性诉求的修辞推论/修辞三段论视为最重要的说服方式。]

③ [第二章中亚氏将指出修辞推论区别于标准三段论的两大特征:非完整性与或然性。]

出合理推断。

至此已经表明，修辞课本撰写者通常探讨的是非实质性内容；同时，也已说明他们为何倾向于法庭演说。

修辞艺术是有用的。其一，因为真实、正义之事，自然胜过其对立面，因此如若法庭判决不当，失败必归咎于辩者自身，并且辩者必遭责备。其二，面对某些听众，即使掌握最精确的知识，我们的话也不易让其生信。因为基于知识的辩论意味着教导，而有些人是不听教导的。于是，此处我们必须用人人都具备的理念进行劝说①，如同我们在《论题篇》(*Topics*)②中处理与普通听众的交流时所用的方式。其三，我们必须能从问题的正反两面进行说服，正如严格的推理那样，这倒不是为了在实践中实施正反两面（因为我们不能让人去相信错谬的东西），而是要让我们看清事实为何；再者，若他人论辩不公平，我们也能反驳他。从正反两面进行推论，其他艺术都未能达成，唯有辩证法和修辞学能做到。两门艺术都能公正而无偏颇地得出相对的结论。但是，所含事实不能对正反两面的观点提供同样力度的支持，因为真善之事依其本性而言，几乎总是易于证明、易于采信的。③其四，对于人类来说，更具区别特征的，是运用理性的论辩而非肢体的较量，因此如果认为一个人不能用肢体捍卫自己，应觉得羞愧，而不能用辩说和理性来捍卫自己，却无须羞愧，这是十分荒唐的。如果提出反驳，认为不公正地使用这种辩说的力量，会造成巨大伤害，那就等于指控美德除外的一切诸善，尤其是一切最有用的事物，如体力、健康、财富和韬略——正确使用它们，就可以带来最大利益；而误用，便会造成最大伤害。

---

① ［用修辞推论来说服时，其中的大前提通常就是共同的理念或一般的常识。］

② ［此为亚氏有关方法论的重要研究，李匡武将其译为《论题篇》，并译有第一卷（共有八卷），收入《亚里士多德逻辑论文集·工具论》，广东人民出版社，1984。］

③ ［此部分关于从正反两面进行说服，指的是对任何问题的辩论都存在正方和反方，高明的辩论者在证明自己的观点时，会意识到可能存在的不同观点及相关论据并能加以应对而使自己的观点依然成立。如我们在表达自己的意见时为了显示客观经常说："此处有人可能会反驳道……" 参见 Kennedy (2007: 35) 所做的相关注解。］

　　显然，修辞学并不限于讨论固定的某一类对象，而是与辩证法一样具有普适性；并且，它是有用的。再者，显然其功能与其说是成功劝说，不如说是在各个具体的案例中，发现能趋向成功的说服方法。此处它与其他各门类相似。例如，医学的功能不只是让人获得健康，而是让人尽可能走上健康之路；即便是永远无法享受健康的人，也可以得到出色的治疗。此外，显而易见，修辞学还能够辨别真正的与貌似的说服方式，就像辩证法能够辨别真正的与假冒的三段论一样。一个人成为"诡辩者"（sophist）起因于道德问题而非技能问题。在修辞学中，"修辞者"（rhetorician）一词既可以指称具有修辞技能的人，也可以指称具有道德问题者。① 辩证法中情形有异：一个人因有某种道德问题而成为"诡辩者"，但"辩证者"（dialectician）只就其技能而非道德问题而论。②

　　现在，就让我们来描述一下修辞学自身的系统原则——以正确的方式方法实现我们自己设定的目标。我们必须从头开始，不妨先定义什么是修辞，然后再论及其他。

第二章

　　"修辞"可以定义为：在任何具体情形中都能发现可用的说服方式的那种能力。③这是任何其他艺术都不具备的功能，因为其他艺术传授

---

① "修辞者"实际上可指训练有素的演说者或诡计多端的演说者。

② ［这里之所以引进"诡辩者"是因为前面说到表面的说服和假冒的三段论，这些在亚氏看来是诡辩者所为，而无论在修辞学和辩证法中这类人都存在。进而说明"修辞者"一词的两种含义和"辩证者"的单一含义。］

③ ［Roberts的英译为：Rhetoric may be defined as the faculty of observing in any given case the available means of persuasion. Kennedy的英译为：Let rhetoric be defined as an ability, in each particular case, to see the available means of persuasion. 两译基本相同。］

或劝说的是自己的本门内容。例如，医学关于健康与否，几何关于形体属性，算术关于数目，别的艺术和科学门类也各有所司。然而，我们将修辞看作是，对于呈现在我们面前的几乎任何主题，都能找到劝说方式的能力。因此，我们认为就其特色而言，它并不限于某种特殊或固定的对象。

诸多说服方式中，有些属于严格意义上的修辞艺术，有些则不然。后者我指的是，并非由说话人提供，而是从一开始就在场的那些，如证人、拷问而得的证据、书面契约等等。前者我指的是，我们自己可以通过修辞原理构建的一切。非修辞性的方式，只要加以利用即可，而修辞性的说服方式，是需要发明的。

由言辞而实现的说服方式有三种。第一种有赖于言者的人品；第二种在于让听众处于某种心境；第三种则依靠话语自身提供的证明或表面性证明。[1] 其一，当演说的呈现使我们认为说话人是可信的，这样的说服就是通过演说者的人格魅力来实现的。这是因为，比之于相信其他人，我们会更容易、更情愿相信好人——不论问题为何，此理常然；而在绝对的确定性无法实现且众说纷纭之时，此理尤然。这种说服与别的说服方式一样，其成功应该靠演说者所说的，而非演说前人们对其人品的看法。[2] 一些修辞手册的作者认为，言者展示出来的优秀人品无助于说服，那显然是不正确的；相反，言者的人品几乎堪称他所拥有的最有效的说服方式。其二，说服可以产生于听众，一旦演说触动了他们的情感。因为人们愉悦、友好时与痛苦、敌对时所作的判断是不同的；而通过打动情感以收说服之效，如此前所说，正是时下的修辞手册撰写者倾全力而作的。这一话题将在我们讲到情感时再细加陈述。其三，如果通过适合所论问题的具有说服力的论据，我们能对事情的真相加以证明或似乎有所

---

① ［此处的三种说服方式顺序并非重要性顺序，亚氏将修辞推论视为"最有效的说服方式"；因而我们认为下一段中的逻辑诉求、人品诉求、情感诉求才是按重要性所作的排序。］

② ［关于这一点较有争议。不少研究者认为，人品诉求既来自现场的言说，也未免受到发言人事先已确立的声望之影响。但此处亚氏是要强调通过言辞而实现的说服，以呼应其段首的主题句。］

证明,那么就是通过演说自身实现了说服。

因此,存在这样三种有效的说服方式。显然,要掌握它们,人们必须能够做到:(1)推理符合逻辑;(2)理解诸种品格与美德;(3)还要懂得各种情感,即对情感能辨别、会描述,并知道产生情感的原因和激发它们的方式。因此,修辞学像是辩证法和伦理学的分支,而伦理学不妨称为政治学;正因如此,修辞学貌似政治学,一些修辞学教师装作政治学专家,如此这般,有时是因缺少教育,有时是出于炫耀,有时则来自人性的其他弱点。事实上,正如我们开始时所说,修辞学是辩证法的分支,两者很相像。无论是修辞学还是辩证法,都不是就某一专门对象所做的科学研究。两者都擅长推理论证,其研究范围以及相互联系,大概已经论述充分了。

至于由证明或表面证明达成的逻辑说服[1],就像辩证法中既有归纳法又有三段论或表面三段论,修辞学中亦然。修辞学中的举例属归纳法,而修辞推论是一种三段论,貌似的修辞推论是一种貌似的三段论;我称修辞推论为修辞三段论/修辞演绎,称例证为修辞归纳。每个成功通过证明实现说服的人,事实上所用的方法或为修辞推论或为例证法,别无他法。由于任何人若想证明什么,必定或用三段论,或用归纳法——这在《分析篇》(Analytics)中已经表明,因此修辞推论就是三段论,而例证就是归纳法。例证与修辞推论的差异已在讨论归纳法与演绎法的《论题篇》(Topics)中阐明。当我们对一个命题/结论的证明,是建立在众多类似案例之上时,这在辩证法中称为归纳法,在修辞学中称作例证法;而当显示一些命题/前提为真,进而得出另一有区别的命题/结论也必为真,无论是必然性的还是或然性的[2],这在辩证法中称为三段论演绎法,在修辞学中称作修辞推论。显然,用例证法或用修辞推论进行逻辑证明的演说,各有其优点。我在《方法篇》(Methodics)[3]中所述的相关内容也

---

[1]　[从此段起到本章末亚氏都在阐明逻辑诉求中的两大方法:作为演绎法的修辞三段论和作为归纳法的例证,由此也可看出逻辑诉求最受他的重视。]

[2]　[亚氏认为辩证法中的标准三段论是必然性的,而修辞推论大都是或然性的,在下文中他作了进一步的比较。]

[3]　此为亚里士多德已散佚的逻辑论著。

适用于此两种演说。某些演讲风格中，例证法胜出，其他风格中修辞推论占优；同理可知，有些演说者更擅前者，而有些更擅后者。有赖例证法的演讲，同依靠修辞推论的演讲一样有说服力，但基于修辞推论的演说，则更受听众称赞。例证法与修辞推论的内容来源以及正确用法，我们晚些时候将作讨论。① 我们下一步要更清晰地阐释，这两种论证方法各自的过程。

一句陈述如果可信或具有说服力，或是因为它本身不证自明或是因为经由其他可接受的陈述推导而得。无论哪一种情况，都是因为它说服了某人才具有说服力。但是，没有一门学科是针对个别情况的阐述。例如，医学并不论述如何才能治好苏格拉底或恺利亚斯（Callias②），而只是关于如何可以治好某一类病人。这才是该学科所要关注的，因为个别病例千变万化、无穷无尽，有关它们的系统知识，是不可能建立起来的。同样道理，修辞理论所关注论点之可接受性问题③ 不是针对苏格拉底或希庇阿斯（Hippias④）等特定个体，而是针对某一类人的；此理对辩证法亦然。辩证法不是源自偶然获得的材料（如狂者的幻想），而是从所需要论证的材料中去构建的三段论；修辞学也是建立在需要辩论的常规［而非偶发］对象之上的。修辞学的职责在于解决那些在我们辩论时无其他学科或系统方法可以指导的问题，而所要说服的是，那些难以承受复杂论证或多步推理的普通听众。并且我们要辩论的是存在多种可能性的对象；至于那些过去不会、现在不会、未来也不会改变的事物，没有人会在这类性质的对象上浪费时间。

我们可以从之前的三段论的结果中构建新的三段论并得出结论；也可以从尚未证明且未获公认而有待证明的前提中得出结论。前一种推

---

① ［亚氏在第二卷的第20至24章中对此做了详细讨论。］
② ［恺利亚斯（Callias）是公元前5世纪古希腊著名的政治家、军事家和外交家。］
③ ［Roberts英译为"what seems probable"；对应的名词probability在逻辑学中通常译为"可然性/或然性"。修辞中要辩论的观点通常是或然性的，而非必然性的。］
④ ［希庇阿斯（Hippias）生活于公元前5世纪，是苏格拉底的同代人，《柏拉图文集》中有以其名命名的对话。］

理必然会因其长度而难以跟随，因为我们假设的是未受训练的听众；后一种将难以赢得赞同，因为它们用作基础的前提，并非普遍接受或广为相信。①

因此，作为三段论的修辞推论，与作为归纳法的例证所涉及的事物，总体上是或然性的。修辞推论由较少的命题组成，数量往往少于组成常规三段论的命题。因为如果命题中有一个是人们熟悉的事实，就没有必要提及；听者自会补足。例如，要说明多里欧斯（Dorieus②）已经成为以桂冠为奖品的竞赛之获胜者，只需要说"他已经是奥林匹克竞技会上的获胜者"就够了，无须再赘以"奥林匹克竞技会上的奖品是桂冠"，因为那是人尽皆知的事实。③

修辞三段论的前提，很少是必然性的。我们所要判断与考察的多数事物，会呈现多种可能性，因为我们判断和考察的，［常常］是我们的行动，而我们的行动，全部带有一种或然性特色，几乎没有什么行动是一种必然性。再说，陈述只是通常或可能情况的结论，而或然性的结论必须从同样或然性的前提得出，就如同"必然性的"结论必须得自"必然性的"前提——这一点作者在《分析篇》④中已经向我们清晰表明。因此，显然，构成修辞推论基础的命题，虽有些可能是"必然性的"，但大多数只是通常为真/或然性的。修辞推论涉及或然性事物和征象（Probabilities and Signs），我们可以看出两类分别对应于通常为真者和必然为真者。⑤或然性事物即通常发生之事；然而，非如某些定义所说般一

---

① ［这一过渡段简论两种在日常交流中应避免的推理论证，目的是要引出下文的修辞推论/三段论的两大特征：省略性；可接受性/或然性。］

② ［应是指罗得岛的多里欧斯（Dorieus of Rhodes），是公元前5世纪的古希腊著名运动员，在奥林匹克等运动会上多次获奖。后来也成为十分有影响力的政治家。］

③ ［亚氏在此引证了一个修辞三段论，其实只有一个小前提"他/多里欧斯已是奥林匹克竞技会上的获胜者"，而大前提"奥林匹克竞技会上的奖品是桂冠"/"所有奥林匹克竞技会上的获胜者都可获得桂冠"以及结论"多里欧斯获得了桂冠"都省去了。］

④ ［亚氏著名的逻辑论著《分析篇》，由两大部分组成：《分析前篇》及《分析后篇》（参见李匡武译），根据Roberts所注，此处所及与《分析前篇》卷一相关。］

⑤ ［可理解为修辞推论涉及行动类的为或然性，涉及（正确表征）征象类的为必然性。］

切通常发生的都算,而只是指那些具有其他可能性的(contingent)或可变的(variable)事物。或然性事物构成的大前提与所得出的或然性具体结论之关系,类同于普遍与特殊的关系。^①关于征象有两种,一种征象构成的前提与所得结论之关系是特殊与普遍的关系,而另一种征象构成的前提与所得结论之关系,则是普遍与特殊的关系。必然性的征象即"完证"(complete proof);非必然性的征象并无专门名称。必然性征象我指的是可以作为有效三段论前提的那些;这也向我们显示了何以这类征象称为"完证":人们认为自己所说无可辩驳时,便会认为自己提出了"完证",表明此事已得证明并已完成。^②上述第一种征象的推理(从特殊到普遍^③)可以做如下例示:假设有人说"苏格拉底既智慧又公正表明所有智慧者都是公正的"——此处我们确实拥有一个征象,但即便此作为征象的前提为真,这一推论仍是可以驳倒的,因为它并未构成一个三段论^④;而假设说"他发烧表明他生病了"或"她在哺乳表明她新近生了孩子"——此处我们拥有的是必然性的表征,是唯一一种构成"完证"的类型,因为它是唯一一种只要征象陈述为真即无可反驳的推理。^⑤第二种征象的推理(从普遍到特殊),可例示为"某人呼吸急促表明他发烧了"。此推论也是可以反驳的,即便有关急促呼吸的征象陈述为真,因为一个

---

① [此段是全章的难点,而此句的理解为难中之难。为了明确所指,翻译中融入了 Roberts 的注解,以方便理解。编者认为这里亚氏是要说明,通过或然性事物所作的推理是由或然性的前提得出或然性结论的修辞三段论。]

② [此句汉译时省略了结尾处的一个小句,因其内部含有两个希腊词,而意思也只是解释"完证"。]

③ [亚氏此段中的特殊(particular)与普遍(universal)关系含两种情况:一种为个别与一般关系(以下苏格拉底例),另一种似为部分与整体关系(如发烧与生病,哺乳与生产);而段尾关于普遍与特殊关系的示例应属于整体与部分关系。]

④ [三段论是从带有普遍性的大前提经由具体的小前提再到具体的结论。]

⑤ [此处编者的理解是:两个推理分别隐含了两个必然性的大前提——"发烧即是生病"和"哺乳便是新近生了孩子",而文中出现的是小前提和结论,由于大前提是必然性的,因此如果小前提"他发烧"为真就必然得出"他生病了";"她在哺乳"为真就必然得出"她新近生了孩子"。之所以这样的必然性三段论也被视为修辞推论,是因为其省略性。]

人呼吸困难可能并不发烧。

以上关于或然性事物、征象、完证的特征，以及它们之间的区别已经做了陈述。《分析篇》中有更清晰的相关论述，并且还说明了何以其中有些能进行三段论推理，而有些则不能。

关于"例证"，此前已将其描述为一种归纳法并讨论了其对象的区别性特征。例子与其所支撑的命题/所得结论间的关系，非部分对整体、非整体对部分、亦非整体对整体，而是部分对部分、同类对同类的关系。当二者为同类属而一熟一生时，则熟者为例。例如，证明狄俄尼修斯（Dionysius[①]）要求配备卫队，是在策划成为独裁者；理由是在过去庇西特拉图（Peisistratus[②]）曾一直要求一支卫队，以便实施此图谋，后来一旦得手，即立刻成为独裁者；墨伽拉城（Megara）的特阿格涅斯（Theagenes[③]）亦如是。同样，辩说者所知的其他所有事例也成为例证，目的是用以说明那未知的情况——狄俄尼修斯做相同的请求时存有相同的企图。所有这些例子都属于同一普遍规则，即"要求配备卫队者企图做独裁君主"。至此，我们已经论述了通常被视为证明性/逻辑性说服方式的各种来源。

但在修辞推论中存在差别重要的两类，这一差别几乎被所有人完全忽略，而在辩证法的三段论中也同样存在这两种类型。一类修辞推论真正属于修辞学，如一类三段论真正属于辩证法；另一类修辞推论却属于其他学科，或是我们已经熟识，或是还未了解。忽视这一差别，人们就不能注意到：越是完善地表达自己的专门论题，离纯粹的修辞学或辩证法就越远。这一说法会愈加清晰，如果给以更充分的阐述。我的意思是：辩证推论和修辞推论的合适论题，是常规或通用论题所关注的内容，换言之，它们同样适用于伦理学、自然科学、政治学以及其他许多不同类别

---

① ［参考罗念生注解，狄俄尼修斯（Dionysius，公元前430—前367）在公元前405年借民众的力量成为西西里叙拉古城（Syracuse / Syrakousai）的暴君。］

② ［庇西特拉图（Peisistratus，约公元前600—前527）于公元前560年成为雅典城的独裁君主。］

③ ［特阿格涅斯（Theagenes，约生活于公元前7世纪）于公元前640年成为希腊墨伽拉古城的独裁者。］

的学科。试举关于"更多或更少"/程度的通用论题为例。以此论题为
基础,可以在任何不相关的学科(伦理学、自然科学或其他学科)中,同样
轻松地构建标准三段论或者修辞三段论。但是,还有一些专用论题,来
自仅适用于具体学科某些类别的事物。因此,有关自然科学的命题无法
作为建立任何关于伦理学的修辞推论或三段论之基础;而有关伦理学的
命题则无法作为建立有关自然科学的基础。这一原则具有普适性。通
用论题不针对特殊的对象内容,因此不能增进我们对任何具体学科的
理解;而专用论题,一个人越擅长选择以此为命题,在无意中也就越接
近有别于辩证法和修辞学的学科。他可能成功地陈述了必要的原理准
则,而其所属学科已不再是辩证法或修辞学,当归所发现的原则应隶属
的学科。多数修辞推论实际上是建立在那些专用论题之上的;只有少数
修辞推论基于通用论题。因此,如同在《论题篇》中,本书在处理修辞推
论时,也必须区分修辞三段论赖以建构的专用论题与通用论题。专用论
题,我是指仅适用于各专门学科的命题;通用论题,是指普遍适用于所有
学科的命题。我们可以从专用论题开始。但首先,让我们将修辞进行分
类。① 做出类别区分之后,我们就可以各个击破,以发现每一类修辞/演
说的组成成分,以及各类必须运用的命题。②

---

① ［根据第三章此处修辞的分类指的是演说的分类,亚氏之后将其分为三大类:议
　　政演说、诉讼演说和典礼演说。］
② ［此段引入与修辞推论密切相关的"论题"(topos / topic),也译为"话题""论
　　式""部目"等,这是西方古典修辞学中的一个核心概念,亚氏在第二卷第23章
　　中讨论了28个通用论题。］

修辞学·第二卷^①

第一章

 以上我们已经考察了三类专用话题，分别用于支持或反对政治措施，赞颂或谴责德行，法庭上起诉或辩护。^② 我们还考察了最有助于论证以说服听众的那些公认的观点。我们的修辞推论所涉及的，就是这样一些观点，并以此为前提，在三种演说中依据各自的具体需要，构建相应的修辞三段论。

 但是，既然修辞的作用是要影响人们做出判断，而无论是议政演说的决议，还是庭辩演说的判决，都是由听众做出的，演说者就不仅要努力使辩论具有证明性与可信度，而且要让自己显露出良好的品性，并使那些要做出判断的听众处于适宜的情绪中。尤其在议政演说以及诉讼演说中，演说者品性正直并对听众怀有善意，而且能使听众处于适宜的情

---

① ［亚里士多德的《修辞学》第二卷针对第一卷中论及的"说服方式"，围绕人格诉求（ethos）、情感诉求（pathos）以及理性诉求（logos），展开进行论述。此两卷所述均属于西方修辞学经典五范畴之首的"修辞发明"，为亚氏修辞学的主要内容。以下所选第一、第二章（Roberts译本第90—97页），前者主要论及人格诉求和情感诉求的要素，后者是对情感诉求中愤怒的示例；而理性诉求的形成则在之前所选的第一卷第二章中有较具体的阐述。］

② ［第一卷第三章中亚氏将演说分为：议政、典礼和庭辩三种，此后主要论述它们各自所需的专用话题。该句与下一句都是起总结承上的作用。］

绪之中，这将大大增进自己的影响力。演说者自身品性正直，对于议政演说特别关键；而听众处于合适的情绪则对于诉讼演说尤为重要。因为人们友善、温和时看法是一个样子；愤怒、敌意时，看法或全异或虽同而程度迥异。当他们对来到面前等待判决的人持友好态度时，他们会认为被告人即便有罪，也是小罪；而持敌意时，看法会截然相反。此外，如果他们渴求发生一件令人愉快的事情并对之抱有美好希望，那么他们会认为这事肯定会发生并于己有利，而如果他们漠然或恼怒，就不会这样想了。

有三点可以引发人们对演说者品性的信心——亦即无须证明就能让我们对事物起信的三种品质：明智（good sense）、美德（good moral character）和善意（goodwill）。谬论与糟糕的建议，皆源于三者或多或少的缺失。人们可能因不明智而形成错误观点；或者虽然观点正确，但由于道德缺憾，未能说出自己的真实想法；或他们明智与正直兼备，但对听众缺乏善意，结果也未能推荐自己所知的最佳方案。可能的情形仅此而已。可见，谁三种品质全具，即能引发听众的信心。我们可以从此前对德性的分析中，获得让自己显现明智与美德的方法①，因为显现自己与他人德性的方法并无不同。善意与性情友好，将成为以下有关情感讨论的一部分。②

情感能让人发生改变以至影响判断，它包括诸如愤怒、怜悯、恐惧等正面及反面情绪，并伴随有痛苦或快乐。每一种情绪我们都需从三个方面来加以论述。试举愤怒情绪为例，为此我们必须弄清三点：（1）愤怒者的心理状态呈何种表现；（2）何人为愤怒引发者；（3）发怒的具体原因为何。仅知一二是不够的；除非三点全知，否则我们无法在一个人身上引发愤怒。其他情绪同理可知。因此，正如本书早些时候曾列举了演说者可用的一系列命题，现在就让我们以同样的方式来分析各种情绪吧。

---

① 第一卷第九章。
② 第二卷第四章。

第二章

愤怒可以这样定义：它因本人或朋友无端遭受明显轻慢而激起，伴之以痛苦，是一种显见的报复冲动。如果这一定义恰当的话，愤怒的对象必然总是某一特定个体，如克利翁（Cleon①），而非普遍的"人"。有人感受到愤怒，是因为对方的行为已经或意欲针对其本人或其某个朋友。它一定伴随着某种愉悦，因为期待着报复。虽然无人会以其自认为无法达成的事情作为目标，但愤怒的人可以用其能够达成的事情作为目标，并认为其能完成目标是令人愉快的。所以，关于愤怒下面的话说得好：

> 它远比欲滴的蜜甜，
> 蔓延在人们的胸膛。②

这种想法因为执着报复行动，还能带来某种快感，此时唤起的幻象，就像梦中的幻象一样，能产生快感。

轻视（slighting）是指明显认为某事无足轻重的想法。我们会认为好事甚至坏事以及任何倾向于促成它们的其他事情，都是值得重视的，而对那些几乎没有或全然没有这种倾向的事物，我们会视为不重要。轻视有三种：藐视（contempt）、刁难（spite）和侮慢（insolence）。其一，藐视是轻视的一种，因为你所藐视的正是你认为毫不重要需要轻视的事情。其二，刁难是另一种轻视，是对他人意愿的阻挠，不注重自己获得什么而是要阻止他人达成意愿。这种轻视产生于你并不想自己有所获益，显然你并不认为他会对你造成伤害，因为那样的话你会害怕他而非轻视他；也不认为他会为你带来丝毫值得一提的好处，若如此你会急于同他做朋友。其三，侮慢也是一种轻视，因为它藉由所做和所说会给对方带来羞

---

① ［克利翁为公元前5世纪雅典政治家、军事家。］
② 《伊利亚特》（*Iliad*, xviii. 109）。

辱而感到快乐，并非为了自己从中获利。为侮慢者带来快乐的原因在于，虐待他人时，他自视远远优越于对方。之所以年轻人和富人心存傲慢，是因为他们在展示傲慢时自高自大。有一种傲慢就是剥夺属于他人的荣誉；你显然是轻视他们，认为他们或好或坏，无足轻重，不配享有荣誉。因此，阿喀琉斯（Achilles①）怒吼道：

> 他已将我的奖品夺为己有，让我大大丢脸……

及

> 就像对一个流浪汉无人表示敬意一样……②

意即他发怒的原因就在于此。人常常希望在出身、能力、善意以至一切远胜别人的方面，受到不如他的人们的尊重：依钱财而论，富人希望得到穷人的尊重；依口才而论，具论辩天赋者希望得到不会说话者的尊重；统治者认为应该得到被统治者的尊重，即自认该做统治者的人，应该得到他自认被统治者的尊重。因此有言

> 父为万能宙斯的国王们怒气冲天

及

> 但是，他的怨怒要积日持久，有待发作……③

国王们的怒源自其强大的优越感。此外，如果有些人已经、正在或将要接受的好意相待来自他本人或者他走了门路的朋友或其他人，他就会认为他们欠他人情，并期望得到他们的尊敬。

　　如上所言，至此应清楚，人们发怒可以从三个方面来描述：（1）处于何等心境；（2）针对何种对象；（3）基于何种理由。其一，心境指感受

---

① ［也译为阿喀琉斯，海神之子，以勇气，俊美和体力著称，在特洛伊战争中他杀死特洛伊50王子之首的赫克托耳（Hector）之后，被其弟巴里斯王子（Paris）一箭射中后脚跟而阵亡。］

② 《伊利亚特》(*Iliad*, i. 356; Ib. ix. 648)。

③ 《伊利亚特》(*Iliad*, ii. 196; Ib. i. 82)。

痛苦的心境。发怒状态下,一个人往往是在欲求之中。有时别人以任一方式或直接地反对他,如在他口渴时阻碍他喝水,或者间接地反对,两种行为对他而言似乎是一回事;有时别人在工作上与他对抗,或者未与他协调一致,在他处于这种情绪时惹恼他,在这些事例中,他同样表现出愤怒。因此,一旦因欲望未得到满足而苦恼,不论是疾病、贫穷、爱、口渴或任一其他欲望,人就容易发怒,一点就着;他特别反对轻视他当前痛苦的人。因此,病人因病情被无视而发怒,穷人因贫穷被无视而发怒,战士因战争被无视而交战,情人因爱被无视而发怒,归根结底,任意一种轻视都足以引发怒火。每个人都容易受制于目前控制他的那种情绪,而导致他自己与此情此景相应的怒火发作。进一步讲,如果结局与我们的期待正好相反,我们就会发火;因为一种意想不到的虐待特别痛苦,就像自己的意愿在始料未及的情形下得以实现,我们感到特别愉快。因此,显而易见,某些季节、时机、状态、生活阶段,容易惹人于某个地点与时间上怒火发作;另外,同样显然的是,我们越处于那些状态之下,就越容易被触怒。这些就是人们易被触怒的状态。

其二,我们易动怒火的对象,是那些嘲笑、嘲弄、奚落我们的人,因为这种举动十分无礼,还有人给我们带来了以无视为标志的伤害。这些伤害应当是对那些行为者既非存心报复,亦非于彼有利:因为只有这样,才会觉得这些伤害出自无礼;而且,那些说我们坏话的人,表示蔑视的人,与我们自己最关注的事情有联系。因此,那些渴望赢得哲学家声名的人,容易向对他们的哲学表示轻蔑的人发怒;那些对自己外貌引以为豪的人,容易向对他们外貌表示轻蔑的人发怒;其余情形依此类推。当我们怀疑自己事实上,或人们认为我们,对以上所说的特点,完全没有或基本没有时,我们会感觉特别容易发火。因为当我们确信受到讥讽的才能非常出色,我们就难以无视这种讥讽。再者,同其他人相比,我们对朋友会发更大的火,因为我们觉得自己的朋友应该善待自己,而非虐待他们平时一贯敬重的我们。如果对我们的态度发生变化并以异样的态度对待我们,我们就会发怒:因为我们认为他们对我们表现出了轻蔑,他们的举止原可以一如从前。况且,对于我们的善待受而不报或报之不足的人,及身处低位起而反对我们的人,诸如此类的人,似乎蔑视我们;那些反对我们的人认为我们比他们低一等;那些不知回报善意的人似乎认为这些善意是由处于劣势者赐予的。如果他们无端地小觑我们，我们会感到特别怒火万丈。因为依我们的想法，轻视引来的怒火竟来自毫无理由小觑我们的人，来自与我们相比处于劣势而没有理由（那么做）的人。再说，我们会对朋友发怒，是因为朋友对我们不说好话或不善待我们，甚至他们对我们说坏话、做坏事，或者没有觉察到我们的需求。因此，在安提丰（Antiphon）的戏剧中，普勒克西波斯（Plexippus）要对墨里格（Meleager）发火①，因为这种缺乏察觉表示他们小瞧我们——我们不会察觉不到我们关心的人的需求。另外，有人对我们的不幸与痛苦幸灾乐祸，我们会愤怒，因为这表明他们或者恨我们或者小瞧我们。我们还会对给我们带来坏消息而自己却无动于衷的人发怒。有人爱听我们不好的事情或一直紧盯着我们的缺点看，我们也会发怒，这无外乎是小瞧我们或恨我们，因为那些爱我们的人会与我们共苦，而任何人紧盯自己的缺点都必定感到痛苦。此外，我们会对在五类人面前小瞧我们的人发怒：（1）我们的对手；（2）我们佩服的人；（3）佩服我们的人；（4）我们敬重的人；（5）敬重我们的人。如果有人在这些人面前小瞧我们，我们会特别动怒。

其三，我们发怒是因为有人轻视我们：他们轻视了有脸面的人一定会保护的对象——我们的父母、孩子、妻子与臣民。对那些不知回报恩德的人，我们会发怒，因为如此轻视是没有理由的。还有，在我们做话题严肃的演讲时，有人答话俏皮轻浮，我们会发怒，因为如此举止表示带有轻视。在遇到对待我们的态度不如对其他人的态度时，我们也会发怒，那是轻视的另一种标志，他们应该是以为我们不如其他人一样值得重视。我们的名字尽管不值一提，一旦被忘记，这种健忘也能引发愤怒，因为遗忘是我们受到轻视的另一个标志，那是粗心大意引起的，而粗心就是轻视我们。

我们发怒的对象、我们感受到的发怒心态以及我们感到发怒的理由，都已讲完。显然，演说者要讲的话，必须瞄准将别人带入产生愤怒的心态，并将激发愤怒的种种罪责归咎于对手。

---

① ［此为公元前4世纪悲剧家安提丰《墨里格》（*Meleager*）中的片段。普勒克西波斯是墨里格的舅父，他想要一张野猪皮，而墨里格却把那张皮送给了别人。该注结合了Friedrich Solmsen教授和罗念生先生的注解。］

阅读推荐

1. 胡曙中.英汉修辞比较研究［M］.上海：上海外语教育出版社,1993.
   书中首章"西方修辞学传统之管窥"所提供的一些术语译名至今仍十分流行,如理性诉诸［logos］、情感诉诸［pathos］、人品诉诸［ethos］。

2. 蓝纯.修辞学：理论与实践［M］.北京：外语教学与研究出版社,2010.
   此书注重对亚里士多德的理性、情感、人品三诉诸的理解和应用,分析了众多古今中外的典型例子,可读性很强。

3. 刘亚猛.西方修辞学史［M］.北京：外语教学与研究出版社,2008.
   书中第二章的"高屋建瓴的亚里士多德修辞理论"对亚氏修辞体系的基础和结构、《修辞学》文本的形成、书中各核心范畴的要旨等都做了深入辨析与评述。

4. 亚理斯多德.罗念生译.修辞学［M］.北京：读书·生活·新知三联书店,1991.
   亚里士多德此著在我国有两个中译本,另为颜一所译,中国人民大学出版社,2003年出版。相比之下,罗译质量较高,但第一卷前几章只是节译,省略较多。

5. 袁影.亚里士多德"逻辑诉求"体系论证与解析［J］.外国语言文学,2023,（6）：49—58.
   该文在精研亚氏《修辞学》《论题篇》《前分析篇》相关章节基础上,论证和解析了一个包含修辞推论(具省略性与或然性)和例证

（含发生之事与发明之事）的逻辑诉求层级体系。参见其首证"修辞推论"具七种形式的《解析"修辞推论"》（《修辞学习》2006/5）；袁影与蒋严合作的《修辞三段论与寓义的语用推导》（《外语教学与研究》2010/2）；袁影《亚里士多德"逻辑诉求"体系论证与解析》（《外国语言文学》2023年第1期）。

6. Aristotle. *Rhetoric* ［M］. Trans. George Kennedy. New York: Oxford University Press, 2007.

美国著名修辞学家乔治·肯尼迪译本中的导言、卷与章的标题及注解等，应有助于理解《修辞学》全书的结构及所选Roberts译文中的难点。此外，他的《希腊的说服艺术》（*The Art of Persuasion in Greece*，1963）一书也是深入认识亚氏修辞理论的重要参考。

7. Campbell, George. *The Philosophy of Rhetoric* ［M］. Carbondale and Edwardsville: Southern Illinois University Press, 1963.

英国启蒙时期的修辞学大家乔治·坎贝尔在其代表作《修辞原理》中对人格诉求和情感诉求做了不少相关论述，尤其对后者的阐释较为详尽。

8. Enos, Theresa. *Encyclopedia of Rhetoric and Composition* ［Z］. New York: Garland Publishing, Inc., 1996.

美国当代著名修辞学家爱诺斯主持的《修辞与写作百科全书》是一本深入浅出的修辞学工具书，各词条邀请了素有相关研究的专家们撰写而成。其中对三诉求（"ethos""pathos""logos"）的解释既有史的连贯梳理又有当代实用价值的明晰阐发。

9. Jasinski, James. *Sourcebook on Rhetoric: Key Concepts in Contemporary Rhetorical Studies* ［Z］. Thousand Oaks, CA: Sage Publications, 2001.

此修辞学权威词典由前美国《修辞学会季刊》（*Rhetoric Society Quarterly*）主编杰辛斯基一人撰写。其中的三诉求及"修辞推论"（enthymeme）词条，解释详细，注重当代具有影响力的相关成果，研究性强，对初入门者颇具挑战。

10. Walker, Jeffrey. The Body of Persuasion: A Theory of the Enthymeme [J]. *College English* 56.1 (1994): 46—65.

作者为美国资深修辞学者,该文为当代系统研究"修辞推论"的代表性论文,对此概念的词源意义、历史发展以及在当代的价值与应用都做了深入阐发。

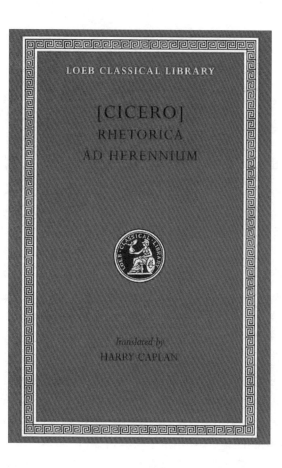

LOEB CLASSICAL LIBRARY

[CICERO]
RHETORICA
AD HERENNIUM

Translated by
HARRY CAPLAN

［古罗马］佚　名
Anonymity

"修辞发明""布局"
"文体""记忆""宣讲"

作者与选文简介

　　《献给赫伦尼厄斯的修辞学》(*Rhetorica ad Herennium*)成书于公元前1世纪早期,作者不详,曾以为是西塞罗的作品,但现在的主流观点否定了这一看法,目前大都视其为佚名作者之作。据开普伦(Harry Caplan)英译本前言,此书是完整保留下来的最早的拉丁语修辞学著作,反映了希腊化时代的修辞教学,是"(古)罗马精神与(古)希腊原则的融合"(1954: vii),是一部系统而正式的实用修辞手册,因而也常被称作《罗马修辞手册》。

　　由书名可知,作者是以一位叫赫伦尼厄斯(Herennius, Gaius)的年轻人作为目标读者,书中数次呼唤其名,从口吻来看,他们之间的关系亦师亦友,也可能是有着共同志趣的亲戚,这样的论述风格在古罗马时期并非鲜见(如朗吉努斯的《论崇高》)。此部简明清晰的修辞手册因而读来十分亲切,更像一封内容宏富而饱含情感的家书。《献给赫伦尼厄斯的修辞学》由四卷组成。第一、第二两卷相关"[修辞]发明"(Invention),主要是将争议点(Stasis)理论运用于法庭演说;第三卷是有关政治演说与典礼演说中的修辞发明,并较细致地论及了"布局"(Arrangement)、"宣讲"(Delivery)和"记忆"(Memory);最长的第四卷聚焦于以修辞格为主的"文体"(Style)。可见,这部古罗马手册系统地研究了修辞学经典五艺或五范畴、五部门,并被公认为现存古典修辞学著作中对此所作研究的第一部。亚里士多德的《修辞学》虽然前两卷着重于修辞发明中的逻辑诉求等,但尚未正式将"修辞发明"作为范畴来加以论述,并且其修辞学体系中未阐述"记忆"范畴,而其他三个范畴的讨论又十分简略。伊索克拉底、高尔吉亚等古希腊修辞学家则更无相关系统论述。

　　以下选文首先出自该手册第一卷的前三章,此部分为导引和对修辞五艺的总论;然后从第三卷中选择了专门论述"布局"的第九、第十两章;再从该卷中选择了专论"记忆"方法的第十六至第二十四章。后两部分明显各围绕一个此前选文尚未关及的修辞范畴,选择的理由不言而喻。导引部分的选择是基于其有助于我们领略此书的全貌和总体精神,并且第二章还明确提供了现存对修辞经典五范畴最早的正式界定,而第三章则是针对言说的内容"发明"和"布局"富有特色的结合性简论,同样值得关注与重视。

有关"布局",《献给赫伦尼厄斯的修辞学》所作的论述具有十分缜密的体系性。首先,在第一卷第二章中作者将其清晰界定为"内容的顺序(ordering)与分布(distribution)安排,以确保各部分尽得其位"(同上:7)。细审其措辞,本编认为此定义表明语篇的"布局"含有两个维度:内容出现的理想顺序与各个部分的合适占比;两个维度同样重要,但内容的占比问题容易受到忽视。古罗马手册继而在第三卷的第九、第十两章集中谈论了布局的方法与层面。作者明确提出了两种方法:遵循修辞原则和依据情境调整。此两大方法同时适用于两个层面:整体语篇层面以及其中的论证层面。整体层面在常规情形下,根据布局的修辞原则需有六个组构,先后为:引言、事实陈述、区分(明确争议点)、论证、反驳和结论;而在具体修辞情境中,为了取得理想的效果,有时需要省略某组构或在先后顺序上做出调整。针对语篇中最为关键的论证层面,手册也指出按修辞布局的常规准则先后有五步:论点→理由→佐证→修饰→总结,但同样在具体情境中,有的步骤可能需要省略(参见原著第二卷第19章)。该著还涉及了对论证中论据的布局安排,即将强有力的论据放在论证开始和结束的地方,因为前者是受众最期待之时、后者是最易留下印象之处,而那些说服力一般或非关键的论据通常置于中间。本编认为这实际上属于论据的常规修辞布局,而在特定情境中也常需要做出调整,尽管手册于此未加说明;据佩雷尔曼《修辞学王国》中的《语篇论据的顺序》(参见本书所选),最适合的论据安排应是最适合受众接受的顺序,即论据的先后取决于修辞情境中的受众特点。经此略加补充,我们可以构筑出古罗马修辞手册中"布局"范畴的综合体系:贯穿于宏观(语篇)、中观(论证)、微观(论据)三个层面的两大方法——遵循修辞常规和依据情境变通。在当代，"布局"研究还融入了衔接理论、语篇语言学等新鲜血液。

　　有关"记忆"，《献给赫伦尼厄斯的修辞学》第三卷的最后九章（第十六至第二十四章）做了十分系统而精到的论述。作者首先指出了两种相互作用的记忆——内嵌于头脑中与思维同时诞生的自然记忆以及可由系统培训得到加强的人工记忆；进而将重点放在人工记忆的提升方法上，即学习如何将需要记住的内容和语词以鲜明的形象置于序列背景的方式来牢固地加以记忆，并分别对如何有效设计背景和形象使其相得益彰进行了细致入微的指导，还举有生动的实例加以演示。据英译本中的相关注解（参见此部分首注）和乔治·肯尼迪《罗马世界的修辞艺术》，这是现存最早有关记忆法的论述（Kennedy，1972：113）。"记忆"是心理学、认知科学、生物科学等众多领域共同关注的范畴，要了解修辞学中"记忆"范畴的特征与初始义，无疑需追溯到这部古罗马修辞手册。然而，如同其他修辞范畴，"记忆"也随着时代发展而不断出现衍生义或新的研究旨趣，如文艺复兴时期培根关注的是记忆法有助于提升分类能力、可为其新科学方法所用，而西方当代修辞研究侧重的是记忆内容的取舍、集体记忆与流行文化的关系等。可见，修辞五艺中古老的"记忆"范畴，与"布局""修辞发明"等依然焕发着蓬勃的活力、显现了不可或缺的重要作用。

献给赫伦尼厄斯的修辞学·第一卷①

修辞五艺

第一章

　　我因事务繁忙，一直未能腾出足够时间致力研究，即使暂有闲暇亦倾心于哲学。然而，盖乌斯·赫伦尼厄斯，你的意愿还是鞭策着我来撰写一本公众演说理论手册，以免让你认为与你相关的事情，我不是缺乏意愿就是推卸责任；而且，我担起此任是心怀欢喜，因为知晓你有万分理由希望学习修辞学，确实，倘若有适当的修辞知识并常严加训练，表达的丰裕（copiousness②）与娴熟（facility）可以收获累累果实。

　　因此，我省去了希腊修辞作者固执己见而无用的那些话题。他们由于担心显得所知甚少，俯身追求无关本门艺术的种种概念，为使修辞艺术看上去愈加艰困难解；而我，处理的是与公众演说理论恳切相关的话题。我未如他人一般，希冀动笔写作以增收名闻；而是想以辛苦付出，满你所愿。为免啰唆，我会立即切入正题讨论，但需先做一劝诫：理论缺少

---

① ［此书中译依据的原文是 *Rhetorica ad Herennium*, Trans. Harry Caplan, Cambridge: Harvard University Press, 即1954年双语版中开普伦的权威英译。］

② ［该词在拉丁本原文中为 "copia"，是注者所见"丰裕"修辞概念的最早出处，参见本编中文艺复兴时期伊拉斯谟的 *De Copia*（《论丰裕》），以及袁影《"错综"与"丰裕"的中西交汇——〈文心雕龙〉语言艺术研究》（载于《社会科学战线》2019年第7期）。］

持续的言说实践则无济于事。由此，你会理解以下所言的理论准则必须付诸实践。

第二章

公众演说者的任务就是对法律和习俗中已然确立可为公民所用的那些事务善加论说，争取获得更多听众的赞同。演说者的修辞动因有三类：仪典（Epideictic）、议政（Deliberative）和庭辩（Judicial）。[①]仪典类用于颂扬或谴责某一具体个人；议政类以政策讨论为主，包括说服和劝阻；庭辩类以法庭辩论为基础，含刑事或民事的诉讼及辩护。

现在我将先解释演说者应该具备什么能力，而后说明应对这些修辞动因（三类演说）的合适方法。

演说者应该拥有这样一些能力：［修辞］发明（Invention）、布局（Arrangement）、文体（Style）、记忆（Memory）和宣讲（Delivery）。[②]"发明"是指对真实的或看似有理的内容加以设计，以令其可信服人。[③]"布局"是指内容的顺序与分布（占比）安排，确保各项尽得其位。"文体"是指以得体的词、句来适配所设计的内容。"记忆"是指在心中牢固保持所

---

① 此为亚里士多德式的演说分类（参见《修辞学》第一卷第三章），但这种分类在本质上存在更早。本书作者在前两卷中将重点放在庭辩是希腊化时期的代表性做法。（英译者注节选）

② 在以《献给亚历山大的修辞学》为代表的前亚里士多德修辞学中曾讨论前三者，亚氏在《修辞学》中增加了"宣讲"，直至希腊化时期，"记忆"才作为第五项出现。这些能力（faculties）在本书之后也被称作言者的职能（functions / officia）。昆体良在《雄辩家的教育》中将其视为修辞艺术的组成部分或要素（departments or constituent elements），本书后面也有不少地方是如此看待的。

③ 这一概念至少可以追溯到柏拉图（如《斐德若篇》*Paedrus* 236 A）；另见亚里士多德《修辞学》（第一卷第二章）有关寻找修辞性论据的部分。

用的内容、词语和布局。"宣讲"是指对嗓音、面容和姿势的优雅调节。[①]

所有这些能力,我们可以通过三种方式获得:理论、模仿和实践。[②]理论,是指一套规则提供一种确定的演说方法和体系;模仿,促使我们达到与所学方法相应的某些演说样板具有的效果[③];实践,是指进行刻苦的演说练习和体验。

既然我已显示了演说者应该涉及哪些修辞动因(即处理哪几类演说)和应该具备哪些能力,现在似需指明演说如何根据言者职能的理论(即修辞原则)来进行调整。

第三章

修辞发明可用于语篇的六个部分:引言(Introduction)、事实陈述(Statement of Facts)、厘清争议点(Division[④])、证明(Proof)、批驳(Refutation)和结语(Conclusion)。引言是语篇的开头部分,用来引导听

---

① ［此处为现存对西方经典修辞"五范畴"的最早系统论述,开普伦的英译为:"Invention is the devising of matter, true or plausible, that would make the case convincing. Arrangement is the ordering and distribution of the matter, making clear the place to which each thing is to be assigned. Style is the adaptation of suitable words and sentences to the matter devised. Memory is the firm retention in the mind of the matter, words, and arrangement. Delivery is the graceful regulation of voice, countenance, and gesture." (1954, p. 7)］

② 通常的三位一体(triad),天赋、理论、实践,可以追溯到普罗泰戈拉、柏拉图(《斐德若篇》)和伊索克拉底(《交换法》等)。昆体良在《雄辩家的教育》(第三卷第五章)中将模仿视作从属于理论。(节译自原英译注解)

③ ［此句中的部分翻译受益于刘亚猛《西方修辞学史》(2008: 83)上的相关译文。］

④ ［根据以下对"Division"的解释,我们翻译为"厘清争议点",似比直接译为"区分"更易于理解。这里涉及的是修辞发明中的一个重要概念——"争议点"(Stasis / Status / Constitution),参见本书西塞罗部分的相关选文及注释。］

众集中注意力；事实陈述或叙述展示已经发生或可能已经发生的事件；厘清争议点指我们弄清什么方面已达成一致、什么尚在争辩中，并宣明我们还想争议什么方面；证明是呈现我们的论据及其佐证；批驳是摧毁我们对手的论据；结语是语篇的尾声，也需秉承本门艺术的原则来构筑。

由言者的职能（即前述五种能力）顺延而下，为了让所论主题更易于理解，我也该讨论语篇的这些组成部分，并使其与修辞发明理论相适配。那么，此刻我宜先讨论引言部分。

......①

---

① ［此部分选文的前两章是全书的总论，第三章简要讨论了修辞发明与布局谋篇的关系，此章末段开始细述谋篇中的引言直至第七章，故而省去。］

献给赫伦尼厄斯的修辞学·第三卷

布　局

第九章

　　既然通过布局[①]我们才能将修辞发明出来的话题排布好顺序，令其在宣讲之时各得其位，我们就必须明白在布局过程中要遵循什么方法。布局谋篇的种类有二：其一，遵循修辞原则；其二，视具体情境而定。

　　当遵循我在第一卷有关修辞发明的论述中所述及的路径，即使用引言、事实陈述、厘清争议点、证明、批驳和结论，并在言说时遵循此顺序，那么，我们的布局谋篇就是基于修辞原则。这一对修辞原则的遵循不仅要贯穿于语篇的整个布局中，其后的论证环节也需遵循我在第二卷中解释过的——论点（Proposition）、理由（Reason）、佐证（Proof of the Reason）、修饰（Embellishment[②]）和总结（Résumé）。因此，这种布局谋

---

① 考拉克斯（Corax）和提希厄斯（Tisias）是最早建立布局理论的修辞学者。[两人生活在公元前5世纪西西里岛的锡拉丘兹城（Syracuse），应当时社会的迫切需要编撰了最早的修辞手册，"就人们应该怎样在法庭上和议事会议中雄辩地发言概括出一些原则和点子"（刘亚猛《西方修辞学》2008年，第20页）。]

② [根据此书第二卷第18、第19两章，此处的"修饰"指的是在佐证确立之后再通过类比（据第19章的示例）等方法对论据进行修饰和丰富；英译本中的界定为："Embellishment we use in order to adorn and enrich the argument, after the Proof has been established."（1954, p. 109）]

篇体现在两个层面——整个演说和局部论证——都以遵循修辞原则为基础。

但是还有一种布局方法，即需偏离修辞原则所定顺序而随言者的判断依情境调整的谋篇法。例如，我们的演说会始于事实陈述（而非引言），或始于强有力的证明，或始于佐证文件的宣读；或者紧随引言，我们会先用证明，后用事实陈述；或者我们会用此种调序法做出其他变更。但若非情境所迫，我们决做不出那种种变化。如果听众的耳朵已因对手喋喋不休而疲累不听、厌烦无愿，我们则可以顺水推舟地略去引言，而由事实陈述或有力论证开始演说。然后，如果有益，因并非总是必要，不妨回到引言所要表达的想法。[①]

第十章

如果我们的情形艰难，以至于无人会耐心聆听引言，我们要直接启动事实陈述，然后回到引言要表达的想法。如果事实陈述不太可信，我们要启用强有力的论证。每当修辞情形迫使我们巧妙调整由修辞原则规定的布局时，经常有必要进行如此种种变化和换位。

在证明和反驳时，适合采用如下种种布局：（1）最有力的论据应该摆放在辩诉的首和尾。（2）中间应该放置中等强度的以及既非对语篇无用又非对证明切要的论据，它们若分开、个别推出则弱，若联合其他论据则强、则似有理。[②]由于事实陈述完毕，听众立刻等着看事情是否可以通

---

① 论证的五个步骤同样也常需要依特定情境而调整，据第二卷第19章，有时需省总结、有时需省修饰，有时需两者均省。因此，最完整的论证为五步，最简略的为三步，居中的为四步，视具体情形而定。

② 昆体良《雄辩家的教育》(5.12.14)称此为荷马式布局(the Homeric disposition)，《伊利亚特》(4.297—9)中有这样的描述："他（涅斯托尔Nestor）首先排布装备了战马和战车的骑兵，再让很多勇敢的步兵作为战役的防御者殿后；（转下页）

过某种方式得到证明,此即为何我们应当在证明开始时直接推出某个强有力的论据。(3)至于其他,既然最后所说易于留下记忆,临近结束时让非常有力的论据鲜活地留在听众心里,此招管用。辩说中话题/论据的这种布局,就像战役中的排兵布阵,能易于取得胜利。①

(接上页)而将懦弱者赶去中间。"[涅斯托尔为皮洛斯国王,在荷马史诗中出现率较高,是深受阿伽门农和阿喀琉斯等敬重的智谋长老,在希腊军中主要发挥调解冲突、鼓舞士气的作用,参见《伊利亚特》第一、第四等卷。]

① [此段本编认为是关及按修辞原则进行的论据布局,两头重、中间轻的模式,又称为涅斯托尔式(Nestorian)。但如同整个语篇及证明环节的布局还需依情境来调整,论据的安排也常需视修辞情境尤其受众的情况来调适,参见本书中佩雷尔曼《语篇论据的顺序》。]

记　忆

第十六章

现在我要转向修辞发明而来的思想之宝库,转向修辞所有部门的保护神——记忆。[①]

关于记忆是否具有某种人为特质,或者是否完全出自自然,我们将会在另一更加有益的时机进行讨论。目前,我权当已证明人为的技巧和方法在记忆方面具有大作用,并如是处理这一话题。就我而言,我确信存在记忆术——我相信的理由,会在别处做出解释。此时,我将揭示记忆是一种什么样的东西。

记忆有两种类型:一种是自然产物,另一种是人工产物。自然记忆是内嵌于我们头脑中的那种记忆,与思维同时诞生。人工记忆是可以由某种训练和系统培育得到加强的那种记忆。但是就如在其他一切事物中,天然出色的优点经常与习练所得难分高下,而(习练所获)技巧也可加强和发展天然优势,这在记忆方面同样如此。自然记忆,如果一个人天赋非凡,经常很像人工记忆,而这人工记忆也能通过训练的方法保持和发展自然优势。所以,一方面,自然记忆必须经训练强化而表现非凡;另一方面,由训练而来的记忆也要求有天然能力为基础。这如同其他技艺一样,科学因得天生能力帮助而走向繁荣,天赋亦由技艺规则助力而

---

① 本书作者的记忆术体系是现存最早的。这样的图形(背景–形象)记忆方法在当时是否为演说者普遍采用我们不得而知,但是这一理论流传至今。参见西塞罗《论雄辩家》(2.85.350—88.)以及昆体良《雄辩家的教育》(11.2.1—51.)等。此为英译本注解节译。

发扬光大。此处提供的训练也将因此对上天赋予好记忆的那些人有用，这一点不久你自己会逐渐明白。但就算那些仰仗天赋记忆的人不需要我们的帮助，我们应仍有理由希望帮助那些天赋欠佳者。现在我就来讨论人工记忆。

人工记忆包括背景（backgrounds）和形象（images）。背景，我指的是这样的场所，可以被自然或人工隔离开来，它们规模不大、完整而明显，这样我们便能轻易由自然记忆注意到它们——例如，一幢房子、一个柱间空处、一个休息处、一个拱门，或诸如此类的空间。形象，可以理解为身影（figure）、标记或我们想要记住的对象的肖像。例如，如果我们希望记起一匹马、一头狮子或一只鹰，我们必须把其形象放在一个明确的背景上。现在我将说明我们该发明什么样的背景以及我们该如何发现形象并将形象安置在背景之中。

第十七章

认识字母表中的字母，人们就能写出别人口授之言，就能读出自己书写之文。同样，人们学习了记忆术（mnemonics），就能将自己所听摆布在背景之上，也能从这些背景之中由记忆将其宣讲出来。因为背景很像蜡制的写字板或纸莎草纸，形象就像字母，形象的安排、布局像剧本，宣讲像朗读。因此，如果我们想要记住很多项目，我们应该为自己配备很多背景，以便我们可以在这些背景上安置大量形象。我同样认为这些背景应做成系列，以便我们在追踪形象时从来不会因搞混顺序而失去踪迹——可按意愿从任意背景开始，不论它在系列中的哪个位置，不论我们是前追还是后溯——都不会因搞混顺序而无法宣说事先安置在背景之上的内容。

第十八章

例如，如果看见与我们相识的很多人按某种顺序站着，是否我们该从站在队首、队尾或队中的人名开始叫起，对我们不会产生任何差别。至于背景，也是同理。如果背景安置有序，那么由形象的提醒，我们就能口头重复自己安置到背景的事物，就能随心所欲地从任何背景开始、或前或后向任何方向进发。因此，也最好将诸多背景安排有序、形成系列。

我们需要特别注意所采用的背景以便它们可以长久地紧贴在我们的记忆中，因为形象和字母一样，我们不去用它们，它们就会被抹掉。但是背景，像蜡版一样，应该历时久长。还有，因为我们不可以记错背景的数量，所以每数到第五个背景应做标记。例如，如果我们为第五个背景设一只五指金手，为第十个背景设一名叫老十（Decimus）的熟人，如此连续不断地设第五、第十个背景应该不难。

第十九章

……，所获背景置于无人居住的区域比人口众多的区域，将更为有益，因为人群走动，来来去去，会模糊和减弱形象的印记，而人烟稀少可以让形象的轮廓保持鲜明。进一步而言，必须取得形状、性质各不相同的背景，因为区别性强才能清晰可辨；如若有人采用了许多柱间空处作为背景，他会因相互间的相似性犯糊涂而记不起各个背景上安置的内容。这些背景还应该大小适度、程度中等，因为太大会使形象模糊，太小会无法安置、排布形象。此外，背景应该不太明亮也不太暗淡，既不让背景的阴影遮住形象，也不让背景的光亮使形象炫目；而且，我认为背景之间应适度相隔,约为30英尺,因为与外部的眼睛一样,你将视觉对象移得太近或太远时,内部的思维之眼会视力减弱。[①]

一个经验相对丰富的人可以轻易而随心地为自己配备数量充足并且适合的背景,而一个认为自己并未储备什么好背景的人,也大可以随己所愿成功塑造出足够多的背景。因为想象力能拥抱任何区域并在其中随意塑造和构建某种背景框架。因此,如果我们对自己现成的背景不满意,我们可以随想象力为自己创造一个区域,塑造各种合适的背景并将其最具服务性地加以分布。

背景话题已经所言甚多,现在请让我转向形象理论。

第二十章

既然形象必须与对象(objects)相似,那么,我们自己就应该从所有对象中选择相似性为己所用。因此相似性一定有两种类型,同内容的相似和同语词的相似。[②] 同内容的相似,形成于我们用一些形象来呈现所处理内容的全貌;同语词的相似,形成于各个名词或称谓(appellative),由形象保持住记忆。

我们经常用一个记号、一个形象涵盖整个事件的记录。例如,原告说被告毒杀了一个人,控告罪犯的动机是遗产继承,并声称此案有诸多证据和佐证。为了有助于辩护,如果我们希望记住这第一点,那么我们可在自己的第一个背景上形成整个事件的一个形象:我们可想象被害人生病在床,当然这一前提是我们了解此人;如果我们不了解他,我们会另

----

① ［本编认为,针对外部眼睛,"将视觉对象移得太近或太远",指的是眼睛和对象之间的距离;而针对相关记忆的内部思维之眼,指的应是放置在两个背景之中的对象之间的距离关系。］

② 可见记忆术包括说话人对其内容以及语词两个方面的把控。

设定某个人作为此病人，但不是阶层最低的人，以便他能立现脑海。这时，我们将把被告置于床边，他右手持水杯，左手拿药片，并将公羊睾丸放在第四根手指上。这样，我们便能记住被毒害的人、他的遗产及各种证据。以同样的方式，我们可以将指控的其他内容安置于各背景之上，连续进行，跟随它们的顺序。这样，一旦我们希望记住某点内容，只要合理安排背景模式，仔细印上形象，我们要随心回想就会轻而易举。[①]

第二十一章

　　当我们希望由形象代表语词、体现两者的相似性时，我们承担的任务会更重，需要调用的独创性也会更多。我们应该以下列方法加以实现：
　　"现在，国王们，阿特柔斯的儿子们正准备回归家园。"[②]
　　如果想要记住这句诗，在第一个背景中，我们可以设置多米提乌斯（Domitius）被马西家（the Marcii Reges）鞭打时双手伸向天空的形象[③]，以此来代表"现在要回归家园"；在第二个背景中，可以设置伊索浦斯（Aesopus）和辛柏（Cimber）穿扮成阿伽门农（Agamemnon）和墨涅拉俄斯（Menelaüs），以此来代表"阿特柔斯的儿子们在做准备"。由此方法

---

① ［此段是详述前一段中所列有关形象运用的第一种方法：形象与内容的相似，即通过设置形象来记住事件内容的全貌。下一章则详述第二种方法：以相似形象来记住人名等语词。］

② ［此例的英译文为："And now their home-coming the kings, the sons of Atreus, are making ready." 作者认为要记住这句诗，可以通过下文两个背景-形象的设置。对应于后半句中的"阿特柔斯的儿子们"，即阿伽门农和墨涅拉俄斯，他认为可以想象用熟悉的罗马名演员 Aesopus（据英译注，此人是西塞罗的朋友，当时最伟大的悲剧演员）和 Cimber 穿扮成他们来加以记忆。至于对应前半句的背景-形象设置，似可理解为 Domitius 因遭毒打而归家心切。］

③ 这个场景无疑是作者自己的创造。Rex 是马西族最负名望的一家中的人名，源自平民的多米提乌斯家（the Domitian）也是当时显赫的家族。

所有的词都有形象代表。但是只有我们使用自己的标记刺激自然的记忆，如此安排的形象才会成功，所以我们首先要将需记住的诗行自己看两三遍，再通过形象代表那些语词。这样人工记忆将对自然记忆进行补充。因为两者各自独立并且都不够强大，尽管我们必须注意，理论和技巧更加可靠一些。对此我本该毫不犹豫地详细阐明，只是我恐怕，一旦偏离了自己的计划，我就不能很好地保持所做指导的清晰性和简明性。

接下来，既然在正常情形下某些形象强烈而醒目，非常适合用于唤起回忆，其他形象微弱而轻淡，难以成功地刺激记忆，因此我们必须思考这些差别的起因，以便了解原因后可以决定形象的舍弃与取用。

第二十二章

自然界本身告诉我们应该怎么做。当我们在日常生活中看到琐碎、普通、乏味的事情时，我们通常不会记住它们，因为心灵没有受到新颖或奇妙事物的触动。但是如果我们看到或听见的事物特别卑鄙、不端、异常、重大、难信、可笑，我们可能会记住很长时间。因此，最接近我们眼睛或耳朵的事情我们通常会忘记；而童年时遭遇的不寻常或不愉快之事我们却往往记得最牢。推究其因非为其他，只是因为平常事容易从记忆中溜走，而异乎寻常的、新奇的事物却能在心中停留更久。日出、太阳的轨迹和日落，因为每天复现，没人觉得惊奇；而日食成为惊奇之源，是因为它很少出现，并且其惊奇程度要超过月食，因为月食更频繁。大自然表明：普通、平常之事引不起注意，而新鲜或异常的事情则打动人心。因此，让艺术模仿自然，发现她的愿望，并奉行她的指示。因为在发明（invention）上自然从未位列最末，教育从未位列最先；相反，事物始于自然天赋，而欲达目的则有赖于训练。

于是，我们应该建立能在记忆中保持最久的形象。这一目标我们可以达成，如果我们尽可能建立起醒目的相似性；如果我们建立的形象并非众多或模糊，而是清晰可见其所做；如果我们赋予它们非凡之美或独特之丑；如果我们让他们中的某些人穿戴起比如王冠或紫袍，以便让相似性在我们看来更加显著；如果我们使其受到某种毁损，比如置入血渍、泥污或溅泼红漆，以使其形态更具冲击力，或者赋予我们的形象以滑稽效果，因为那样也将确保我们更容易记住它们。真实的事情我们容易记住，但想象的事情我们要记住同样没有困难，如果它们得到仔细的描绘。但是以下这点是至关重要的——一次又一次地让所设置的各个背景在心中快速过场以便让上面的种种形象记忆犹新。

第二十三章

我知道，在记忆方面撰文的多数希腊人[①]都提供一个列表，列出与许多词汇相对应的种种形象，以便希望记住这些形象的人能够无须费力搜寻，形象即可信手拈来为其所用。我不同意他们的做法，理由有如下数条。首先，词汇数量难计其数，只列一千形象以应对是荒谬的。无量词汇中我们需在此时记住一个、彼时记住另一个，列表中的这些形象怎能够用？其次，我们为什么要剥夺他人的主动性，就为了让他免于任何搜索，我们给他送上自己搜到、备好待用的一切？再则，某人对一种相似性印象更深刻，换个人会对另一种有更深的印象。事实上，我们声称某一形状（form）与另一个相似时，经常得不到普遍的认同，因为事物似乎因人而异。形象亦同理可见：对我们轮廓鲜明的形象，对别人则显得相对不那么引人注目。因此，每个人为自己配备形象时应该适合自己，方便自身。最后，教师的责任在于讲授适合每种情形的形象搜索方法，并为更清楚起见，给每种方法举一两例加以说明，但不用举全。例如，当我讨论引言的搜索时，我会给出一种搜索方法，而非列全一千种引言。形象

---

① 这些前人究竟是谁，我们不得而知。

的搜索,我认为,亦应遵守相同的法则。

第二十四章

唯恐你可能认为借形象记忆语词太困难或用处太小,因而仅满足于更容易也更有用的内容记忆,那我必须告诉你我不反对用形象记住语词的原因。我相信希望不用费心和操劳就能轻松做事的人,肯定曾经受训做过更难的事情。我谈论语词记忆也不是要大家强记成诵,而是作为一种练习以强化另一种记忆,即有实际用途的内容记忆。这样,我们就可以从艰难的语词记忆训练轻松自在地进入内容记忆。在每一学科之中,理论未付诸不懈的训练,就会徒劳无功,尤其在记忆术领域,理论几乎毫无价值,除非通过勤奋、尽心、辛劳和细心,理论才得以建功。你要确保拥有尽可能多的背景,并且这些背景尽可能符合设计规则;而在安置形象方面,你应该坚持每天不断练习。尽管引人入胜的事情经常会分散我们对其他事情的专注,但是没有任何事情能让我们从此事(记忆训练)分心。确实我们没有一刻不希望记住某个事情,尤其是当我们关注某件特别重要的事情时,其心更甚。因此,既然训练有素的记忆(ready memory)是有用的,你会清楚,我们必须付出多大的努力来获得这么有用的能力。一旦你明白记忆术的种种用处,你就会赞同我的这一忠告。我不想在记忆之事上对你再加叮咛了,因为那会让我显得对你的热情缺乏信心,或让我显得在此话题上所做的讨论不够丰富。

下面,我将讨论修辞的第五个部分。你可以在心中回顾前四个部分中的每一个[①],并且——尤其有必要——在习练中强化你所学的这些知识。

---

① 〔此处为第三卷末尾,下一卷重点讨论"文体"(Style),因此这里所说的前四个部分即"修辞发明"(Invention)、"布局谋篇"(Arrangement)、"宣讲"(Delivery)和"记忆"(Memory)。〕

阅读推荐

1. 埃里克·坎德尔.追寻记忆的痕迹[M].喻柏雅译.北京:中国友谊出版公司,2019.

  本书作者Eric Kandel因其对大脑记忆存储研究的杰出贡献获得了2000年诺贝尔生理学奖。在此书中,他以亲历者的身份叙述了当代生物科学领域中对记忆的前沿性研究,图文并茂,广受赞誉,荣获了《洛杉矶时报》图书奖和美国国家学院年度科普书。

2. 胡曙中.英汉修辞比较研究[M].上海:上海外语教育出版社,1993.

  此著为中国首部比较修辞研究专著;其第四章为"布局谋篇比较"。我国西方修辞学研究开创者胡曙中教授从"语段结构(修订版为语篇结构)""衔接手段""开头起首""结尾收笔"对英汉谋篇的宏观、中观、微观各层面进行了以差异性为主的细致比较。

3. 刘亚猛.西方修辞学史[M].北京:外语教学与研究出版社,2008.

  此书对西方主流评价不高的古罗马修辞手册给予了20页的详述(超过了对亚氏《修辞学》的评论),并认为"就其系统全面、丰富细致、深入精到的程度而言,《献给赫伦尼厄斯的修辞学》——以及体现在这部著作中的早期罗马修辞思想——明显超越了古希腊修辞思想家达到过的水平。"[参见第79—98页]

4. 夏爽,袁影."布局谋篇"中的逻辑与情感——中西修辞谋篇观略考[J].《国文天地》(中国台湾)2020年第3期:66—71.

  此项比较发现中西对"布局谋篇"均有着悠久的研究史。元代

陈绎曾在《文筌》中提出"起、承、铺、叙、过、结",强调从实际出发,
"或用其二,或用其三四,以至五六,皆可随宜增减"。这与《罗马修
辞手册》中的"引言、说明、区分、证明、批驳、结语"及适境调整法颇
为相似。不过,西方自古以来体现了鲜明的受众意识,谋篇中情感诉
求尤受重视,而我国自发端以来强调的是整体性、连贯性、条理性等
篇章逻辑。

5. 郑子瑜,宗廷虎. 中国修辞学通史(全五卷)[M]. 长春:吉林教育出
版社,1998.

　　此部迄今规模最大的中国修辞学通史,从先秦到现当代论及了
许多相关谋篇或章法的前人研究,是中西"布局谋篇"范畴比较研究
的重要参考。以上陈绎曾《文筌》中的引文即出其《隋唐五代宋
金元卷》(第763页)。

6. Sung, Wei-ko. "Mnemonics and Bacon"[J]. *Humanitas Taiwanica*.
72, 4 (2010): 97—127.

　　这是中国台湾中兴大学宋维科先生发表于《台大文史哲学报》
上的《记忆术与培根》。此篇长文先由考察柏拉图、亚里士多德、西
塞罗、昆体良、奥古斯丁等的相关著作厘清了记忆术的起源与方法:
"将想要被记住的事物用特别意象编码并将其依序安置在特定空
间"。作者进而揭示了记忆术对培根所倡行的科学方法产生的影
响——"记忆术可以增进人类分类的能力"。

7. Kennedy, George A. *The Art of Rhetoric in the Roman World: 300
B.C.—A.D. 300*[M]. Princeton: Princeton University Press, 1972.

　　这部由古希腊、古罗马修辞学研究大家乔治·肯尼迪所撰的
《罗马世界的修辞艺术》详细考察了《献给赫伦尼厄斯的修辞学》诸
多方面的问题,如作者考辨、内容特色、与西塞罗《修辞发明》的联系
等。肯尼迪所述已成为研究此部古罗马修辞手册丰富的参考来源,
并代表着西方修辞学界的主流评价。

8. Corbett, Edward, and Robert Connors. *Classical Rhetoric for the Modern*

Student［M］. New York: Oxford University Press, 1999.

　　美国当代资深修辞学者科贝特与康纳斯在《古典修辞学今用》中，从说服诉求角度考察了"布局谋篇"。该书继承了古罗马修辞手册中的"六部结构"，并且在"引言""叙述""批驳"和"结语"部分，对情感诉求和人格诉求的应用方式与应用时机进行了独到的阐述。

9. Jasinski, James. *Sourcebook on Rhetoric: Key Concepts in Contemporary Rhetorical Studies*［Z］. Thousand Oaks: Sage Publications, 2001.

　　由美国前修辞学会会长杰辛斯基撰写的这部《修辞学原始资料：当代修辞研究关键概念》中收有"Arrangement（布局）"和"Memory（记忆）"词条。综述详细，但侧重于当代相关研究中的新发展，如语篇语言学、集体记忆动力学等；也论及了这两个范畴与"Invention（修辞发明）"的紧密关系。

10. Perelman, Chaim, and L. Olbrechts-Tyteca. *The New Rhetoric: A Treatise on Argumentation*［M］. Trans. John Wilkinson and Purcell Weaver. London: University of Notre Dame Press, 1969.

　　此当代巨著《新修辞学：论论辩》中提到三种论据安排顺序：渐强式、渐弱式和聂斯脱利式（Nestorian order，首尾强中间弱），而作者佩雷尔曼等认为合适的论据呈现顺序取决于受众的情感倾向，具有对所在环境的适应性和高度的灵活性特征。

［古罗马］西塞罗

Cicero

"争议点""宣讲"

作者与选文简介

　　古罗马雄辩家西塞罗（Marcus Tullius Cicero，公元前106年—前43年）出生于距离罗马不远的一个小镇，自小受到优等教育，曾追随多个领域的名家演习哲学、法学、诗歌、言说艺术等。西塞罗青少年时期即已显露出博识多闻和雄辩滔滔的才略，并因此成就了日后非凡的政治生涯。公元前63年他被推选为罗马执政官，这是当时最高级别的行政职务。令后世尤为叹服的是，在繁杂凶险的从政岁月里，西塞罗竟然撰写了一百多篇演讲稿和众多学术著作，留传下来的演说辞就有近六十篇，著作亦有十多部，其中六部为修辞学著作，按时间先后分别为：《论修辞发明》(*On Invention*, 84 BC)、**《论雄辩家》**(***On the Orator***, 55 BC)、《演说的组成要素》(*The Divisions of Oratory*, 54 BC)、《布鲁特斯》(*Brutus*, 46 BC)、《雄辩家》(*The Orator*, 46 BC)、《论题》(*Topica*, 44 BC)。撰写于盛年时期的《论雄辩家》被视为"真正全面、深刻、充分地体现其修辞观"（刘亚猛2008：104）的代表之作。

　　《论雄辩家》是以对话体形式撰写而成的三卷本长论，主要对话人是当时最负声望的两位雄辩家克拉苏（L. L. Crassus）和安托尼（M. Antonius）。西塞罗借代言人之口赞美了修辞在政治、法律和日常交谈中的重要性，讨论了天赋、教育与雄辩之间的关系以及理想演说者在法律、哲学等方面需具备的广博知识，并且系统地阐述了言说艺术的五大经典范畴："修辞发明""布局""文体""记忆"和"宣讲"。以下两部分选文均出自其第三卷，是西塞罗主要代言人克拉苏所作的精辟论述，分别围绕第一经典范畴"修辞发明"中的核心概念"争议点"（Stasis）以及第五经典范畴"宣讲"（Delivery）。

　　在古希腊罗马，"争议点"理论受到了亚里士多德、贺马高拉斯

（Hermagoras）、西塞罗、昆体良等西方古典修辞学大家的普遍重视。他们无不将"争议点"视为修辞发明或布局谋篇中的关键，视为一项最主要的内容修辞策略。20世纪下半叶起在西方当代修辞学界掀起了争议点研究的复兴热潮，广泛的应用性探索成为其显著标志，争议点理论被运用于众多实践领域，譬如阐释科学语篇、宗教语篇、新闻语篇等各种语类，指导写作教学、论辩研究和交际研究等。争议点理论的核心是对论辩中可能出现的分歧问题所做的系统分类。经比较我们发现，西塞罗对此的研究贯穿于他一生对言说艺术的探索，始自青年时期的《论修辞发明》，而其成熟的争议点系统在盛年时的代表作《论雄辩家》中已经确立，并在晚年力作《论题》中进一步重申，说明这是一个经过时间和实践检验，方便应用于各类言说的争议点系统。据以下所译《论雄辩家》第三卷第29章和第30章（其他两卷中亦有相关论述），西塞罗的系统中有四大争议点：事实、定义、性质和行动。他为每个争议点提供了下属争议点："事实"中有存在确认，源头，起因，变化趋势；"定义"中有概念释义，核心特征，组成部分，形式标志；"性质"中有直接判断，比较判断；"行动"中则有道德责任，情感控制。不难发现此四大争议点及其下属争议点在当代亦具有相当的普适性，但"行动"争议点的下属分类仍较模糊、较难应用，我们不妨换以当代美国修辞学家 Kenneth Burke "戏剧五元"（Dramatic Pentad）中的"任务、场景、施事者、手段和目的"，以方便对"行动"做具体考察和分析，使西塞罗的争议点系统具有更强的可操作性（参见"拓展阅读"中的相关论文）。

　　"宣讲"虽为西方修辞学经典五范畴之一，但无论古今都常受轻视和冷遇。亚里士多德在《修辞学》的第三卷中对此范畴的论述只用了一页篇幅，尽管承认其对演说的成功影响甚大并且一直以来受到不应有的忽视；而权威工具书《当代修辞研究的关键概念》（Jasinski, 2001）中竟然未列入"Delivery"词条，此概念在西方当代修辞学中的境遇可想而知。然而，西塞罗却对"宣讲"的重要性和规则予以了充分强调。在《论雄辩家》全书的最后六章（卷三第56至第61章）这一引人注目的位置，他借克拉苏之口系统并生动地阐发了此经典范畴的诸种要义。其系统性在于行文中多次指出发表演说时需注意三个方面，按重要性先后为：嗓音、表情和姿势，并对每个方面做了具体说明，如面部表情中最为关键的是眼神运用，嗓音需有高低、快慢、强弱等变化。相比之下，亚氏在相关部分只论及嗓音的处理问题。阐发的生动性，则表现在西塞罗列举了有关古希腊、古罗马名人的实例，如著名演说家狄摩西尼（Demosthenes）、埃斯基涅斯（Aeschines）、格拉古（G. Gracchus）以及著名演员罗西乌斯（Roscius），因而对"宣讲"的重要性及其三个基本要素做了十分形象细致的雄辩论述，使读者不得不为之怦然所动。

论雄辩家·第三卷①

争 议 点

第二十九章②

　　"因此，任何事物成为考查和讨论的对象，都会涉及同样的问题，无论该讨论属于抽象研究还是政治与法庭论辩，无一不是或以知识的获取或以行动的执行作为目标，因为考察的目的或是为了对事实进行确认与了解，如美德是因其自身的价值还是因其结局而受到期待；或是为了某一行动准则，如智者从政合适否。知识的获取有三种方式：事实推断、定义和我称之为性质推断的第三类。对于情景中存在什么的问题，我们可以用事实推断来研究，比如，人类是否拥有智慧。特定事物的本质可由定义法来限定，如问智慧是什么。性质推断出现于调查某一特定事物具有什么属性的时候，如是否有时好人需要说谎。③关于事实争议点，他

---

① ［此部分依据Loeb经典著作文库中的H. Rackham英译本（哈佛大学出版社，1942：89—95）译出。］

② ［该书第二十九、第三十章，由西塞罗主要代言人克拉苏所述，讨论的实为西方修辞学中的一个核心概念"争议点"（Stasis），小标题为编者所加。有关此概念的定义、分类及应用，参见袁影《西塞罗"争议点"系统与伯克"戏剧五元"》（载于《当代修辞学》，2012/2）。此文发表时，"伯克"译作"博克"。］

③ ［此处"事实""定义""性质"三个基本争议点的解释，Rackham的英文较为模糊，为了表意的清晰，汉译时参考了James May和Jakob Wisse的新英译本。］

们①将其分为四种问题：或为确实存在否，如正义是否存在于人类的天性中还是仅属看法；或为源头是什么，如法律与国家起源于什么；或为起因是什么，如学识广博者何以在诸要事中意见分歧；或者事关变化，如争论人们心中的美德是否会消失或堕落为恶的问题。②

"至于定义之争议，或起于询问通常流行的概念解释是什么，比如，假设讨论权利是否为多数人的利益；或起于某一事物的本质属性问题，如问优雅的表达是否为演说家的特性，还是他人同样具备此特点；或起于将事物分为各个部分，比如问到值得希求的事物有几类，是否为三类：优美的身体、聪慧的心灵以及外在于人的美好事物；或起于描述特殊外形及自然标记问题，比如假设我们考察守财奴、叛乱者或吹牛者的特殊性格标志。③

"性质推断名下有两大类问题：或者所考虑的是个简单直接的问题，比如声名是否应该追求的讨论；或者涉及比较，如口碑与财富哪个更值得追求的问题。简单问题有三种——涉及追求还是回避的判断，如荣誉是否值得追求、贫穷是否应该回避；涉及合理/正确与否的判断，如伤害若来自亲戚，是否应该进行报复；涉及可敬与可鄙的判断，如为了荣誉直面死亡是否值得尊敬的问题。就比较而言，则有两种方式：一是两者相同抑或相异的问题，如畏惧与敬畏、国王与暴君、媚客与友人；二是两者孰优的问题，比如是杰出人士的认可还是普通大众的赞许，更能吸引有智慧的人。④ 这实际上就是论辩方面的有识之士对涉及知识获取的问题所做的分类。"

---

① ［据James May 和Jakob Wisse新英译本中的相关注解，此处"他们"很可能是指Philo of Larissa及其追随者。］

② ［此处涉及"事实"争议点的四个下属争议点：存在确认、源头、起因和变化趋势。］

③ ［此处涉及"定义"争议点的四个下属争议点：概念释义、核心特征、组成部分和形式标志。］

④ ［此段讨论"性质"争议点的下属——直接判断、比较判断，前者再分三种情况，后者下分异同、优劣两种。］

第三十章

　　"那些关于实际行动的争议或涉及道德责任的论议——此中问题在于什么行动正确而合适,它涵盖德行与劣行两方面的所有内容——或用于情感的生发、减弱与消除。此类包括告诫、申斥、安慰、同情及各种情感的激发或应情景需要而作的平息。①

　　"至此,我们已经解释了所有争议的类别和形式,显然,即使我们的分类与安托尼(Antonius)的存在任何差异,那也是无足轻重的;两种处理的争议点种类其实是相同的,只是我划分与组织的方式与他有些不同。现在我将继续未竟的话题,重归分配给我的任务。至于适合各类问题的论据,我们可以从安托尼此前所谈的各种论题中进行选取,不同的论题适合于不同类型的问题,这是显而易见的道理,而且说起来也太占时间,在此不展开讨论。②

　　"还请留意,最出色的演说所涉范围极其广阔,会将注意力从具体个别的争议问题移出,以展开对一般性问题(general issues)的意义说明。于是,让观众从整体层面上了解到事情的性质和特征,因而能使他们对当事的各方以及具体的指控与案情做出可靠的决断。年轻人,安托尼③认为你们应当让这些做法形成习惯,应该考虑到引导你们年轻人离开狭隘、琐碎的辩论,趋向演说的整体广度和多样性。因此,这一任务非如写

---

① ［此部分涉及"行动"争议点及其下属——道德责任、情感控制。但这两个下属争议点难以应用于当代的语篇分析,袁影(2012)借用伯克的戏剧五元(任务、场景、施事者、手段、目的)对其进行了改造。］

② ［此两章均为西塞罗的主要代言人克拉苏(Crassus)所述,此处提到的另一对话者安托尼(Antonius),也是同时代的著名演说家。此段中涉及的安托尼的论题(topics / commonplaces)出现在第二卷中。一些方法与亚里士多德《修辞学》第二卷第23章中的类似。］

③ 《论雄辩家》卷二(Book II, §§ 133 ff)。

了几本修辞理论著作的作者所想象，用几本无足轻重的手册就能对付，亦非我们利用乡村假日上午散步下午回廊座谈即能解决；因为我们不仅要为舌剑锻造利刃，还要让我们心里满载各种意义重大的问题（high matters），丰富而令人愉悦。"①

---

① ［此段涉及一般性问题/抽象问题与具体问题之间的关系。总的意思是：精彩的论辩不会囿于具体的争点讨论，而会将阐述植根于相关的理念、价值观等基础之上，并唯有如此，才能更好地裁决具体的争议。一般性问题与具体问题都可以运用争议点系统，但因这一系统源自法律诉讼人们在运用时容易限于具体问题之中，代言人克拉苏可能因此作一提醒。西塞罗早年在《论修辞发明》（*On Invention*）中对此并不重视，甚至持相反观点，参见昆体良《雄辩家的教育》第三卷第五章第8—10节，或参考舒国滢的《"争点论"探赜》（载于《政法论坛》，2012/2）。］

宣 讲 术

第五十六章[①]

　　"但是，所有这些演说策略的效果取决于它们宣讲的方式。我坚持认为，宣讲术（Delivery）是演说的主导因素；缺少了宣讲艺术，最杰出的演说家也绝无出色可言，而经过宣讲训练的普通演讲人，却常常胜过最杰出者。据说，有人问狄摩西尼（Demosthenes）[②]演说中什么最重要时，他将第一重要赋予了宣讲，对第二重要、第三重要者，回答相同；而我常常认为埃斯基涅斯（Aeschines）[③]之语实际上更胜一筹。该演说家遭受败诉，名誉扫地，因而离开雅典，前往罗得斯岛；据传，受当地人邀请，他读诵了自己控告特西丰（Ctesiphon）[④]的著名演说；事毕第二天，他竟然应邀朗读狄摩西尼为特西丰辩护的演说。他以洪亮而富有魅力的嗓音进行了诵读；众人交口称赞之后，他却坦言：'如果你们有

---

① ［第五十六至六十一章选自 H. Rackham 的著名英译，哈佛大学出版社（1942：213—230），位于第三卷的最后，也是全书的结尾。对话中，代表了西塞罗观点的演说家克拉苏阐发了"宣讲"（Delivery）的重要性及其方法要诀。此部分小标题为编者所加。］

② ［狄摩西尼（Demosthenes，公元前384年—前322年），希腊杰出的政治家、演说家。］

③ ［埃斯基涅斯（Aeschines，公元前389年—前314年），希腊著名政治家、狄摩西尼的政敌，雅典十大演说家之一。］

④ ［特西丰为狄摩西尼的朋友，公元前336年，他提议为狄摩西尼对国家的卓越贡献奖以金冠，埃斯基涅斯指控他这一举动触犯了法律。公元前330年，埃斯基涅斯正式在法庭上起诉特西丰，作了《驳特西丰》（*Against Ctesiphon*），而狄摩西尼作了《关于金冠》（*On the Crown*）进行辩护并取得胜利。］

幸聆听狄摩西尼本人亲自演说，那不知该如何称赞是好了！’这就清晰表明了宣讲艺术有多么重要，因为他认为，换个演说者，同一篇演说辞收效会截然不同。说到格拉古（Gracchus）①，你卡图卢斯（Catulus）应该记得比我清楚，在我年少时他因何受到人们如此称颂。‘我不幸如斯，何去何从？转往何处？去元老院（Capitol）？可那是沾染了我兄长鲜血的地方。要不回家？去看悲哀的母亲伤心无望吗？’据传，他说这番话时，那摄人心魄的眼神、语调与姿态使得他的敌人们也不禁落泪。”

　　“我之所以在此不惜笔墨，是因为宣讲术已被体现真实生活的演说者所抛弃，而如今只为仅模仿真实的演员们所重视了。”

第五十七章

　　“无疑，真实在方方面面都超胜模仿；如果真实本身在呈现上足够有力，那我们便无需宣讲术了。然而，由于主要通过表现或借助行为来体现的情感往往模糊朦胧，笼统不明，因此我们应该排除模糊之源，突出其显著之处。大自然已为每一种情感赋予了独特的表情、声调和姿态；人的整个身形、样样表情、种种声音，都仿佛竖琴的根根琴弦，随情感不断地拨动发出各种声响。声调随琴弦而起，回应着每一次拨弄，任它高低、快慢、强弱，在此种种类别之间，宛然有种中间的（medium）声调；而凡此种种又有各样变化，质滑与涩、声薄与厚、奏连与断、势弱与厉、音渐弱与渐强。没有哪种变化能摆脱技艺的调控；百种颜色可供情感表现者，如同供画家一样，来获取千般变化。”

——————————

① ［格拉古（Gaius Gracchus，公元前154年—前121年）及其兄长 Tiberius 均为罗马著名政治家，为推进改革而悲壮献身。盖厄斯·格拉古被杀于公元前121年，当时克拉苏19岁，而对话者卡图卢斯28岁。］

第五十八章

有一种声调必为愤怒采用——尖厉、急促、时而中断——

> 为何呀,我的亲兄弟,这么折磨我,
> 要我咀嚼自己的亲骨肉……①

还有你安托尼②前不久刚引用过的一行诗:

> 你怎敢丢下他……

还有:

> 难道没人施予处罚吗? 你们用锁链捆住……

差不多整部《阿特柔斯》(*Atreus*)中俯拾皆是。怜悯和悲痛也有适合的声调——声音颤抖、充满激情、断断续续、悲悲切切:

> 现在我去何方? 路在何处?
> 是找父亲的宫殿? 还是佩利阿斯(Pelias)的女儿们? ③

还有段诗行——

> 啊,父亲! 啊,祖国! 啊,普里阿摩斯王宫! ④

还有紧接其后的诗行——

> 我见一切皆狂燃,

---

① 出自阿克基乌斯的悲剧《阿特柔斯》(Accius, *Atreus*)。
② 《论雄辩家》卷二(Book II, § 193)。
③ 出自恩尼乌斯的悲剧《美狄亚》(Ennius, *Medea*)。
④ 出自恩尼乌斯的悲剧《被俘的安德罗马克》(*Andromache*)。

普里阿摩斯王生命遭剥夺。

恐惧则用低沉、犹豫、沮丧的声调正适合：

> 疾病、驱逐、贫困，重重不幸缠身；
> 更惊人：我心孱弱、智慧遭劫；
> 我母威胁施折磨，直到让我命丧，
> 没人坚定如此，没人自信如斯，
> 胆气不退一分，脸色不淡一毫。①

另一种声调体现力量；力强、势猛、急切，燃眉般紧迫：

> 提埃斯特斯再来抓阿特柔斯，
> 他的来临已然搅扰我的平静，
> 我要备好更多的痛苦与不幸，
> 将他那冷酷的心，阻止并粉碎。②

还有一种声调体现快乐，喷涌、流畅、温柔、愉悦、欢快：

> 然而当她自携花冠贺婚礼，
> 外作欢颜、花献自身，实为你；
> 嘻娱间，她灵巧将花献给你。③

另有一种声调表现沮丧，出语沉重，不求怜悯，音调单一：

> 帕里斯配海伦时，并无如常之婚姻，
> 我亦身怀有孕，现已足月，临产将近，
> 当此时节，赫卡柏生下末子波吕多。④

---

① 出自恩尼乌斯的悲剧《阿尔克迈昂》（Ennius, *Alcmeo*）。
② 出自阿克基乌斯的悲剧《阿特柔斯》（Accius, *Atreus*）。
③ 出处不详。
④ 大概出自帕库维乌斯的悲剧《伊里昂涅》（Pacuvius, *Iliona*）。

第五十九章

　　"所有这些情感都得配上动作——不是表现语词的舞台动作,而应是通过暗示而非模仿来传达整体内容和思想的姿势,这样雄猛的体态不是借鉴舞台与戏剧业,而是受启于阅兵场甚至摔跤场;只是手部动作必须减慢,随词句而出,不是词句跟随手指;臂膀动作尽量向前,仿佛是演讲的投射武器;演说首尾甚至可顿足以示强调。然万般皆赖表情而生,表情全仗眼神而活;因此,我们的上一辈作为批评家则更有资格,如果著名演员罗西乌斯(Roscius)①戴上面具表演的话,他们甚至不会为他多作喝彩。因为口头表达完全关注情感,而情感显现于脸、表达于眼;因为全身唯有此处擅长制造随情感而异的诸多暗示与变化,闭上双目,无人能达同等效果。泰奥弗拉斯托斯(Theophrastus)②确实说过,有个名叫陶里斯库斯(Tauriscus)的人曾提及,若有演员在舞台上背台词时目光固定不变,则无异于'背对观众'。所以,眼睛时常需要调控,因为面部的表情不能变化过大,恐堕不良趣味或扭曲变形;倒是这眼睛要暗示万般情绪:时而认真,时而放松,时而惊奇瞪目,时而愉悦一瞥,全随演说的实际性质而异。因为身体用行为说话,所以就更有必要让它与思想保持一致;为了表达心灵的感受,大自然赋予我们双目,正如她赋予马和狮以鬃毛与尾巴及耳朵,因此就我们正在考虑的宣讲一事而言,表情的重要性仅次于声音;而双目又是面部表情的主导因素。宣讲的所有因素都包含了自然赋予的某种力量;而这更解释了宣讲何以对于无知愚民、乌合之众乃至野蛮不化者最具效力;因为语词仅影响由共享语言而与演讲者结盟之人,智者的思想常常超越愚者的理解,但宣讲让心灵的情感

---

① ［罗西乌斯(Roscius,公元前126年—前62年),是与西塞罗同时代的著名演员。］
② ［泰奥弗拉斯托斯(Theophrastus,公元前371年—前287年),著名希腊学者,亚里士多德的弟子,著有《论风格》(*On Style*)等。］

得以表达，进而影响所有人，因为同样的情感在所有人心中皆有感受，并且人们从他人身上识别这些情感与自身表现这些情感，借助的是同样的标志。"

第六十章

"但是，宣讲要想具备效力、与众不同，作用最大者当属声音。天赋佳音是我们该首先祈祷的，但我们应对自己所拥有的嗓音尽心保护。关于这一点，保护嗓音的合适方法，不是我们当下的讨论所需关注的，尽管我个人认为嗓音的保护应极其用心；然而，它确实与我们目前探讨的问题有关，正如我在此前不久所说：许多情形中最有效的往往也会是最合适的。现在回到声音保护的问题，频繁变调最有效，连续费力最有害。还有什么比音的轮替、丰富与变化更能愉悦耳朵、让宣讲出效的呢？因此，同是这位格拉古（卡图卢斯你可能从你的门客，那位学识渊博的利基尼乌斯（Licinius）那儿听说过，他曾是格拉古的奴隶和文书），惯于在他做演讲时，让一个技巧娴熟的侍者站在自己身后，带着支小象牙竖笛，不露行迹地吹响一音，以提醒自己声音是否过松或过紧。"

"确实如此，我听说过。"卡图卢斯说，"我常常很羡慕格拉古做事勤奋、学识渊博。"

"我当然也十分钦佩他，"克拉苏说，"遗憾的是，那些人居然制造阴谋来陷害他；而这种阴谋已经侵入我们的政治体制，此类行为方式也已然养成并正向后代表示当今的社会希望拥有与他们相似的公民，而这样的公民我们的祖先是不能容忍的。"

"克拉苏，求求你，那个话题不要再说了，"朱利亚斯（Julius）讲道，"回到格拉古的象牙小竖笛上去，那条原则我还不太理解。"

第六十一章

克拉苏说:"每种嗓音都有一个中间音值,但中间音值因人而异。嗓音由中间音值逐渐升高,这不仅听起来令人愉快(起嗓即开大声未免粗鄙),而且便于增强力度;音调升高有个极限点,不至于尖叫,(提醒的)笛声会阻止宣讲者从此再升分毫,而是将其召回,以免真正抵达上限;此外,音调降低也有个相应的极限点,虽可如音阶般渐臻下限。这种音调的变化与过渡对嗓音形成了自我保护,并能给宣讲增色。但你们应该把笛手留在家里,随身只带这种训练赋予的觉知力上场。

"我已尽己所能如上讲述,但因时间有限,不能如我希望的那样展开;因为即便有心增加布料亦无法实现时,看布裁衣不失为明智的办法。"

"但对你而言,"卡图卢斯说道,"依我看,你对全部要点总结得如此精彩,好像不是从希腊人那儿学到的,而是有能耐可在这些话题上指导希腊人。就我而言,十分高兴能有幸参加这次谈话;而我多么希望我的女婿,你的朋友霍尔腾西乌斯(Hortensius)①也能在场。我相信,他将能位居你在演讲术中列举的诸多成就之巅。"

"将能?"克拉苏说道;"不,依我看,他现在已达巅峰,我此判断始于我任执政官时他在元老院为罗马在非洲的事业所做的辩护,近来他为比提尼亚(Bithynia)国王所做的辩护就更胜一筹了。因此,你卡图卢斯的观点是正确的,因为我觉得这个年轻人不缺天赋与教育。这就提醒你科塔(Cotta),还有你苏尔皮基乌斯(Sulpicius),要加倍警惕,格外勤奋。因

---

① [霍尔腾西乌斯(Quintus Hortensius,公元前114年—前50年),公元前69年任执政官,为罗马著名演说家,尤以嗓音优美并能在宣讲中对其进行理想控制而著称。西塞罗曾与他一起辩护过一些著名案件,还著有一部作品,命名为《霍尔腾西乌斯:哲学的劝勉》。]

为继你们之后成长起来的霍尔腾西乌斯这一代，可不是平庸的演说者，而是极具天赋，心智敏锐，学习热情，学养丰富，并且记忆无敌的演说者；尽管我对他心有偏爱，希望他卓立同侪；然而，他比你们年轻许多却远超你们，你们对此应该难以置信吧。"

"现在让我们起身吧，"克拉苏最后说，"拿些点心，我们的讨论过于紧张，是时间放松一下精神了。"

阅读推荐

1. 刘亚猛.西方修辞学史［M］.北京：外语教学与研究出版社，2008.

　　此书对西塞罗的修辞理论与贡献做了精辟概括，并且系统论述了修辞学史上对"争议点"理论有过重要贡献的名家［第77、85、140页等］，既有"争议点"理论概述又有此概念与其他概念的结合讨论。另可参考刘亚猛教授《追求象征的力量》（2004）中"事实与雄辩"一章中的"争议点"阐述。

2. 舒国滢."争点论"探赜［J］.政法论坛，2012，（2）：12—34.

　　由于争议点源于法庭辩论并对当代的法理学研究和实践仍有着重要的指导意义，中国政法大学舒国滢教授在这篇长文中围绕创立者Hermagoras及其主要发展者Hermogenes对此概念进行了十分周详的探奥索隐。

3. 王双洪.西塞罗和他的《论演说家》［J］.博览群书，2008，（10）：94—98.

　　该文作者通晓古希腊罗马的历史和哲学，并且通览了《论演说家》（即《论雄辩家》）的三卷内容，因此对这部书的背景、主要对话者、精神实质以及与其他名篇的关系等都把握得酣畅精到，具有十分重要的导读价值。

4. 西塞罗.论演说家［M］.王焕生译.北京：中国政法大学出版社，2003.

　　这部作为罗马法翻译系列的拉丁-汉语对照译本完整地诠释了*De Oratore*，中国社会科学院外国文学研究所王焕生先生详细的"译后记"也具有十分重要的参考价值。

5. 袁影. 西塞罗"争议点"系统与博克"戏剧五元"[J]. 当代修辞学,
2012,（2）: 75—81.

文章考察了西塞罗的后期"争议点"系统,并借助博克"戏剧五
元"对其"行动"争议点进行了改造,使之更适合于在当代的应用。
另可参考袁影《修辞批评新模式构建研究》（2012）中相关"争议点"
的论述和十个语篇分析。

6. Cicero. *De Oratore* Books I—II[M]. Trans. E. W. Sutton & H. Rackham.
Cambridge: Harvard University Press, 1942.

参见第一卷第三十一章[XXXI, p. 97]西塞罗的代言人Crassus
有关"争议点"的简要论述; 第二卷第二十五章[XXV, pp. 275—
279], 雄辩家Antonius对"争议点"的论述。此外,第三卷第十九章
[XIX, p. 57]中有关事实[fact]、性质[nature]、定义[definition]、程
序[procedure]四个争议点的论述。

7. Cicero. *On the Ideal Orator*[M]. Trans. James M. May & Jakob Wisse.
New York: Oxford University Press, 2001.

此为《论雄辩家》的新英译本,注解更丰富,译文较易理解,并提
供了背景、主要内容、阅读方法等的详细介绍。

8. Cicero. *De Inventione, De Optimo Genere Oratorum, Topica*[M].
Trans. H. M. Hubbell. Cambridge: Harvard University Press, 1949.

此为西塞罗三本书的合集,在《论题》[*Topica*]中有相关"争
议点"的简明论述, 以及"争议点"[Stasis / Questions]与"论题"
[Topos / Topics]的关系。

9. Crowley, Sharon, and Debra Hawhee. *Ancient Rhetorics for Contemporary
Students*[M]. Boston: Pearson Education, Inc., 2012.

此书由美国当代两位颇具影响力的女修辞学者撰写,其中有一
章专论"Stasis",基本援用西塞罗的体系,但在第四争议点上提出了

自己的见解,并且提供了当代语篇的争议点分析。

10. Whately, Richard. *Elements of Rhetoric* [M]. New York: International Debate Education Association, 2009.

　　英国19世纪著名修辞学家惠特利的《修辞学要素》影响深远,其中的第四部分"Of Elocution, or Delivery"系统而独到地阐述了"宣讲"概念。另可参考古罗马佚名著作《献给赫伦尼厄斯的修辞学》(*Rhetorica ad Herennium*)第三卷中有关"宣讲"的深入讨论。

［古罗马］昆体良
Quintilian

"雄辩""修辞五艺"

作者与选文简介

　　昆体良（M. F. Quintilianus，约公元35年—96年，亦译作昆提利安）出生于罗马共和国在西班牙的一个行省。童年时代他在家乡接受了良好的教育，大约15岁时随其父来到罗马开始接受正规的修辞学训练，师从当时负有盛名的演说家阿弗尔（Domitus Afer）直至其师去世。随后，昆体良回到西班牙从事律师工作和修辞学教育近十年。公元68年他又回到罗马，并继续自己所热衷的事业直到辞世。其间，他的事业发展极为顺利，至少受到过两位罗马皇帝的重用，曾被任命为罗马第一所公立修辞学校的负责人，培养了众多出类拔萃的学生，晚年他还受邀培养皇家后代，享有极高的尊荣。然而，家庭生活却让昆体良饱尝苦楚，他年轻的妻子在结婚数年后去世，紧接着幼子夭折，而最使他悲痛的是寄予厚望的长子在他撰写《**雄辩家的教育**》（*Institutio Oratoria*）期间不幸病逝了（参见该书卷6序言）。然而，悲伤孤独的昆体良还是毅然完成了这部巨著，并于去世前一年将其顺利出版。为后世所留下的这座丰碑使他与亚里士多德、西塞罗并肩成为古希腊罗马最具代表性的修辞学大家。

　　失传许久直至文艺复兴时期才复得的《雄辩家的教育》，共由12卷组成，"其规模体例和论述的系统全面是先前和此后任何一部修辞著作所望尘莫及的"（刘亚猛 2008: 113）。第一、第二两卷是有关修辞教育基础阶段的安排，涉及语言基础训练和对修辞教育的最基本认识；第三至第七卷系统阐述了修辞学的一些经典范畴，主要围绕内容策略的修辞发明与布局；第八至第十一卷系统讨论文体、记忆和宣讲，至此完成了西方修辞学所有五个核心部门的论述；第十二卷则主要总结了受过系统修辞教育所造就的雄辩家应展现的各种修养和实践能力。昆体良的修辞教育在众多观点上均切中要害,如提出雄辩家的首要条件为品行良善;认为教育中幼儿阶段最为关键,家庭需树立道德榜样和行为规范;主张[修辞]专业教育需以广博的通识教育为基础等。这些理念使得该著不仅位列修辞学经典也不愧为教育史中一部影响深远的巨作。

在学术信息爆炸的当代,即使勤奋的学者要通读昆氏的巨作也难免力不从心,好在《雄辩家的教育》提供了多篇较为充实的前言,阅读这些精练的总结既可概览全书要旨又能品味其中的精髓,是初习昆氏修辞理论的捷径。以下两部分选文是从所有前言中选出的最关键的两篇:第一卷的前言与第八卷的前言。可视为全书导言的卷一前言涉及成书背景、写作目的、全书纲要,还讨论了修辞学与哲学的关系,强调在雄辩家的培养方面后者(尤其伦理道德)的不可或缺性。卷八的前言可谓是全书核心内容的提炼,第一、第二两段总结了此前五卷中的内容修辞策略:修辞发明和布局谋篇;之后的段落对第八至第十一卷中的语言修辞策略——文体风格,做了精要阐述。在该篇前言中昆氏还提及了他独到的修辞定义("善言的科学")、修辞的范围、修辞者的责任等,最为突出的是他对于全书的关键词"雄辩"(Eloquence)所做的精微阐发。昆体良认为,此概念"意为言说者能将心中所孕育的一切完好地向受众进行传达和交流,缺乏这一能力言说艺术的所有前期成就则像一柄永远隐藏于封鞘之中的宝剑一般无用。"尽管此概念与语言表现紧密相关,但他一再强调,不要刻意在文字上寻求"雄辩",内容是更为关键的方面,得体的语言应在平时大量积累的基础上,由内容的激发自然而然产生出来。昆氏的"雄辩"因此可视为修辞发明与文体风格或内容策略与语言策略的理想结合,类似于《论语》中所述文与质的完美关系,即"文质彬彬"。

"雄辩"概念也可以看作(理想)"修辞"的近义词。在西方修辞学史上除了昆体良的精彩界定外,同样值得欣赏的至少还有西塞罗《论雄辩家》中的定义(由代言人克拉苏所发):"对于各种事实了如指掌的基础上,用语言将思想和动机以听众不能不为之所动的强有力方式表达出来,促使听众朝着它看重的任何方向运动"(刘亚猛 2008:107);还有启蒙时期乔治·坎贝尔《修辞原理》中的定义："雄辩在最广义上是指'那种能使话语与其目的相适配的艺术或才能'"（Campbell 1963：1）。此外，阅读推荐中圣奥古斯丁《论基督教教义》、休·布莱尔《修辞与美文》等与"雄辩"相关的论述，也十分丰富而且具有启发性。

致友人特黎丰①的问候

连日来,你恳请我尽快出版我献给朋友马塞勒斯(Marcellus)的《雄辩家的教育》一书。在我看来,出版时机却尚未成熟。如你所知,我写成此书用时不过两年,其间尚有诸多杂事分心。这两年真正写作方面实际耗时不多,这项任务要求的无穷阅读和无边研究费时颇巨。况且,贺拉斯(Horace)在其《诗艺》(*Art of Poetry*)一书中曾抨击仓促出版的现象,并力劝欲成作家者

> "搁置
> 自己的作品直至整整九年。"

我听从训诫,建议留足时间让创作的激情冷却,并按公正客观的读者的想法进行修改。但是,若如你坚称有出版需求,那么,让我们撑帆迎风,热切祈祷上苍,启航出海。然而,记住我要依靠你的衷心关怀让其以尽可能正确的面貌出现在公众面前。

---

① 〔特黎丰(Trypho)为当时罗马有名的书商。〕

雄辩家的教育·第一卷①

前　言

　　在献身年轻人的培养二十年之后，终于得闲作研究了，我的有些朋友请我就说话的艺术写点东西。他们的恳求我已婉拒许久，因为我很清楚一些最杰出的希腊、罗马作家已经为后代留下了诸多关于这一主题的著作，在其创作中他们倾尽全力。这曾经作为我拒绝的极佳理由，却更加激起他们的热情。他们催促说，以前的作者们在此主题之上表达的意见各不相同，而且有时还相互矛盾，做出选择十分困难。他们因而认为自己有理由把此项任务加诸我身，即使不为发现新的观点，至少也该就我之前的作者们所表达的观点发表明确的判断。我深受感动，表示恭敬不如从命，主要倒不是自己绝对自信能胜任此项任务，而是因自己久拒而心生内疚。这个主题的范围比我原先的预想要宽广得多；但我最终自愿担负起这一任务，尽管它已经超出本来要求我承担的规模。我希望一方面能做得比他们要求的多一些，好还朋友们的情，另一方面能避开老生常谈及前人的老道。几乎其他所有人写演讲术时，都始于假设读者已经熟知教育的其他分支，他们自己的任务只是对其修辞训练做最后的润色。这是因为他们要么看不起初级阶段的教育，要么认为既然教育的不

---

① ［此卷位于 H. E. Butler 英译本的第一册，由伦敦 William Heinemann 公司于1921年出版。］

同分支责任各异,那些不是他们应该关注的;或者是出于另一个更接近事实真相的原因,即在处理这些内容时他们所展示的才智无利可图,这些基础性的内容尽管是必需的,但远非光彩照人。正如在建筑中吸引眼球的是上层建筑而非房屋基础。另外,我坚持认为演说术包括对演讲人必不可少的一切训练,而且除非我们已经通过了所有基础阶段,否则无法抵达高峰。因此,我将不会拒绝屈尊考虑这些次要的细节,忽略它们可能导致没有机会做更重要的事情,假定他的整个教育已经委托给我负责,我会建议我的演说家从婴儿期开始培养。[①]

我将这本书敬献给你,马塞勒斯·维克多利(Marcellus Victorius)。你是我最忠诚的朋友,并对文学展现了洋溢的热情。虽然这些都是很好的理由,我觉得你尤其当得起我们之间的这份深厚情谊,理由不止于此。另外的考虑就是此书应能服务于你儿子格塔(Geta)的教育,他虽年幼却已清晰展露真正天资。我一直以来的构想是引领我的读者从言语的摇篮,逐步经历对萌芽期雄辩家有用的各个教育阶段,直至我们到达这门艺术的巅峰。我更希望这样做,是因为目前已经有两本修辞术方面的书在我的名下流传于世,尽管它们从来不是由我出版或为此目的而作。其中一本是一次两日的讲座,由一些青年听众笔录而成;另一本也是基于这样的笔记,由我的好学生们追踪一系列讲座笔录集成,所涉范围更加广泛。我感谢他们的好意,但他们热情过高,考虑尚欠周详,就将我的口头讲述上架出版。因此,这本书尽管某些段落与那两本会有雷同,但你们会发现众多的改变和更多的增益,整个主题会处理得更加系统、广泛,尽我全力力争完善。

那么,我的目标是培养完美的雄辩家。达到如此目标的第一要点是他必须是个好人,因此我们对他要求的不仅是享有杰出的演说能力,还要求他拥有一切优良品格。[②] 有些人认为,正直、高尚的生活原则应被

---

① ［昆体良尤其重视婴幼儿的教育,认为包括保姆在内的所有家庭成员都对幼儿的道德形成和言语能力具有深远的示范作用。此部分内容的详细论述出现在第一卷,参见任钟印选译的《昆体良教育论著选》(1989)。］

② ［此句甚为关键,可以说是昆氏修辞教育的最大特色所在,即将雄辩家的培养建基于美好品格的塑造,而品格中他尤其重视随后提到的勇气(courage)、公正(justice)和自制(self-control)三种美德,可视为他对于好人的理解。此部分可作为理解第八卷前言中他将"修辞"界定为"善言的科学"之基础。］

当作哲学独有的关注对象，我却未敢苟同。谁能真正尽到公民的本分，能胜任公私事务的处置，以自己的决策领导国家，以自己的立法奠定国家稳固的基础，以法官的判决清除国内的邪恶，谁无疑就是我们要寻找的雄辩家。为此，尽管我承认将使用哲学教科书里制定的一些原则，我坚持认为这些原则有正当的理由成为本书的部分内容，并且确实隶属于雄辩术的范围。我将不得不经常说到诸如勇气、公正和自制的美德；事实上，几乎没有一起案例，不涉及某种美德；而每一种美德都需要阐明，因此对辩护律师的修辞发明和雄辩表达颇有要求。我请问你们，在任何需要构思力和丰裕措辞的地方，雄辩家要充当特别重要的角色，对此难道还有疑问吗？① 正如西塞罗已经清晰地表明②，这两个知识分支不仅在理论上而且在实践上关系紧密，一些人被视为兼具了雄辩家和哲学家的特质。后来，这整支学问分裂为几个组成部分，由于其教授人的懈怠，竟被视为由截然不同的学科组成；而当演说变成谋生手段，滥用雄辩天赋成为时髦，那些有雄辩声名的人就不再研究道德哲学，伦理学因此被演说者抛弃，沦落为薄识者的猎物。结果，一些不愿辛苦研习修辞的人，转向培养性格和建立生活规条的任务，专注于哲学中（如果必须作此区分的话）重要部分的研究，而大言不惭地自称能独揽"哲学家"之头衔，这一头衔连最伟大的将军、最著名的政治家和行政官员，至今都尚未胆敢为己僭称，因为他们更重伟业的践行而非承诺。我很愿意承认许多前辈哲学家曾谆谆教诲最优秀的原则并亲身践行口之所传。但在我们的时代，哲学家之名常常成为至劣恶行的面具。因为他们所做的并非以美德和对智慧的至诚探寻赢得哲学家之名；相反，他们假装威严，外表与众不同，竭力掩饰自己的堕落性格。如今，实际上我们经常处理哲学声称独擅的主题。除了彻头彻尾的恶棍，谁不说起正义、公平和美德？即使

---

① ［此部分的翻译参考了 Russell 英译及拉丁原文，将 Butler 英译中的 imagination 纠正为 invention（修辞发明），imaginative 纠正为 inventive（构思的），如此才能符合逻辑。这两句话的基本精神是：修辞离不开美德，美德需靠修辞阐明，即修辞与涵盖美德的哲学是不可分的。］

② ［据 D. A. Russell 英译本中的注解，西塞罗分别在《修辞发明》和《论雄辩家》中提及。］

是最普通的乡下人也不例外,谁不会对自然现象的原因做些调查？至于词语的特殊用法与差别,应该成为任何会对语言意义稍做考虑者的研究对象。但肯定的是,唯有演说家才能最好地掌握所有这些知识门类,并将词语表达的威力发挥到极致。如果他已达完善境地,就没有必要再去哲学院校接受美德规范。在目前的情况下,偶尔还是有必要诉诸那些作者,他们如我前文所说,僭取了遭演说家遗弃的演讲术中的优秀成分,我们有必要夺回本来依照权利而论就是我们的东西,这并非要侵占他们的发现,而是要向他们表明是他们盗用了实质上属于别人的物品。让我们的理想演说家名副其实地拥有哲学家的真正头衔,在品格上无可指责并不够,同时,他必须成为彻底的演说科学与艺术的大师,其高度或许至今尚无演说家可以企及。我们仍然必须循此理想,诚如有些古代先贤所为,尽管他们至今仍然拒绝承认至圣先贤已经觅到,但他们为后代留下了智慧训诫。完美雄辩确实存在,并非超越人类的智力。即使我们未能实现,擎鸿鹄之志者成就必将高于那些浅尝即生出绝望,因而放弃理想目标,止步于高山脚下者。

因此,我有更充分的理由请求见谅,如果我拒绝放过这些对我的任务并非不重要的次要细节。我的第一卷将关注修辞学教师职责中的预备教育。我的第二卷将谈论修辞学校所涉及的基础知识以及与修辞学自身的精华相联系的问题。随后的五卷与修辞发明（Invention）相关,并在其中包括了布局（Arrangement）。再后面的四卷分配给了雄辩（Elocution[①]）,此标题下包括记忆（Memory）和宣讲（Delivery）。最后会有一卷,对完美的演说家做出描述；我将尽鄙人微薄之力讨论他的人格、他承担、准备和实施辩护的指导规则、他的雄辩风格、他终结诉讼辩护生涯的时机,以及退休后他自己该从事的研究。在讨论过程中,我将在适合的地方探讨教学方法,由此学生们不仅能获得某些理论家以修辞技艺之名所圈定的知识,而且既能逐渐理解修辞规律又能增强雄辩威力,培育辩才。因为通常来说,修辞艺术的教科书干巴无味,竭力追求过度微

---

① ［Russell译本及拉丁原文用的都是Elocution,但Butler译文中用的是Eloquence,结合上下文此处汉译为雄辩。］

妙的表达损害了更高尚的风格要素，耗尽了想象的命脉而只留下森森白骨，它们虽然应该存在并应通过各自的纽带连在一起，但同时它们也需要血肉的覆盖呀。因此，我将避开大多数人惯常的套路，不把我的主题限制在这种狭隘的概念之上，而是要在我的十二卷中完成一个可能对雄辩家的教育做出贡献的全景式概要展示。因为如果我要尝试就每一个主题倾尽所有可说内容，这本书将永无完稿之时。

但是，在我开始之前，有一点必须强调，就是：没有天赋才能，技巧规则亦无用。所以，缺乏天赋的学生从此著中所获利益，不会多于贫瘠的土地从农业专论中所得的好处。诚然，此外还有其他的天赋条件，如嗓音好、肺强健、身体健康、耐力持久、风度优雅，如果上述特点天赋平平，就可以通过系统条理的训练来改善。然而在某些情况下，先天天赋如此奇缺，天赋与学习都不能使其受益。但是，同样地，天赋自身并不能带来好处，除非培养得法——诸如教育有条有理，研习持久稳固，写作、阅读与演说持续不断、广泛练习。①

----

① ［昆体良关于天赋、教育和练习的关系与此前伊索克拉底的观点十分相近。］

雄辩家的教育·第八卷^①

前　言

　　前面五卷所包含的考察大约涵盖了修辞发明和布局发明内容的方法。^②如果我们想成为有成就的演说家,此方法绝对有必要事无巨细彻底了知,但是,对起步者而言,更简单、短小些的教育课程会更合适。因为他们可能或者因这么丰富复杂的课程而学习受阻;或者在心灵需要特殊营养和更有吸引力的饮食的时候,没有信心尝试如此困难的任务,或者认为自己学到此处已经足够,完全可以胜任雄辩的任务;或者终于认定自己受缚于演讲术的某些规律,回避主动做出任何努力。因此,有人认为竭尽心力撰写修辞学教科书者,离真实雄辩最远。尽管如此,还是绝对有必要向初学者指出他们应该选择的路,虽然这条路必须平整、舒适,不仅要方便进入,而且要指示清晰。所以,我们技巧娴熟的教员应当从诸位作者处选择修辞学方面的精华内容,暂且满足于只传授他所赞同的规则,而不浪费时间反驳他所反对的内容。因为你的学生是你指哪儿他跟哪儿。之后,随他们演讲能力的增强,他们的学识也会相应增加。开

---

① ［此卷位于 H. E. Butler 英译本中的第三册,出版于1922年。］
② ［昆体良在第三至第七卷中主要讨论的是修辞中的内容策略,即修辞发明
　　(Invention)和安排布局(Arrangement)两大核心范畴,具体主要有:争议点,逻
　　辑、人格、情感三诉求,三种演说,演说的组成部分。此序中的第一、第二两段是
　　对这五章内容的总结和概述。］

始时,可以允许他们认为除了我们让其置足的路之外别无他途,而让时间教会他们什么才是实际上最好的。确实,撰写修辞学的人由于固执地捍卫自己的观点,把他们宣扬的本门学科的原理复杂化了;但是,其实这些原理既不晦涩也不难懂。因此,如果我们把本门艺术的处理视为整体,决定教什么要比决定做出后的讲授更困难。总之,在我前述修辞学的两个部门(修辞发明与布局)中,必要的规则数量并不多,如果学生乐意接受它们,就会发现取得进一步成就的未来之路并不困难。

我确实已经在我的这一部分任务中投下了不少精力;因为我想表明,修辞是善言的科学(the science of speaking well)①,是有用的;而且它是一门艺术、一种美德。我还想表明它的主题内容包括了演说者可能被召来即做的万事万物,并通常体现在三种演说中:典礼演说、议政演说和诉讼演说;我还想表明所有演说都由内容(matters)和语词(words)组成,内容方面我们必须研究修辞发明,语词方面为风格,而兼及两面的是布局,这诸多部分都需要记忆来保持,需要宣讲来吸引受众。我试图说明,演说者的责任包括传授以及打动和愉悦听众,事实和论点陈述属于传授,而情感诉求(emotional appeals)关乎打动听众,尽管它们可能在整个案例中都会使用,最有效果的地方还是开头和结尾。至于有吸引力的愉悦要素,我要指出尽管它可能同时存在于事实与语词中,它的专属领域仍是风格。据我观察,存在两种问题,一种是不确定的,另一种是确定的,涉及人和时、地、环境的考虑;而且,不论我们的主题内容是什么,有三个问题我们必问:(1)存在吗?(2)是什么?(3)属什么性质?②此外,我还加上了由赞扬和谴责组成的典礼演说,在这一点上我们必须不仅考虑我们正在讨论的人实际上做了什么,还要考虑他死后发生的事情。我表明此项任务只与正直高尚或策略权宜相关。我曾说过议政演

---

① ［此处的定义译文选自刘亚猛教授《西方修辞学史》。该书认为昆氏的"'speaking well'具有在技术上和道义上同时值得称道的双重意义。"因而汉译"善言"中的"善"兼具"善于"和"善良"之意(2008:116)。此定义虽简,但特色鲜明,是古典修辞学中最著名的几大修辞定义之一,常为研究者引用。］

② ［此处关及三个基本"争议点"(Stasis):事实、定义和性质。参见西塞罗选文中的相关部分。］

说中还存在第三个因素,它依赖于推测,因为我们不得不考虑审议的内容是否有可能发生。在这一点上,我强调过考虑演说者是谁、在谁面前演说、他说了什么的重要性。关于诉讼演说案例,我说明了有些案例争论聚焦于一点,其他则分散于多点;有些案例中是以攻击为主,其他则主要是辩护;每次辩护都有赖于否认,而否认可分为两类,因为我们可能否认有过某种行为或否认其性质如宣称那样,而辩护又包括理由说明(justification)和技术辩解(technical pleas)以说明行为不能成立。接着,我要说明的是问题必须依赖于所写的或所做的:在后一种情况下,我们必须把事情的真实性与事情的特点和性质放在一起考虑;在前一种情况下,我们考虑语词的意义或意图,通常我们据此考查所有案件的性质,是刑事还是民事,这些内容我们在"语词和意图""三段论推理""歧义"以及"法律条文间的冲突"标题下做了探讨。①我接下来指出在所有的诉讼案例中,演说由五个部分组成:赢得听众的绪论、告知听众的事实陈述、论证自己观点的证明、推翻我们对手论据的反驳、加深听者记忆或作用于他们情感的结束语。然后,我处理了论据和情感的来源,并说明了激起、平息法官情绪以及取悦他们的方式。最后,我展示了划分的方法。但是,我会要求最渴求学问的学生坚信,有许多学科无须通过正式学习的帮助,自然本身会提供大部分必备知识,甚至我前面谈到的那些规则也可以视作与其说是为修辞学教授所发现,不如说是它们自己出现时被注意到的。

接下来的内容要求投入更多的注意和努力。因为现在我必须讨论风格理论,这是个所有演说家都认为最困难的一科。我前面提及的马库斯·安托尼(Marcus Antonius)宣称他见过众多优秀但不算真正雄辩的演者,并认为虽然作为一个好的演说人讲自己需要说的已经足够,但是只有真正雄辩的演说者才能用有文采而且得体的语言完成任务。如果这种优点在安托尼所生活的时代之前的众多演说家身上无人体现,甚至也不在他自身或者卢修斯·克拉苏(Lucius Crassus)身上,我们就可以确定地说他们及其前人缺乏如此才能的原因是它太难获得了。此外,

① [这些内容出现在第七卷的第六至第九章中。]

西塞罗认为虽然修辞发明和布局是任何理性健全的人都能做到的，雄辩则仅属于演说家，因此在培养雄辩能力的众多规则上他花费了最多的精力。① 他这样做的理由从我正在谈论的这门艺术的名称上清晰可见。因为动词eloqui意为演说者把在心中孕育的一切向听众传达和交流，缺乏这一能力，则演讲前期的所有出色准备，就像一柄永藏于鞘的宝剑般无用。② 所以，修辞学教师注意力集中于此，因为不借助于本门艺术规则的帮助，就不可能获得它。它就是我们学习的主要目标，在模仿上所做的所有练习、所有努力的目标，它是我们毕生精力奉献的对象；正是它让演说家超越对手，正是它让一种演说风格超胜另一种。亚洲和其他衰落流派演说家的失败，原因不在于他们未能抓住和安排他们要演讲的事实，而信奉我们称为干巴演说风格的人也不是傻瓜或者不能理解他们着手的案例。非也，问题出在前者在演说中缺乏品位和控制，而后者缺少力量，由此显而易见的是，这里正是发现演说真正不足和美妙之所在。

这并非意味着我们应该仅仅研习词语。因为我不得不迅速而坚定地反对那些人，站在探索这项艺术的门口就想获得我所做出的许可，主题内容毕竟是任何演说的脊梁，他们却无视内容，就全身心投入那无用而且有害的词语研习，妄想获得高雅之才能，我自己视此等才能为演讲艺术所有荣耀中最美妙的，但此才能须是自然而无造作的。健康的身体拥有良好的循环，通过体育锻炼得以增强，由于同样给予其力量的原因获得优雅，因为他们拥有健康的肤色、结实的身体、健美的肌肉。相反，有人想通过如女人般施药脱毛、涂脂抹粉来增进身体的优雅，结果正是因他施予的关注而损伤了其外观。有品位又漂亮的着装，就像希腊诗人告知我们的那样，让穿衣人更添尊贵；而女人气、豪华的着装衣饰不能给身体添彩，却暴露了心灵的鄙俗。同样，半透明及闪光的风格连同累累

---

① ［据Russell译本中的注解，安托尼所言出自《论雄辩家》（*De Oratore*）；而西塞罗所言出自《雄辩家》（*Orator*）。］

② ［参见刘亚猛《西方修辞学史》（2008：107）西塞罗借由代言人克拉苏（Crassus）所作的"雄辩"定义："对于各种事实了如指掌的基础上，用语言将思想和动机以听众不能不为之所动的强有力方式表达出来，促使听众朝着它看重的任何方向运动。"］

的夸饰词语只会削弱内容。因此，虽然演说者需谨慎措辞，但我会让其更关注主题内容。因为一般来说，最佳选词主要受内容启发，并靠自身内在的光芒被发现；而如今，我们搜寻这些用词就好像它们总是把自己藏起来，极力躲开我们的掌控。因此，我们未能意识到它们应在我们演讲的内容之中寻找，却向他处寻觅，而一旦找到还强迫它们来适应其上下文。我们应该以阳刚之气追求雄辩，正如只要整个身体健康，她就不会认为有必要修饰指甲、装饰头发。

通常，对风格的微妙过度注意反而造成雄辩的衰减。其主要原因是那些随手可得并给人简单、真实印象的词就是最好的词；而那些显然是仔细搜寻来的，甚至似乎有意识地在自我炫耀的词，未能实现其优雅的目标，失去了其所有的真诚，因为它们用奢华的繁茂遮住了理性的光芒，让本来的好种子窒息。因为对词的酷爱，我们对本来朴素的语言进行改述，重复我们已经足够详细的内容，在一词足矣的地方垒砌多词，总以为间接表达胜过直接陈述。所有直接的语言也因此不受欢迎，而且我们认为别人能够想到而用过的表达就不是雄辩的表达。我们从最颓废的诗人那里引借种种辞格，满心以为那是天才的标志，真是唯天才方知我意。然而，西塞罗[1]很早以前就已经以最清晰的语言制订这条规则——言说最大的毛病在于所用风格与日常语言的习惯用法相抵触、与人类常情相违背。但如今的修辞学家以为西塞罗缺乏优雅和学识；我们远胜于他，因为我们对由自然决定的一切看不入眼，纵有所求亦非真正的语言修饰而是庸俗的装饰，似乎除了再现事实的功能外，语词自身还有真正的优点。如果我们必须耗尽一生费力寻找即刻生辉、适切、明晰的词语，并精确地对其进行组织，那么我们就丧失了所有研习的果实。然而我们眼中所见大多数现代演讲者浪费时间寻觅个别词语，一旦觅到又苦心权衡斟酌。即便这样做总是专门为了找到最佳词语，此等不幸的勤奋方式应该加以反对，因为它导致自信的耽搁和丧失，以至于抑制了我们演说的自然流淌，熄灭了想象的热情。无法忍受一词之失的演讲者，就如同陷于极度贫困中的人。但凡他一开始就形成对雄辩原则的正确概念，通过广

---

① 西塞罗在《论雄辩家》(*De Oratore*)的第一卷第三章中论及。

泛和适当的阅读积累丰富的词汇,把安排组织的技巧运用到如此获得的词语之上,最后通过不断的练习,培养起应用所学的能力,使每一个词语随手拈来、近在眼前,他便将永远不会失去一词。因为遵循如此教导的人会发觉,事实与适合表达它们的词语,完全是自呈自现,油然而生。但是,必须记住,预备期学习的漫漫长路是必需的,必备的能力应该不仅获得而且精心储存备用;因为在我们学习的过程中会因寻找词语、训练辨别力和比较力而产生忧虑,但这种忧虑不应出现在我们演说之时。否则,对预备学习未给予足够注意的演说家,就会像没有财富的人一样勉强度日。另一方面,如果演说的力量事先已经精心培养,词语就会呼之即来,不只是在我们寻找它们时出现,而是存在于我们的思维里,如影随形般紧随其后。可是,这样的学习也要有限度,因为当我们的词语是善妙的拉丁语,意义丰满,文雅,排布适宜,何必还要再劳心费力? 然而,有些人从不厌倦于病态的自我批评,甚至因推敲个别音节而身陷苦恼,更有甚者,在找到适合己意的最佳词语之后,仍然挖掘更古老、更陌生、更微妙的词,因为他们没有让自己意识到,演讲因词语受赞扬,表明演讲的意义表达不够充分。因此,尽管风格需要最多的注意,我们必须永远铭记于心不能仅为词语浪费精力,因为词语发明出来仅为表达事物。词语,但凡最能表达我们心中的思想、对裁决者产生我们所期待的影响,就是最令人满意的词。这样的词必然形成一种风格,既让人愉悦又令人钦佩;此钦佩远远不同于我们给予奇观的那种钦佩,这种魔力激发的愉悦,全然没有病态之气,唯有可嘉与端严。①

---

① ［此前言从第三段到结束主要是对《雄辩家的教育》中第八至第十一卷的内容进行导引。这些内容围绕雄辩文体的四大特征——正确性、清晰性、装饰性和得体性,针对的是语言修辞策略。总体而言,昆体良所崇尚的是自然而雄健的文体风格,并且是以修辞内容为基石的。至此,我们可以得出昆氏的"雄辩"应是修辞发明与文体风格的完美结合,与西塞罗的雄辩观一脉相承。］

阅读推荐

1. 陈光磊,王俊衡.中国修辞学通史(先秦两汉魏晋南北朝卷)[M].长春:吉林教育出版社,1998.

    书中的文质、言意关系讨论与昆体良的"雄辩"概念在精神上是一致的。

2. 黄汉林.昆体良与罗马文教传统[J].重庆大学学报,2011,(3):18—22.

    作者在通览昆氏《善说家的教育》/《雄辩家的教育》的 Donald Russell(Harvard University Press,2001)英译本基础上,对该书做了精要而且较全面的评述和介绍。

3. 昆体良.昆体良教育论著选[C].任钟印选译.北京:人民教育出版社,1989.

    此选集译有《雄辩术原理》/《雄辩家的教育》第一、第二、第三、第十二卷。

4. 刘亚猛.西方修辞学史[M].北京:外语教学与研究出版社,2008.

    此著是全面认识昆体良修辞学体系并深入了解昆氏及西塞罗"雄辩"概念的重要参考。作者对昆氏此书给予了极高的评价,认为"其规模体例和论述的系统全面是先前和此后任何一部修辞著作所望尘莫及的。"(113)

5. 姚喜明等.西方修辞学简史[M].上海:上海大学出版社,2009.

    此书第三章"古罗马最成功的修辞教育家"对昆体良的生平、主要著述及其修辞思想的精华与贡献作了简明概括和总结。

6. Augustine. *On Christian Doctrine* ［ M ］. Trans. D. W. Robertson, JR. Indianapolis: Bobbs-Merrill Educational Publishing, 1958.

　　圣奥古斯丁《论基督教教义》第四卷涉及雄辩与智慧的关系，阐述了雄辩的三个功能性要素：传授（teach）、娱乐（please）以及打动或说服对方采取行动（move / persuade to action）。

7. Blair, Hugh. *Lectures on Rhetoric and Belles Lettres* ［ M ］. London: Biblioliff, 1818, 1819.

　　休·布莱尔在《修辞与美文》第二卷对"雄辩"做了系统论述和个案分析。

8. Cicero. *De Oratore* ［ M ］. Trans. H. Rackham. Cambridge: Harvard University Press, 1942.

　　其中 Book III, XIV（43—45）出现了由西塞罗的代言人 Crassus 所做的"eloquence"经典界定，相关译文参见刘亚猛《西方修辞学史》（2008：107）。

9. Jasinski, James. *Sourcebook on Rhetoric Key Concepts in Contemporary Rhetorical Studies* ［ Z ］. Thousand Oaks: Sage Publications, 2001.

　　该工具书中的"eloquence"词条，侧重于此概念的理解及其在当代的发展，论及 D. C. Bryant, K. Burke, D. P. Gaonkar 等当代西方修辞学者的相关研究。

10. Kennedy, George. *The Art of Rhetoric in the Roman World* ［ M ］. Princeton: Princeton University Press, 1972.

　　当代资深修辞学家肯尼迪在此书中依据大量史料，详细而独到地评述了昆体良的生平和修辞思想，具有重要的参考价值。

［英国］圣比德

St. Bede the Venerable

"转义辞格""非转义辞格"

作者与选文简介

　　圣比德（St. Bede the Venerable, 约公元673年—735年）是中世纪早期欧洲最伟大的学者,被誉为"英国历史之父",并堪称英国最早的修辞学者。比德一生中有五十多年居住于家乡英格兰北部的贾罗（Jarrow）修道院（现为比德博物馆）,在此学修、传教并撰写了大量著作,据说多达60来部。其中,他不仅为世界贡献了第一部英国史著《英国教会史》（*Historia Ecclesiastica Gentis Anglorum*）,笔耕之初所撰写的《论转义与非转义辞格》（*De Schematibus et Tropis*, 约公元700年）也是英国首部专论文体的教材,成为中世纪修辞学文献中不可忽略的典籍,并因其丰富的语例均来自《圣经》,而同圣奥古斯丁《论基督教教义》（*De Doctrina Christiana*, 426）一样鲜明地展现了基督教修辞的特色。

　　在修辞学的各个研究方面,修辞格是最为大家所熟悉的,甚至很多人将其误等同于修辞学。我们的《经典选译》可以证明,在西方修辞学核心概念的版图中,辞格只是其中的一个重要范畴。但此范畴在修辞学的发展历程中从未被排挤出门、相关研究也从未中断过,并且广受其他领域的关注而日新月异,这一优势无疑奠定了其在本学科中不可动摇的地位。修辞格在西方的研究萌发于古希腊,渐熟于古罗马,兴盛于中世纪,繁荣于文艺复兴至现当代。亚里士多德《修辞学》第三卷中已涉及了对隐喻、对照等数个辞格的特征与功能论述,而古罗马佚名作者的《献给赫伦尼厄斯的修辞学》首次系统讨论了45个语辞格（其中10个为转义辞格）和19个思想格,昆体良则在《雄辩家的教育》第八、九两卷,先后专论了以喻格为代表的转义辞格（Trope）和结构上有别于寻常的非转义辞格（Figure / Scheme）,这一分类深刻地影响了中世纪至今对辞格的类别认识与研究。圣比德的《论转义与非转义辞格》显然深受拉丁修辞学传统的影响，其主要特色则在于全部采用《新旧约圣经》中的语例对所论辞格做了丰富的例释。

比德此书首先较为系统地论述了非转义辞格。他对该格做了如下描述："为了修饰，书稿中的词语顺序经常是以一种不同于普通言语的方式来设计安排的"，我们可视之为非转义辞格的一个界定。随后从众多非转义格中选择了他认为更为突出的17个，即预词（prolepsis）、轭式搭配（zeugma）、平行结构（hypozeuxis）、单复同指（syllepsis）、尾首重复/顶真（anadiplosis）、首语重复（anaphora）、首尾重复（epanalepsis）、紧接重复（epizeuxis）、近音异义（paronomasia）、同义词重复（schesis onomaton）、词首重复/头韵（paromoeon）、词尾重复/尾韵（homoeoteleuton）、连续词尾重复（homoeopototon）、同根词重复（polyptoton）、主题相续（hirmos）、连词叠用（polysyndeton）和连词省略（dialyton），并从旧约中的《诗篇》《以赛亚书》《传道书》，新约中的《以弗所书》《哥林多前书》《腓立比书》举出典型生动之例加以简要说明。我们不难发现这些辞格中多数可视为反复大格中的具体种类，而对照、倒装等在今天看来十分典型的非转义辞格却未能列入，后者延续《献给赫伦尼厄斯的修辞学》被划入了转义格。

关于转义辞格，比德同样主要提供了定义、分类和例释。他认为，"转义辞格是指，一个词出于需要或为了美化，从它的专属义/本义（proper meaning）转移到一个类似但非其本义的词义。"在作出了这一清晰而完整的界定后，比德随即列出了拉丁语惯用和承认的13种转义辞格，即隐喻（metaphor）、词语喻用（catachresis）、词语借代（metalepsis）、转喻（metonymy）、换称（antonomasia）、别称（epithet）、提喻（synecdoche）、拟声（onomatopoeia），折绕（periphasis），倒装（hyperbaton）、夸张（hyperbole）、讽喻（allegory）和类比（homoeosis）；其中对讽喻、类比等还做了细类划分，并对每一种进行了界定和圣例说明。比德在此部分引用了更多圣经篇目，如《撒母耳记上》《撒迦利亚书》《阿摩司书》《以西结书》《创世纪》《路加福音》《以赛亚书》《马太福音》《约翰福音》《约伯记》《使徒行传》《利未记》《耶利米哀歌》《列王记上》《彼得后书》等，鲜明而独特地揭示了《新旧约全书》缤纷的辞格运用艺术。

　　比德此书最为突出的是博引《圣经》语例，其辞格的分类与界定总体上也较为清晰和完整，所涉辞格的功能讨论则相对薄弱，或未涉及或与界定合二为一，如在提喻的定义（参见译文）中出现了"有助充分理解"的功能；但在论述相对丰富的辞格中，也有对功能较为直接的阐发，如转喻的"因果逻辑揭示功能"；而其讨论最详的讽喻（长达数页，一些辞格仅数行）还关及了具体的理性、德化、升华功能。可见修辞格并非一般所认为的仅起装饰或美化作用，其更为本质的功能应在于论辩、说服或赢得认同。

论转义与非转义辞格^①

非转义辞格

我们常会发现，为了修饰，书稿中的词语顺序经常是有设计安排的，方式不同于普通言语。语法学家用希腊语"schema（结构［变化］）"来形容这种做法，而我们则准确地把它称为"manner（方式［变化］）""form（形式［变化］）"或"figure（［非转义］辞格）"，^②因为通过这种手法，言说在某种程度上好像穿上了衣服或有了装饰。比喻性语言（转义辞格）也很常见，当出于表达的需要或为了装饰，一个词原本的语义会被一个类似但并不专属于它的语义取代。^③希腊人为自己发明了这

---

① ［圣比德此作原为拉丁文，所选为Gussie Hecht Tannenhaus的英译 *Concerning Figures and Tropes*，收录于 *Readings in Medieval Rhetoric*. Eds. Joseph M. Miller, Michael H. Prosser and Thomas W. Benson. Bloomington: Indiana University Press, 1973: 96—122.注中人名作"The Venerable Bede"。］

② ［现在一般用"figure"或"figure of speech"总称修辞格，这里所说的非转义辞格的确切术语应是"scheme"，即那个表示结构性变化的希腊语。比德对之界定的（英译）原文为："[F]or the sake of embellishment, word order in written compositions is frequently fashioned in a figured manner different from that of ordinary speech."（The Venerable Bede, 1973: 97）这一界定较为全面，但不应将"修饰"仅理解为美化，还应包括论辩方面的各种功能。］

③ 参见《献给赫伦尼厄斯的修辞学》（*Rhetorica ad Herennium*, Trans. Harry Caplan, Harvard University Press, 1954.）第四卷。［此书末卷被视为西方辞格最早的系统论述，佚名作者将辞格分为两大类：语词格（Figures of Diction）和思想格（Figures of Thought），前者即包含转义辞格与非转义辞格，尽管未直接用Trope和Scheme术语来指称。］

些非转义辞格或转义辞格（tropes）而感到自豪。但是，我亲爱的孩子，为了让你和所有想读这本书的人知道，圣书超过所有其他写作，不仅在其神圣的权威性或导向永生的作用性方面，还因其传世性与艺术性，所以我选择从圣书中收集例子来说明，倘若不是首先出现在圣书上，各时代传授世俗雄辩的教师们，都无法向我们提供任何这些转义辞格和非转义辞格。

可以肯定的是，非转义辞格的种类很多，但以下这些更为突出：预词（prolepsis）、轭式搭配（zeugma）、平行结构（hypozeuxis）、单复同指（syllepsis）、尾首重复/顶真（anadiplosis）、首语重复（anaphora）、首尾重复（epanalepsis）、紧接重复（epizeuxis）、近音异义（paronomasia）、同义词重复（schesis onomaton）、词首重复/头韵（paromoeon）、词尾重复/尾韵（homoeoteleuton）、连续词尾重复（homoeopototon）、同根词重复（polyptoton）、主题相续（hirmos）、连词叠用（polysyndeton）和连词省略（dialyton）。①

预词（Prolepsis），是一个表示预料或提前发生的非转义辞格，即将那些本应该跟随在后的事物放在了前面，如《诗篇》（*Psalms* 87：1—2）中：

> His foundation is in the holy mountains. 他的根基在圣山上。
> The Lord loveth the gates of Zion. 主［耶和华］爱锡安的门。②

这里首先使用了"他的"（His）这个词，然后明确指的是主（The Lord）。在《诗篇》另一处（22：18）中：

> They have parted my garments among them, 他们分了我的外衣，

---

① ［所列17个非转义辞格看似复杂，其实大都是反复格下的细类。"词首重复"或"头韵"更常用的格名为"alliteration"，最后的"连词省略"更常用的格名为"asyndeton"。］

② ［中国基督教协会印发的《新旧约全书》（1989：560）译为：耶和华所立的根基在圣山上。他爱锡安的门（，胜于爱雅各一切的住处）。这一中译未体现原来的预词格，因此我们做了更忠于原文的翻译。］

And upon my vesture they have cast lots. 在我的外衣上拈了阄。①

这句话中两个完成的行为代替了本应是将来发生的"他们将要分"和"他们将要阄"。……②

轭式搭配（Zeugma），是一个连接性辞格，即许多词所表达的意思依赖于同一个词语的搭配，或收摄于一句话语。

作为前者的示例，使徒保罗在《以弗所书》（*Ephesians* 4：31）中说：

Let all bitterness, and wrath, and anger, and clamor, and railing, be put away from you. 一切苦毒、恼恨、忿怒、嚷闹、毁谤，都当从你们中间除掉。③

作为后者的示例，《诗篇》作者指出（见 *Psalms* 15：2）：

He that walketh uprightly, and worketh righteousness, and speaketh truth in his heart, et cetera. 就是行为正直，做事公义，心里说实话的人。

最后他这样结束：

He that doeth these things shall never be moved.
行这些事的人必永不动摇。④

---

① ［这两行《新旧约全书》的中译为："他们分我的外衣，为我的里衣拈阄。"（1989：520）此译未能充分体现原文中的完成式预词，而且第二行似出现了误译，因此我们也做了重新翻译。］

② ［比德还列举了《以西结书》（*Ezekiel* 1：1）开头的一句 "And it came to pass in the thirtieth year." 他认为前面并无内容的这个 "And" 也是预词的标示，编者认为这不太典型，况且钦定英译版本中已将其改成了 "Now"，因而此例做了省略。］

③ ［中译取自《新旧约全书》（以下除非自己所译不再说明）。］

④ ［《诗篇》第15篇（大卫的诗）主题是"得居圣山者之品行"，开头为："耶和华啊，谁能寄居你的帐幕？谁能住在你的圣山？"从比德对**轭式搭配**的界定与示例来看其含义和用法较为广泛，而现在此格主要指"用一个词与句中两个或更多的词相搭配，其中只有一个搭配是合乎逻辑的"，该格的功能是："生动形象，言简意赅，幽默风趣"，如with *weeping eyes* and *hearts*（一双双泪汪汪的（转下页）

与轭式搭配相反的是词语或思想分别搭配于各小句的**平行结构**（Hypozeuxis）[①]。词语分别搭配的例子，如《诗篇》（*Psalms* 145：6—7）：

> And men shall speak of the might of thy terrible acts：人要传说你可畏之事的能力，
>
> And I will declare thy greatness. 我也要传扬你的大德。
>
> They shall utter the memory of thy great goodness，他们传记你的大恩，
>
> And shall sing of thy righteousness. 并要歌唱你的公义。[②]

又如使徒保罗在《哥林多前书》（*I Corinthians*. 13：8）中说：

> Whether there be prophecies, they shall fail（先知讲道之能，终必归于无有）; whether there be tongues, they shall cease（说方言之能，终必停止）; whether there be knowledge, it shall vanish away（知道的知识，也终必归于无有）.

思想分别组合的例子如《诗篇》（27：3）：

> Though a host should encamp against me, 虽有军兵安营攻击我，
>
> My heart shall not fear; 我的心也不害怕；
>
> Though war should rise against me, 虽然兴起刀兵攻击我，
>
> Even then will I be confident. 我必仍旧安稳。

（接上页）眼睛和一颗颗哭泣的心），to *wage war* and *peace*（发动战争与谋求和平，wage 与 peace 的搭配非逻辑）。以上定义、功能、语例均来自徐鹏编《英语辞格》（商务印书馆，1996年），参见第503—510页。]

① ［从以下所举之例来看，此辞格即为非转义格中尤为常见的 Parallelism，所平行的项可以是两项，也可以更多，可以是结构相似的平行句子（三个以上即排比），也可以是平行的短语或词。本编认为比德所做的词语类和思想类平行的划分区别并不明显，而以词、短语、小句、大句的平行结构分类更为明确。]

② ［中译主要来自《新旧约全书》，但为了对应原文做了些许调整；下例的中译情况同。]

......①

在**顶真**（Anadiplosis）中，一节诗文末尾使用的词在下一节诗文的开头重复出现，例如《诗篇》（*Psalms* 122：2）：

Our feet are standing within thy gates, O Jerusalem. 我们的脚站在你的门内，耶路撒冷啊。

Jerusalem is builded as a city that is compact together. 耶路撒冷是建得连络整齐的一座城。②

......③

首语重复（Anaphora），发生在两节/行或更多诗行的开头使用同一个词的情形，例如《诗篇》（27：1—3）：

The Lord is my light and my salvation; whom shall I fear?
耶和华是我的亮光，是我的拯救，我还怕谁呢？
The Lord is the strength of my life; of whom shall I be afraid?
耶和华是我性命的力量，我还惧谁呢？

又如：

Though a host should encamp against me, my heart shall not fear;
虽有军兵安营攻击我，我的心也不害怕；
Though war should rise against me, even then will I be confident.
虽然兴起刀兵攻击我，我必仍旧安稳。

---

① ［省去了**单复同指**（Syllepsis），指表达同一个想法时有时用单数，有时用复数，或单数、复数互代的情况。西语有明显的单、复标记，但汉语形式上较难体现，因而省略此格。］

② ［比德书中此行的英译为 "Jerusalem that are builded as a city." 不完整，而且有不合文法处，因而用了钦定英译本中的。《新旧约全书》中这两行的中译为："耶路撒冷啊，我们的脚站在你的门内。耶路撒冷被建造，如同连络整齐的一座城"（1989：587）；此译未能体现顶真，而且第二句的译文不甚理想，因而做了调整。］

③ ［此处还举有《耶利米书》（*Jeremiah* 2：13）中的一例，但不很典型，故而省略。］

首语重复也可能出现在同一诗节的几个短语的开头，例如《诗篇》（*Psalms* 29：4—5）：

> The voice of the Lord is powerful; the voice of the Lord is full of majesty.
>
> 耶和华的声音大有能力，耶和华的声音满有威严。
>
> The voice of the Lord breaketh the cedars; yea, the Lord breaketh the cedars of Lebanon.
>
> 耶和华的声音震破香柏树，耶和华震碎黎巴嫩的香柏树。①

这个辞格在《诗篇》中最为常见。有人称其为 epanaphora（也译为首语重复）。

在**首尾重复（Epanalepsis）**中，一个在开头使用的词在同一节诗文的结尾处被重复使用，例如《腓立比书》（*Philippians* 4：4）：

> Rejoice in the Lord always; again I will say, Rejoice.
>
> 喜乐你们要常常靠主；我再说，你们要喜乐。②

还有在《诗篇》（83：1）中③：

> O God, ... Hold not thy peace, neither, be thou still, O God.
>
> 神啊，求你不要静默；求你不要不作声，神啊。

紧接重复（Epizeuxis）是在同一行中重复同一个词，没有任何词阻

---

① ［比德书中第二节未引分号后的，但其实这部分也是首语重复，只不过省略了 "the voice of"，因此根据钦定版作了补充，并且据此版本将第一节末比德书中的分号改成了更为合理的句号。］

② ［《新旧约圣经》中的翻译为："你们要靠主常常喜乐；我再说，你们要喜乐。"（1989：226）这样成了尾语重复，虽然也有效果，但"喜乐"未如原文突出，为了忠于原文的首尾重复，本编对中译语序做了调整。］

③ ［比德书此例的英译来自天主教流行的 *"Douay trans."*，所标为《诗篇》（82：1），但据钦定英译本应是第 83 篇第 1 节；以下省去的是钦定本中未有的 "who shall be like to thee?"，中译本则根据《新旧约全书》做了相应调整。］

隔其中,例如《以赛亚书》(*Isaiah* 40:1):

> Comfort ye, comfort ye my people, saith your God.
> 你们要安慰,你们要安慰我的百姓,你们的神说。

又如《以赛亚书》(51:17):

> Awake, awake, stand up, O Jerusalem. 兴起,兴起,站起来,耶路撒冷啊。

《以赛亚书》还有一个例子(38:19):

> The living, the living, he shall praise thee. 活人,活人必称谢你。
> ……①

有时这样的同词重复也称作pallilogy(紧接重复)。

> ……②

同义词重复(Schesis onamaton)是一系列的同义词组;将声音不同但意义相同的词组连在一起,例如《以赛亚书》(1:4):

> Ah sinful nation, a people laden with iniquity, a seed of evildoers, children that deal corruptly. 嗐!犯罪的国民,担着罪孽的百姓;行恶的种类,败坏的儿女!

还有在《诗篇》(*Psalms* 106:6)中:

> We have sinned with our fathers, we have committed iniquity, we have done wickedly.

---

① [省略了《诗篇》(19:2)中的一例,因其与钦定版有出入,在后者中不是典型的紧接重复。《以赛亚书》三例的中译依据了《新旧约全书》,但为更好地对应原文,都做了些调整。]

② [省去了**近音异义(Paronomasia)**,即句中出现的声音很相近而语义不同的词。由于所举之例拉丁文虽有体现,但英译未能体现,汉译更无法体现,故而省略。]

我们与我们的祖宗一同犯罪，我们作了孽，行了恶。

当不同的词语由相同的首字母形成时①，就会出现**词首重复**或**头韵**（**Paromoeon / Alliteration**）。由于这个辞格取决于字母的位置，无疑最好在圣书最初出现的语言中寻找它。然而，即使在翻译中，我们也有例子可以提供。《诗篇》（*Psalms* 118：26—27）说：

> Benediximus vobis de domo domini: deus dominus, et inluxit nobis.
> 我们从耶和华的殿中为你们祝福。耶和华是神，他光照了我们。

又如《诗篇》（58：4）：

> Ira illis secundum similitudinem serpentis, sicut aspidis surdae.
> 他们的毒气好像蛇的毒气，他们好像塞耳的聋虺。

词尾重复/尾韵（**Homoeoteleuton**）是一个建立在相似结尾上的辞格，也就是说，一个诗句或思想的中间部分和最后部分以相同的音节结束，如《传道书》（*Ecclesiasticus* 6：9）：

> Melius est videre quod cupias quam desiderare quod nescias.
> 眼睛所看的，比心里妄想的倒好。

又如《传道书》（7：5）：

> Melius est a sapienti corripi quam stultorum adulatione decipi.
> 听智慧人的责备，强如听愚昧人的歌唱。
> ……②

---

① ［原句是 "Paromoeon, or alliteration, occurs when different sounds are formed from the same letters." 如直译会让人无法明白，因而根据所举拉丁例以及头韵的特点做了解释性翻译。此格及下一格都是语音格，换了语言往往无法体现；对应的英文也未能体现，因而没有提供。］

② ［省略了比德所举诗人和演说家用的尾韵各一例，均为拉丁语。另外省去了接下来的 **Homoeopototon**，为连续的词尾相同或尾韵，现在似已将其与前一格做了合并，**Homoeoteleuton** 格名较常用，可以指两个以上间隔或连续的（转下页）

连词叠用(Polysyndeton)是由许多连词组成的话语。例如在《诗篇》(*Psalms* 41：2)中：

> The Lord will preserve him and keep him alive, and purify his soul on earth, and will not deliver him into the hands of his enemies. 主必保护他而使他存活；并且必洁净他在地上的灵魂，而不会把他交到仇敌的手上。[①]

连词省略(**Dialyton** 或称 **asyndeton**)，与上述辞格正好相反，因为其中省略了所有的连接词。例如在《诗篇》(66：1—3)中：

> Make a joyful noise unto God, all the earth;
> 全地都当向神欢呼；
> Sing forth the glory of his name; make his praise glorious.
> 歌颂他名的荣耀；用赞美的言语将他的荣耀发明。
> Say unto God, how terrible are thy works!
> 当对神说，你的作为何等可畏！[②]

(接上页)词语在词尾上相同或相似。还省去了 **Polyptoton**(同根词重复)以及形式欠明的 **Hirmos**(主题相续)。]

① ［此句为了对应比德书中的引文，基本未采用《新旧约圣经》里的中译，编者自己进行了翻译，特别用了连词"而""并且"以体现表示强调各项的**连词叠用**。]

② ［中译来自《新旧约全书》(1989：545)，但为对应比德书中的引文，对标点作了调整。]

转义辞格

转义辞格是指，一个词出于需要或为了美化，从它的专属义/本义（proper meaning）转移到一个类似但非其本义的词义。[1]拉丁语惯用和承认十三种转义辞格：隐喻（metaphor）、词语喻用（catachresis）、词语借代（metalepsis）、转喻（metonymy）、换称（antonomasia）、别称（epithet）、提喻（synecdoche）、拟声（onomatopoeia）、折绕（periphasis）、倒装（hyperbaton）、夸张（hyperbole）、讽喻（allegory）和类比（homoeosis）。

隐喻（Metaphor）是词语及其专属义或特征的移用（transference of qualities and words），实现方式有四种：（1）从一个有生命的生物到另一个有生命的生物；（2）从一个无生命的物体到另一个无生命的物体；（3）从一个有生命的生物到一个无生命的物体；（4）从一个无生命的物体到一个有生命的生物。

首先，从一个有生命者的特征转移到另一有生命者，例如《诗篇》（*Psalms* 2∶1）：

Why do the nations rage? 外邦为什么争闹？
（将一般表示个人争闹的 rage 特征转移给了由众人组成的外邦）

又如《撒母耳记上》（*I Samuel* 17∶37）：

The Lord that delivered me out of the paw of the lion, and out of the paw of the bear[, he will deliver me out of the hand of this Philistine].
耶和华救我脱离狮子和熊的爪[，也必救我脱离这非利士人

---

① ［比德书的英译定义为："A trope is a figure in which a word, either from need or for the purpose of embellishment, is shifted from its proper meaning to one similar but not proper to it."（The Venerable Bede, 1973∶106）总体来看，这是一个较为完整而清晰的界定。］

的手]。

> （将这非利士人/歌利亚的手比作兽爪，即"爪"转义为了"手"）

再如《诗篇》(*Psalms* 139：9)：

> If I take the wings of the morning …. 我若展开清晨的翅膀，……
> （将鸟的起飞转义为我的出发）①

人、兽和鸟都是有生命的生物。从一个无生命的物体转换到另一个物体的例子，如《撒迦利亚书》(*Zechariah* 11：1)：

> Open thy doors, O Lebanon[, that the fire may devour thy cedars].
> 黎巴嫩哪，开开你的门[，任火烧灭你的香柏树]。
> （将黎巴嫩比作长有许多柏树的大山）

又如《诗篇》(8：8)：

> … Whatsoever passeth through the paths of the seas. ……凡经行海道的。
> （将陆地上的路径移用到海洋上）

这里有一个从城市到大山，从陆地到海洋的转换，它们都不是有生命的生物。从有生命者转换到无生命的物体的例子，如《阿摩司书》(*Amos* 1：2)：

> The head of Carmel is withered. 迦密的山顶要枯干。
> （人的头顶转义为山的）

有头顶的是人而不是山。从无生命的物体转换到有生命者，如《以西结

---

① ［此处及上下所有的括号性说明均为编者所加，为了便于明白转义所在；此外，例子中的方括号是据钦定版和《新旧约全书》补充的，以便更清楚地了解完整的意思；例子中的省略号也是编者所加，比德书中在这个非完整句后直接用了句号，似有失妥当。］

书》(*Ezekiel* 11：19)：

> I will take the stony heart out of their flesh. 我要从他们的肉体中
> 除掉石心。①
>
> （将石头转义为人心）

石头是没有生命的，但人是有生命的。当我们谈到主时，我们会以各种
方式使用这种转义辞格。

> ……②

转喻（Metonymy）是一种名称的替换，这种转义辞格有很多类型；
例如，当一个容器的名字被用来表示它的内容时，如《创世纪》(*Genesis*
24：20)：

> Pouring the pitcher in the troughs. 把瓶里的水倒在槽里。

或者，如《路加福音》(*Luke* 16：7)：

> Take thy letter. 拿着你的信。

倒的不是瓶，而是它所装的水；拿的不是信，而是写信的纸。……③

转喻常常通过原因来揭示一个行动的结果；反之，也可以通过结果
来揭示一个行动的原因。

换称（Antonomasia）是指用一个特征词来代替专有名词。人们可

---

① ［中译依据《新旧约全书》(1989：762)，但为对应于英文略做了调整。］

② ［至此比德对四类隐喻均已分别举了例子，省略号开始他又举了将有生命者的
某特征转义到另一有生命者以及将无生命者的某特征转义到有生命者等的诸
多《圣经》例子，其中一些以现在的标准来看并非典型的隐喻。另外，还省去
了在今天看了也是隐喻的**词语喻用**（Catachresis）和可归入转喻的**词语借代**
（Metalepsis）。］

③ ［省去了所举《撒母耳记上》(*1 Samuel* 6：8)中的以容器代指内容的一例，因其
后所作的说明令人费解。比德关于转喻实际上涉及四个小类容器代内容（瓶代
水）、内容代容器/载体（信代纸）、因代果、果代因，但后两种未加举例。］

以通过区别性特征来明确识别某一个具体的人。这可以通过以下三种方式来实现①：(1) 他的性格特征；(2) 他的身体特征；(3) 外部环境。

通过性格识别的一个例子《以赛亚书》(*Isaiah* 51：9)：

> Hast thou not struck the proud one?
> 从前砍碎那个傲慢者(代指拉哈伯Rahab)的, 不是你吗？②

通过身体的属性, 如《撒母耳记上》(*I Samuel* 17：4)：

> A man base-born ... whose height was six cubits and a span.③
> 一个出身下贱……身高六肘零一虎口的人(代指歌利亚/Goliath)。

魔鬼(拉哈伯)是通过他傲慢的性格来识别的, 巨人(歌利亚)是通过他巨大的身体来识别的。当使用种种外部环境特征来指称人物时, 可以分为不同的类别。例如, 它们可能依靠出生, 如《撒母耳记上》(22：7)：

> Will the son of Jesse give every one of you fields [and vineyards]?
> 耶西的儿子能将田地 [和葡萄园] 赐给你们各人么？

它们可能与某个地方有关, 如《使徒行传》(*Acts* 24：5)：

> A mover of insurrections ... of the sect of the Nazarenes.
> 鼓动……生乱者, 又是拿撒勒教党里的(代指保罗)。

它们可能来自一个特定的行为, 如《马太福音》(*Matthew* 26：48)：

---

① 这三种识别方式是常见的, 尤其在修辞学中, 如《献给赫伦尼厄斯的修辞学》第三卷第六章。

② [钦定本英译及《新旧约圣经》中译直接出现了拉哈伯(Rahab), 未用换称格；此处的中译是根据比德书里的Douay译文对《新旧约圣经》的中译做了调整而来。]

③ 这是自己造的换称例子, 实际上, 歌利亚(Goliath)的名字在《圣经》此处出现了。["身高六肘零一虎口" 取自《新旧约全书》里的中译。]

He that betrayed him gave them a sign.

那卖耶稣的给了他们一个暗号。

它们可能来自一个行动的结果，如《约翰福音》(*John* 21:7)：

The disciple therefore whom Jesus loved[...]

耶稣所爱的那门徒（代指约翰）[……]。

借助此转义辞格，甚至主也有不同的描述：

(1) 通过他的出生，如《马太福音》(*Matthew* 21:9)

Hosanna to the son of David.

和散那归于大卫的子孙（代指耶稣）。

(2) 通过他的居住地，如《诗篇》(*Psalms* 80:2[①])

Thou that sittest above the cherubim, shine forth.

坐在二基路伯上的（代指耶和华）啊，求你发出光来。

(3) 通过他的活动，如《约伯记》(*Job* 7:20)

I have sinned, what do I unto Thee,

O thou watcher of men?

鉴察人的主（代指神）啊，我若有罪，于你何妨？

别称（Epithet） 是一个出现在专名前的描述性短语。[②]上面所说的换称是替代专名，而别称须与专名同时出现，如《西拉书》[③](*Ecclus.* 45:1)：

Moses, beloved of God and men. *摩西，神人共爱者。*

---

① ［在钦定英译本及《新旧约全书》中出现在《诗篇》第80篇第1节的末尾中。］

② ［别称也可以出现在专名后，如Alexander *the Great*（亚历山大**大帝**）、Philip *the Bold*（腓力**勇敢者**）、Leif *the Lucky*（利夫**幸运者**），"epithet（别称）的作用在于表示人或事物的特性，使语言形象生动"，参见徐鹏《英语辞格》，商务印书馆，1996年，第56—57页。］

③ ［《西拉书》(*Sirach / Ecclesiasticus*)是罗马天主教《旧约》中的一卷德训书，但新教的《圣经》未予收录，《新旧约全书》中译本里也未见，以下此例为编者所译。］

又如《诗篇》(*Psalm*s 110：4)①：

> The Lord, gracious and full of compassion. 大恩、慈爱的耶和华。……②

别称在用法上也有三种方式。我们可以借之描述：(1) 性格特征；(2) 身体特征；(3) 外部环境。通过别称和换称这两种转义辞格我们可以谴责、识别或赞扬某一个人。

提喻(**Synecdoche**)是一个让人充分理解某一事物的说法，尽管它(喻体)在体量上比所指代的实际事物(本体)或者更大或者更小。它或通过部分来指代整体，因此《约翰福音》(*John* 1：14)：

> The Word became flesh. 道成了肉(身)。

又如《使徒行传》(*Acts* 27：37)：

> And we were all in the ship two hundred threescore and sixteen souls.
>
> 我们在船上的共有二百七十六个灵魂(人)。

或者通过整体来指代部分，如《约翰福音》(19：42)：

> There then because of the Jews' preparation (for the tomb was nigh at hand) they laid Jesus. 只因是犹太人的预备日，又因那坟墓近，他们就把耶稣安放在那里。③

在**拟声**(**Onomatopoeia**)中，一个词由它发出的声音形成，例如《哥

---

① ［在《诗篇》第110篇第4节未能找到，而应是在第145篇第8节中。为了更好地体现别称，中译为编者自译。］

② ［此处还举了《彼得后书》(*II Peter* 2：7)中的一例，但不太典型，故而省略。］

③ ［此例的整体代部分是指以耶稣代其遗体，《新旧约全书》中的这句译文体现出了提喻，但其前两句分别译为："道成了肉身""我们在船上的共有二百七十六个人"，就未能很好体现所用的提喻，因而编者对之加以了调整，以方便识别。提喻的类别其实还有以种代属、以属代种等。］

林多前书》（*I Corinthians* 13：1）：

> Though I speak with the tongues of men and of angels, and have not charity, I am become［as］sounding brass, or a tinkling cymbal.[①]
>
> 我若能说万人的方言，并天使的话语，却没有爱，我就成了鸣的锣、响的钹一般。
>
> ……[②]

又如《阿摩司书》（*Amos* 8：3）：

> The hinges of the temple creaked. 圣殿的铰链吱吱作响。

有些人认为，这种辞格是通过狮子的"吼叫"、羊的"咩叫"、驴的"啊呃"、蛇的"嘶嘶"、猪和齁鼩的"哼哼"以及其他动物的混合叫声来说明的——事实上，圣书中经常使用这些拟声，例如《约伯记》（*Job* 4：10）：

> The roaring of the lion and the voice of the fierce lioness.
> 雄狮的吼叫和猛母狮的声音。[③]

还有《约伯记》（39：24）：

> Frothing and growling he walks the earth.
> 他（马）在地上走来走去，口吐白沫，发出咆哮。
>
> ……[④]

夸张（Hyperbole）是指超出可信范围的陈述，其目的是夸大或贬小。

---

① ［比德所举仅为："The tinkling of cymbals." 的非完整句，不易理解，因此编者从钦定英译本中取来全句，中译来自《新旧约全书》。］

② ［省略了《民数记》（*Numbers* 10：7）中的一例非完整句："The clangor of trumpets"（铿锵号声）。］

③ ［此例以及上例和下例均与钦定本及《新旧约全书》里的有出入，故中译为我们自己所作。］

④ ［此处省去了形式标记不明的**折绕（Periphrasis）**和应属于非转义辞格的**倒装（Hyperbaton）**。］

先看目的在于夸大的例子,如《撒母耳记下》(*II Samuel* 1: 23):

> They were swifter than eagles, they were stronger than lions.
> 他们比鹰更快、比狮子还强。

再看目的在于贬小的例子,如《利未记》(*Leviticus* 26: 36)[①]:

> The sound of a shaken leaf shall chase you.
> 叶子被风吹的响声要追赶你们。

又如《耶利米哀歌》(*Lamentations* 4: 8):

> Their visage is blacker than a coal. 现在他们的面貌比煤炭更黑。

讽喻(Allegory)是一种转义辞格,表示字面以外的含义。例如《约翰福音》(*John* 4: 35):

> Lift up your eyes and look on the fields, that they are white already unto harvest.
> 举目向田观看,庄稼已经熟了,可以收割了。

换句话说(即字面以外的含义):要明白人们现在已经准备好要相信了(Understand that the people are now ready to believe.)。此转义格种类很多,其中有七种比较突出:反讽(irony)、反语(antiphrasis)、谜语(enigma)、委婉语(euphemism)、箴言(paroemia)、讽刺(sarcasm)和雅语(asteismos)。

反讽(Irony)是明说一件事而目的正相反的一种转义辞格。例如《列王记上》(*I Kings* 18: 27):

> Cry aloud; for he is a god; either he is musing, or he is gone aside ... or he sleepeth and must be awakened. 大声求告吧! 因为他是神,他或默想,或走到一边[,或行路],或睡觉,你们当叫醒他。

---

① 比德书中为《利未记》(25: 36),据钦定英译本为第二十六章中的第36节。中译参照《新旧约全书》做了些许调整。

这里，如果不辅以令人印象深刻的语调和神情，说话者似乎是在承认他真正想否认的。[①]

反语（Antiphrasis）是用一个词来表达的反讽。例如《马太福音》（*Matthew* 26：50）：

> Friend, whereto art thou come?
>
> 朋友，你来要做的事，就做吧！（耶稣所说，"朋友"指犹大）

反讽和反语在以下方面有所不同：反讽仅从表达方式（*delivery*）就表明它所希望被理解的内容；反语并不通过语调来表达相反的思想，而只是通过使用与真实、原初含义相反的词语来传达。

谜语（Enigma）是一个辞格，其中陈述的意义隐藏在晦涩的类比之中。例如《诗篇》（*Psalms* 68：13）：

> [Though ye have lien among the pots, yet shall ye be as] The wings of a dove covered with silver, and her pinions with yellow gold.
>
> [你们安卧在羊圈的时候，]好像鸽子的翅膀镀白银，翎毛镀黄金一般。

这可能意味着圣书的陈述充满了神圣的光辉，但其更深层的意义却闪烁着天国智慧的更伟大的美。这也可能意味着，虽然地球上神圣教堂的生活在美德的翅膀下欢欣鼓舞，但在天堂等待我们的生活将与主一起享受永恒的辉煌。

委婉语（Charientismos / Euphemism），是一个转义辞格，用一个温和的词来表达严厉的东西。例如《创世纪》（*Genesis* 29：25）：

> Did I not serve with thee for Rachel? Wherefore then hast thou beguiled me?
>
> 我服侍你，不是为拉结么？你为什么欺哄我呢？

---

① 《列王纪上》第18篇第27节是信仰耶和华的先知以利亚嬉笑信仰巴力的先知们，后者从早晨到午间祈求其神巴力，一直未获应允或回应，于是到了正午以利亚说了这一段反讽的话。

通过使用一个非常温和的词"欺哄"（beguiled），他以一种克制的方式表明了他所遭受的非常严重的不公对待。①

　　箴言（**Paroemia**）是适用于事件和环境的俗语。例如《彼得后书》（*II Peter* 2：22）：

> The dog turning to his own vomit again.
> 狗所吐的，他转过来又吃。

另一个例子见《撒母耳记上》（*I Samuel* 10：12）：

> Is Saul also among the prophets?
> 扫罗也列在先知中吗？

当我们看到一个刚做完忏悔的人又陷入罪中，就会使用第一条箴言。当我们看到一个无知的人承担起传教的任务，或者实践某种他没有学过的技能时，就会使用第二条。此转义格应用广泛例如，《所罗门书》，按照希伯来人的说法，我们称之为**寓言**（**Parables**），但在希腊人中保留了**箴言**（**Paroemiai / Proverbs**）之名。

　　讽刺（**Sarcasm**）是有敌意的嘲笑，带着仇恨。例如《马太福音》（*Matthew* 27：42）。

> He saved others; himself he cannot save. He is the King of Israel; let him now come down from the cross, and we will believe on him.
> 他救了别人，不能救自己。他是以色列的王，现在可以从十字架上下来，我们就信他。
> ……②

　　类比（**Homoeosis / Resemblance**），是通过类似但更熟悉的东西来

----

① 雅格服侍舅舅拉班七年为了娶其小女儿拉结，但受骗娶了大女儿利亚，这是他发现后对舅舅的质问。
② 省去了比德所列讽喻中的最后一个小类**雅语**（**Asteismos**）的例释以及对事实性**讽喻**（**factual allegory**）和语词性**讽喻**（**verbal allegory**）的讨论。

描述一个不太熟悉的对象。此格含有三种：明喻（icon / simile），比较（parabole / analogy）以及例证（paradigma / exemplification）。

　　……①

---

① 省去了对每一种的举例说明。这一转义大格最具代表性的是十分常见的（由好像或如同等连接的）明喻。

阅读推荐

1. 陈骙.文则［M］.刘彦成注译.北京：书目文献出版社，1988.

　　南宋陈骙的《文则》被学界视作中国第一部修辞学专论。其中列述的辞格先后有反复、对偶、倒装、比喻、援引、层递、反语和排比，所引语例丰富，主要来自先秦典籍，对这些辞格的讨论大都还简要涉及了论辩功能。

2. 陈望道.修辞学发凡［M］.上海：世纪出版集团，2001.

　　被视为我国现代修辞学创立标志的陈望道《修辞学发凡》（初版于1932年）中的第五至第八篇专论了38个辞格，对每个辞格均做了较为清晰的界定、分类以及作用说明，并提供了十分丰富的古今典例。

3. 刘亚猛.追求象征的力量［M］.北京：三联书店，2004.

　　此书的末章"修辞格与修辞'密码'"浓缩了刘亚猛教授对辞格论辩功能的诸多深见与精析；鲜明地阐述了"辞格是修辞发明的基本手段""辞格与修辞的动态特性""辞格与修辞的创新策略"等至关重要的论题。

4. 谭学纯等.汉语修辞格大辞典［Z］.上海：上海辞书出版社，2010.

　　由谭学纯教授等主编，朱玲、胡习之、李秀明等诸多修辞学者编撰的这部修辞格大辞典具有权威性、全面性（收入新老辞格近300种）、资料性（附有辞格研究论著篇目4万余条）和时代性（注重现当代的鲜活语例）等特色。

5. 宗廷虎，陈光磊.中国辞格审美史［M］.长春：吉林教育出版社，2019.

这部由诸多修辞学者参与的五卷本《中国辞格审美史》，历时性（从先秦到当代）详察了比喻、夸张、双关、设问、引用、排比、对偶、复辞、回文、列锦和通感共11个修辞格。对这些辞格的研究除了定义、分类、例证和功能外，还关及了所论辞格形成的哲学、美学、心理等基础。

6. ［Cicero］. *Rhetorica ad Herennium*［M］. Trans. Harry Caplan. Cambridge: Harvard University Press, 1954.

　　《献给赫伦尼厄斯的修辞学》将辞格首次划分出45个语词格（Figures of Diction）和19个思想格/内容格（Figures of Thought），认为前者（含10个转义格与诸多非转义格）可使语言精致；而后者能让思想出众。

7. Copeland, Rita, and Ineke Sluiter. *Medieval Grammar and Rhetoric*［C］. Oxford: Oxford University Press, 2009.

　　此部《中世纪语法与修辞》收录了从公元300年至1475年出现的语法与修辞学代表作。节选了圣比德所撰写的《诗歌艺术》(*De Arte Metrica*)和《转义与非转义辞格》(*De Schematibus et Tropis*)，并对两书的关系与内容特色做了详细介绍。

8. Fahnestock, Jeanne. *Rhetorical Figures in Science*［M］. New York: Oxford University Press, 1999.

　　马里兰大学荣休教授法恩斯托克所著《科学中的修辞格》是一部关于非转义辞格论辩功能的力作，深入研究了"对照""层递""回环""反复"的论辩性（四种常用推理模式），例释选择了多个时代的代表性科学著述。她的《修辞文体：语言在说服中的运用》(Rhetorical Style: The Uses of Language in Persuasion, 2011)论及了包含转义、非转义在内更多辞格的论辩性。

9. Lanham, Richard. *A Handlist of Rhetorical Terms* (2nd ed.)［Z］. Berkeley: University of California Press, 1991.

　　加州大学拉纳姆教授的《修辞术语手册》是一部影响广泛、特色鲜明的工具书。收入了近千个修辞术语,其中涉及了几乎所有的西方修辞格。对许多辞格的述介不仅有清晰的界定和经典示例,还有历史渊源、不同名称等的说明,具有重要的参考价值。

10. Peacham, Henry. *The Garden of Eloquence*［M］. London: British Library, 1593/2011.

英国文艺复兴时期皮查姆牧师的《雄辩园》(初版于1577年)被当代学者视为"英国最伟大的辞格专论",共论述了175个修辞格,不仅对每个辞格给出了定义、示例、功用说明,还提示了注意事项。

［荷兰］德西迪里厄斯·伊拉斯谟

Desiderius Erasmus

"丰裕"

作者与选文简介

　　伊拉斯谟（Desiderius Erasmus, 1469—1536）是欧洲文艺复兴时期的人文主义代表。因出生于荷兰的鹿特丹，常被称为鹿特丹的伊拉斯谟。他一生著书立说、针砭时弊、推动宗教改革，其影响不仅于生前已十分卓著，在后世也深远绵长，如至今仍有以他的名字命名的伊拉斯谟大学（即名校鹿特丹大学）、伊拉斯谟大桥（美称为天鹅大桥）、伊拉斯谟世界项目（高等教育交流项目）等。在宗教改革方面，他以鲜明的人文主义理念与方式将自己与激进主义改革者马丁·路德区别开来，在当时引起广泛关注（参见茨威格《伊拉斯谟传》1998中译）；而对社会弊端的诙谐嘲讽则最典型地体现在了他那本献给托马斯·莫尔的《愚人颂》（*The Praise of Folly*, 1511；已有中译）。伊拉斯谟的人文主义精神并非空穴来风，而是牢固地建筑在长年的博学广闻之上，浸润着他丰厚古典学养的等身著述即是明证：《格言集》（1508）、《论丰裕》（1512）、《希腊语圣经新约批注》（1516）、《对话录》（1519，被视为代表作）、《论书信写作》（1522）、《论自由意志》（1524）、《布道方法》（1535）等。这些留传下来的文字不仅记载了他的思想菁华，也被视为拉丁文写作的典范。

　　伊拉斯谟"一生所作所为无不体现着人文主义和修辞思想密不可分的联系"（刘亚猛 2008: 213）。以下选译的《论丰裕》（*De Copia*）即为其论述人文修辞的经典之作。这是他为朋友新开办的一所人文主义学校撰写的拉丁文教科书，1512年初版于巴黎时就在欧洲大陆与英国备受赞誉，后又于1514年、1517年、1526年、1534年进行了多次再版，不断丰富并日益完善。该书被许多学校甚至大学纳为修辞学教材一直用到16世纪末，可以毫不夸张地说，在当时的学界可谓家喻户晓。《论丰裕》共由两卷组成：上卷为《论言辞的丰裕》；下卷为《论思想的丰裕》。上卷的论述较为详细,除了阐明"丰裕"的重要性、源头、基本准则等之外,还一一列举了20种避免单调的表达方法:同义法、词形转换、换称法、迂回法、隐喻法、转喻法、等义法、变换句型等(参见卷一选文末的注解)。伊拉斯谟还亲自举了两个典型例子来生动演示这些实现言语丰富的可行方法。他为前一例"Your letter pleased me mightily."(你的信使我极其快乐。)提供了150种语义基本相同的替换表达;而对后一例"Always, as long as I live, I shall remember you."(只要我活着,总会记着你。)所给出的替换语句竟达整整200种之多,令人叹为观止。下卷的论述相对简略,谈及扩展内容的11种方法,包括详陈法、伴随状况法、离题法、分论点丰富法、论据叠加法等各种丰富思想的手段,与传统的"铺展法"(Amplification)十分相似。伊拉斯谟不仅是"丰裕"思想的倡导者,更是名副其实的践行者,《论丰裕》一书无论是内容的磅礴洋溢还是语言的富饶华美均堪为典范,这在上卷的前十章中体现尤为明显。

此部分选文在字里行间还向我们显现了伊拉斯谟宏赡的古希腊罗马修辞素养。几乎每章都有来自希罗各类经典的旁征博引,令人尤为瞩目的是其对西塞罗和昆体良的反复引证,从中不难看出他对两位罗马修辞学家的谙熟,其中复现率最高的昆氏《雄辩家的教育》显然对他产生了更为深刻的影响。因此,我们有理由认为伊拉斯谟的"丰裕"思想主要是拉丁修辞学的继承和发展,而以修辞复兴为一大要务的欧洲文艺复兴注重的应是古罗马雄辩之风的光大。

需要说明的是我们只汉译了上卷《论言辞的丰裕》中的前十章概论部分和下卷《论思想的丰裕》中的前五种主要方法。上卷中的二十种语言丰裕手段,由于篇幅所限且一些手段在汉语中难以体现,因而均未一一翻译,但编者注中做了较为清晰的介绍。另可参见编者就伊氏言辞丰裕手段中最为活跃的五种——同义法、词形转换法、换称法、等义法、句型转换法——所做的阐释、中西比较及应用研究:《从伊拉斯谟的"丰裕"论英文写作中的避复》(《外国语文研究》2015年第5期);《"错综"与"丰裕"的中西交汇——〈文心雕龙〉语言艺术研究》(《社会科学战线》2019年第7期)。

论丰裕·第一卷

言辞的丰裕（节选）[1]

1. 丰裕追求的内在危险[2]

人类的话语如金河般澎湃时，丰富多彩的思想与言辞奔涌而出，堪称宏伟，令人难忘。但是，若如此追求言语，则已涉险境。如谚[3]云："不是人人都富得可以去逛科林斯城的。"我们发现众多殚精竭虑想使语言达成如此神效的世人，只落得个油嘴滑舌，既显愚蠢，又惹人讨厌。他们不加分辨地堆砌辞藻，因而既模糊了所谈论的主题，又累及不幸的听

---

① ［选自《伊拉斯谟著作集·文学与教育2》(*Collected Works of Erasmus Literary and Educational Writings 2*)，由 Craig Thompson 编辑，多伦多大学出版社1978年发行。其中《论丰裕》(*De Copia*) 为 Betty Knott 英译，所据的拉丁原本为1534年版，即伊拉斯谟在世时的最后一个修订版本。此部分卷一（Book I）内容所选范围在《论丰裕》的第1—10章（该著作集第295—307页），主要综述了"丰裕"的渊源、必要性和得体性等。］

② 下列注解中，无"参见"或"见"表明伊拉斯谟直接引用原文或仅有微小变化；"参见"表示与原文相比变化较大；"见"说明伊拉斯谟使用的是所指篇章的内容，或者根据所引示例，在表述时进行了语法变化。

③ 出自《贺拉斯书信集》(*Horace Epistles* 1.17.36)，为伊拉斯谟最喜爱的一句话，在第50和第154章中再次引用；见伊氏《格言集》(*Adagia* I iv i)。此谚语是指希腊海港城市科林斯（Corinth）的名艺妓莱斯（Lais）标价过度，对方身份再高，只要无钱付账，她照样不接待。

众费耳劳神。事实上，上帝保佑！已有许多人虽不具真正的教养和理解力，却已于此主题费力教导，声称掌握了丰裕之术，实际上却极度匮乏。

此等考虑已然促使我自己推出关于丰裕方面的一些想法，处理内容与表达两个方面，并给出例证及模式。我从专攻修辞理论的著作中抽选了部分材料，并糅合了自己在说写艺术方面已积累的较为丰富的经验和广泛阅读众多作者著述过程中的观察所得。我无意写成一本包揽整个主题的全景之作，而只想做成一篇短小论文，为师生们开辟一条道路，并为将来的研究提供一些原材料。我的理由之一就是我着手这项工作，只是为了有所助益，因此，只要最终对学生们有些益处，其他人来收获成果，我也会非常高兴的；而且，我正忙于更加重要的研究，无太多闲暇投身较为次要的话题，尽管它们也十分有助于重要话题的研究。

2. 丰裕的发源与实践

为了预防有人可能讨厌这个新近我在书斋闭门私造的新奇物件，我要请他了解一下，其一，多途径表达自己的意思和整个想法，博学深邃的作家昆体良（Quintilian）① 已在多处谈及；其二，许多著名哲辩师开辟的道路指出了如何压缩、删节所说的内容，而如此他们必然同时也展示了如何进行拓展。如果他们的书籍尚有遗存，或者昆体良早已全面展开他的建议，那现在就不会需要我不揣冒昧地陈述训诫。

进一步促成此事的还有，当年身为知识界领袖的人决不会反对在此方面不断训练。我们已经找到一些维吉尔（Virgil）② 尝试其技艺的出色

① 《雄辩家的教育》(*Institutio Oratoria*) 中言说诸多方面种种变化的重要性多处提及，随处可见。

② 找寻如此描述，见《埃涅阿斯纪》(*Aeneid* 4.700—2, 8.22ff)；《农事诗》(*Georgics* 1.231ff, 1.441ff, 2.514ff, 3.354—62)。[维吉尔（Virgil, 公元前70年—前19年），是奥古斯都时代的古罗马诗人。其作品有《牧歌集》(*Eclogues*)、《农事诗》、史诗《埃涅阿斯纪》/《伊尼德》三部杰作。其中《埃涅阿斯纪》为代表罗马帝国文学最高成就的巨著。]

文章,涉及对镜子、冻河、彩虹、落日、四季和星座的诸多描述。阿普列尤斯(Apuleius)①处理伊索寓言《狐狸与乌鸦的故事》中有更深入的证据:起先他笔墨经济,简略概述,然后才大加拓展,极力铺陈,充分演练和展示了他的文才。雄辩之父②西塞罗也倾心于此道,并常常与他的演员朋友罗西乌斯(Roscius)③切磋,看看同样的内容,是朋友用诸般动作姿势演绎得更充分,还是西塞罗自己通过不同语言和雄辩才华表达得更丰富。——有鉴于此,谁还能不热情万丈地投身此道?

3. 古代作家乐于展示的丰裕

……,同样是这些作者,常常乐于展示其表达才能,涉足演习篇章甚至创作严肃作品。他们始于压缩主题,直至减无可减;然后又极尽拓展之能事丰之裕之,直至增无可增④。 昆体良⑤认为,荷马的丰满与简约同样值得称道。虽然我们无意在此详述例证,但也不妨只涉及维吉尔,给出一两例。他的诗行 "特洛伊城曾经屹立的平原啊"⑥,我们还能表达得更为简洁吗? 正如马克罗比乌斯(Macrobius)⑦所说,维吉尔只用寥寥数词

---

① 见 *Florida* 23 (*De deo Socratis* 序言)。[鲁齐乌斯·阿普列尤斯(Lucius Apuleius,约公元124年—约189年)是古罗马作家、哲学家,著有小说《金驴记》(*Metamorphoses*)讽刺罗马帝国的社会生活。]

② 参见彼特拉克(Petrarch,1304年—1374年)*Ad familiares* 24.4: *o Romani eloquii summe parens*。

③ 见马克罗比乌斯(Macrobius, A. T.)的《农神节》(*Saturnalia* 3. 14. 12);《格言集》(*Adagia* IV vii 69)。[马克罗比乌斯,约活动于公元4世纪前后,古罗马著名作家。罗西乌斯(Roscius,约公元前126年—前62年),古罗马著名演员。]

④ 《格言集》(*Adagia* IV viii 4)。

⑤ 见《雄辩家的教育》(10.1.46)。

⑥ 维吉尔《埃涅阿斯纪》(*Aeneid* 3.11)。

⑦ 《农神节》(*Saturnalia* 5.1.8)。

就毁灭和吞噬了这座城池,不留一丝遗迹。下面这段①中却又充分渲染:

> 来了末日,命中无可回避的厄运,
>
> 降临到达尔达诺斯(Dardanus)城头上;我们特洛伊人不复存在;
>
> 伊利昂(Ilium)②不复存在,透克斯(Teucer)之子们强大的名声亦不复存。
>
> 朱庇特主神(Jove)变成我们的敌人,并将本是我们的恩宠赐予了阿戈斯(Argos)人。
>
> 眼下希腊人正在到处烈焰焚腾的城中得意洋洋。
>
> 啊! 我的国家,啊! 伊利昂,众神栖身之所!
>
> 啊! 达尔达诺斯族的壁垒,还有战争上的声名!
>
> 那个屠戮之夜言语何以展开、何以尽述?
>
> 何人痛哭之泪能够抵消此中诸般苦楚?

哪儿的泉水、哪儿的激流、哪儿的大海腾涌如斯,堪与他的笔墨匹敌? 当然会有人认为此例应该划归内容丰裕之列。再看诗人言词如何涌出诗行:"他仍旧活着,呼吸着天堂的空气吗? /他尚未安眠于如此残酷的阴影吗?"③

　　奥维德(Ovid)④更是以此为特色;他已因此为人诟病,称其一旦铺展思想就不知何时住笔;但此批评来自塞内加⑤(Seneca),而塞内加

----

① 《埃涅阿斯纪》(*Aeneid* 2.324ff,241—2,361—2)。

② [伊利昂(Ilium),特洛伊的曾用名。此行中的透克斯(Teucer)为特洛伊第一代国王。]

③ 与前例相同,伊拉斯谟此处合并了《埃涅阿斯纪》中的一些内容(*Aeneid* 1.546—547与3.339)。

④ [奥维德(Publius Ovidius Naso,公元前43年—公元17年/18年),古罗马诗人,与贺拉斯、卡图卢斯和维吉尔齐名。代表作《变形记》《爱的艺术》和《爱情三论》。]

⑤ 《诉讼辞》(*Controversiae*)9.5.17.中的"他就是不知何时收手。"这是老塞内加(Elder Seneca)之作,其著述涉及修辞学、演说家及文学家。其子小塞内加(the Younger Seneca,约公元前4年—公元65年),声名更甚,主攻哲学[是公元1世纪最著名的斯多葛派哲学家之一]。但伊拉斯谟认为*Controversiae*的作者是小塞内加。

的风格又受到昆体良①、斯威托尼厄斯（Suetonius）②和格利乌斯（Aulus Gellius）③的全盘指责。

4. 丰裕表现过度者

　　某些作者已因过度使用、误用丰富语汇而为人诟病，此情却并不让我忧心。昆体良④曾谴责斯特西克鲁斯（Stesichorus）⑤随性铺陈、泼墨无度，同时又承认那是无法绝对避免的。在旧喜剧⑥中，埃斯库罗斯（Aeschylus）曾因一事双说而受攻击：我回来了，我在这儿了。塞内加⑦数度几乎无法忍受维吉尔同一情绪咏叹个两次三番。就不再费时长长罗列了吧，甚至已经有人公开谴责⑧西塞罗本人偏爱华丽的亚细亚风格（Asian style），耽于费墨砌词。然而，如上所说，此情不扰我心，因我非为限定如何说写，只为说明对训练有益之事，众所周知，在训练时，万事必

---

① 见《雄辩家的教育》10.1.125ff。
② 见Caligula 53；斯威托尼厄斯（Suetonius，75—150，古罗马历史学家、传记作家）是伊拉斯谟在《论丰裕》中引用频繁的一位深受喜爱的作家；1518年出有一版《恺撒们的人生》(Lives of the Caesars)。
③ 见《阿提卡之夜》(Noctes Atticae 12.2.1)。[格利乌斯（Aulus Gellius），活跃于1世纪的古罗马作家。留下了著名的《阿提卡之夜》，该书为后世提供了关于那个时代的重要史料，许多散佚古籍的内容也保留在其中。]
④ 见《雄辩家的教育》10.1.62。
⑤ [斯特西克鲁斯（Stesichorus，公元前640年—前555年）。古希腊抒情诗人之一。]
⑥ 见格利乌斯《阿提卡之夜》(Aulus Gellius 13.25.7)引用阿里斯托芬的《蛙》(Frogs 1154ff)。[阿里斯托芬（Aristophanes，约公元前446年—前385年）古希腊早期喜剧代表作家，有"喜剧之父"之称，而埃斯库罗斯（Aeschylus，公元前525年—前456年），古希腊悲剧诗人，有"悲剧之父"的美誉。]
⑦ 老塞内加《劝训辞》(Suasoriae 2.20)，引用了Messala因认为Virgil一行诗句重复且无用而作的批评。小塞内加对维吉尔所作的其他批评记载在格利乌斯《阿提卡之夜》(Aulus Gellius 12.2.10)中。
⑧ 见昆体良《雄辩家的教育》(Quintilian 12.10.12)。

须夸大一些。再者，昆体良①应乐于在我所指导的年轻人中见到奢华之风，因为过度之处易为批评削弱，其他赘生逝水流年会去磨蚀，而羸弱之风殆难瘉裕。

5. 简约与丰裕齐拥者

也许有人欣赏荷马的墨涅拉俄斯（Menelaus）②式寡言少语，而嫌恶奥德修斯（Odysseus）③式"奔腾如膨胀了一层冬雪的河流"；也许有人酷爱那闻名的斯巴达式的简洁（Laconic brevity）④；而即便是他们也无权反对我的这部作品，因为同样他们将会发现它并非无益，理由就是或简或丰的风格建立于同样的基本原则之上。在柏拉图的《对话录》⑤中，苏格拉底曾敏锐地得出同是一人既能说谎骗人相信，又能如实讲话；同理，长于简略艺术的言说者，也是那擅用种种饰巧铺展繁复者。先讲语言的缩减。倘若有一人能够从语词大军中、从修辞格全军中，如探囊取物一般，立取最能凸显简明之语，试问还有谁能做到言语简洁胜于此人？至于内容之简洁，如若不是精心选择事件中最突出的要点，即其所依赖的关键内容，使其区别于装饰用的辅助内容，还有谁能一展文才以最简省的言辞彰显主题？其实，无人能比明白何处如何增益之人，更加熟知何物可省且无害。

---

① 见《雄辩家的教育》(2.4.3—4)。

② 荷马《伊利亚特》(*Iliad* 3.214)。[墨涅拉俄斯（Menelaus）是希腊神话中斯巴达的国王。阿特柔斯之子，阿加门农之弟，海伦之夫。海伦被帕里斯拐走后，墨涅拉俄斯与阿加门农召集希腊境内几乎所有的国王对特洛伊开战。]

③ 荷马《伊利亚特》(*Iliad* 3.222)。[奥德修斯（Odysseus），荷马史诗《奥德赛》中的主人公；曾指挥特洛伊战争，献木马计，使希腊获胜。]

④ 即斯巴达简明风格（*Laconismus*[Laconia，拉哥尼亚，是古希腊南部的一个王国，都城斯巴达。]）；见西塞罗《书信集》(*Ad familiares* 11.25.2)；伊氏《格言集》(*Adagia* II i 92)。

⑤ 《小希庇阿斯》(*Hippias minor* 367E—8A)。

6. 简、丰风格之误用

如果说我们选用某一种风格是出于偶然，那我们可能与吝惜言语、追求简洁文风的狂热分子同一命运，而这些简言省语，即便不是全部多余，也是大部分多余。另外，我们发现丰裕风格缺乏技巧的习练者，喋喋不休却表达甚少，于必要之处少有所说。这些指导的目的是让你们以尽可能最少的词语涵盖要义，并不漏掉一物，或者扩展和丰富表达，并不使一物多余；并且一旦你们理解这些原则，为你们提供选择，按照自己的喜好，模仿斯巴达简略风，模仿亚细亚丰华风，或者以罗得岛（Rhodes）人不简不丰的适中风①表达自己。

7. 丰裕的两个方面

显然，丰富的风格有其两面。例如，昆体良②称颂品达（Pindar）才具多面，并尤其欣赏其出色的丰富风格，内容与表达俱佳。表达／言辞的丰富性涉及同义词替换、词形转换、隐喻③等义以及其他相似的多样化选词

---

① 西塞罗时代讨论的演讲术三大风格有"雅典的"（Attic，朴素、单纯）、"亚洲的"（Asiatic，华丽、茂盛）和"罗得岛的"（Rhodian，适中）；见西塞罗《布鲁特斯》（*Brutus* 51）；昆体良《雄辩家的教育》（12.10.18）。西塞罗从罗得岛人摩隆（Molon of Rhodes）处接受了他主要的雄辩训练。

② 见《雄辩家的教育》（10.1.61）。［品达（Pindar，约公元前522—前443年），古希腊九大抒情诗人之一。］

③ ［英译中此处还有 variation in word form，但编者认为这就是前面的词形转换（enallage），故而省去；此外，enallage 前还有一个表替换的 heterosis，因未在以下讨论的20种方法中，故也省译了。参见第十章末的注解。］

的方法①。内容的丰富性包括论据的汇集、解释和铺展，手段有例证、比较、相同、相异、对立及其他类似的过程，这些我将在合适的地方②详加处理。也许有人认为，这两方面实际上紧密联系，很难分开；而且它们紧密互动，致使其区分仅具理论意义而无实践意义。即便如此，作为教学程序，我还是打算将二者分开，而且我的区分既不会因为吹毛求疵又不会因为无视细节而招致指责。

8. 研究此话题的益处

为了鼓励学生们以更大的热情着手此项学习，我简要陈述它所带来的益处。首先，多途径表达自己的训练，在整个文体风格的培养中极其重要。尤其是它有助于避免同义反复（tautologia），即一个词或短语意义的重复③，那可是极丑陋而恼人的过失。我们常常不得不把同一事物重复几遍。如果此时我们发现自己丧失了语词的丰富性而吞吞吐吐，或者像布谷鸟般一语多唱，无法为我们的思想裹上其他颜色或形式，我们将显出张口结舌的神态，贻笑大方，并将可怜的听众折磨致死。比同义重复更糟糕的是同语反复（homologia），因为正如昆体良所言，它并无变化以解单调，完全是同一种单调的颜色。谁有耐心让耳朵忍受如此单调乏味的言说，即使为时短暂？变化的魔力无所不在；缺乏变化，则一切暗淡无光。大自然最以变化为乐；万物纷然汇聚，无一未被她以奇妙的变化

---

① ［其实伊拉斯谟提供的20种丰裕手法中，除了词的变换法，还有一些句的变换法，如"安排""句法变换""句型变换"等。］
② 伊拉斯谟在卷一的第十一至第三十二章中处理了第一组［言辞的丰裕手法］，在卷二处理了第二组［内容的丰裕手法］。
③ 关于这一部分，见昆体良《雄辩家的教育》（Quintilian 8.3.50—52）。［同义反复（tautologia）是指用不同的词语来重复同一意思；之后的同语反复（homologia）指的是用同一词语的完全重复。］

抹涂。正如眼睛会专注于新情奇景，心儿也总是四下游曳搜寻新趣。如果遭遇一连串的老面孔，心儿会很快厌倦，注意力转移他方，从言语中所获得的一切立时全部脱逃。此灾难当然可避免，只要他表述思想时，握有比普罗透斯（Proteus）①本人更多的变化。这种训练形式会非常有助于我们即兴说写能力的提升，而且在我们吞吞吐吐、哑然失声以及说话中间言辞枯竭即将丢失面子时，它将济困解危。即使是临场急促之间，把话头转向自己期望的方面，将不再是难事，因为我们有很多可以信手拈来的词汇。我们还将发现丰裕非常有助于评论作家、翻译外文书籍以及写诗。否则，如果从未接受过这些指导的话，我们会常常暴露出令人费解、言辞粗糙甚或是全然无法表达自己的问题。

9. 表达力培养的训练

现在是时候让我就这种能力如何训练给出简要建议了。我们一旦认真地记住了这种理论，就应该经常拿些句子来，像昆体良②用一块蜡可以塑成各种各样形状的类比所建议的那样，有意用尽可能多的方式表达每一句。如果让一群学生就同一个主题进行说写竞赛，这种练习将更有益处；他们会因组内其他成员的建议而使个人获益，而且通过给出起始表达，他们每人的想象力都会受到激发。另外，我们可以把一连串的想法以多种方式表达出来。此处最好先仿照克罗顿城（Croton）著名的摔跤能手麦洛（Milo）③的渐进方法，逐步培养自己的能力，先做两种变化，

---

① 一个最受伊拉斯谟喜爱的人物；《格言集》（*Adagia* II ii 74）。［普罗透斯（Proteus）是希腊神话中的一个早期海神，能随意变形，荷马所称的"海洋老人"之一。］
② 关于这整个部分，见昆体良《雄辩家的教育》（Quintilian 10.5）。
③ 著名运动员，每天举一头牛犊直到其长成大牛；见昆体良《雄辩家的教育》（Quintilian 1.9.5）。

再做三种变化,最后反反复复地做,直到不费吹灰之力就能变出两三百种花样为止。①还有,因为希腊语中主题内容与词汇特别丰富,如果我们翻译希腊作家的作品,我们肯定会极大地丰富自己的语汇。如果为同这些希腊作家一较高下而重新表述他们所表达的内容,肯定也会大有作用。将诗歌的材料分解开来,再用散文重新编织,或者把散文分解以诗歌重编,将散文自由的语言收束到格律之中,将相同的主题从一种诗歌形式换作另一种,如此种种必将产生重大的作用。模仿某些作家文思泉涌、磅礴恣肆的篇章,以己之力与之匹敌甚或超越,必将颇有助益。我们会发现"日夜翻阅名家名作"②尤其有用,特别是阅读以丰裕风格而著称的作者,如西塞罗、格利乌斯和阿普列尤斯。我们必须张开双眼,认真观察他们所用的每个修辞格,一旦发现便存入记忆,一入记忆即行模仿,常常使用以至生巧,随呼随应。

10. 丰裕的预备性指导

拉杂至此仅做介绍,是时候着手指导的任务了,尽管此前所说也可以算是某种指导。我想我的讲话不妨以一则对丰裕新人的敬告开始。他首先要注意用语得体、崇拉丁、尚文雅、风格纯正。他不能幻想丰裕的风格中就可以夹杂任何与纯粹的罗马语言格格不入的东西。

---

① ［伊拉斯谟在第三十三章中举了两个典型例子演示用多种方法来变换表达同一意思。他为第一例 "Your letter pleased me mightily."（你的信使我极其快乐）提供了150种语义基本相同的替换表达,而对后一例 "Always, as long as I live, I shall remember you."（只要我活着,总会记着你。）所给出的替换语句也达整整200种。］

② 贺拉斯《诗艺》(Horace *Ars poetica* 268—9)。

文雅与否，部分取决于得体的作家们惯常的选词，部分看他们自己的正确运用，还有一部分有赖于他们自己语汇的恰当配合。①……

言归正传，风格之于思想犹如衣物之于身体。正如衣服和外表能够加强或破坏身体的美丽和庄严，语词也能强化或歪曲人的思想。因此，如果有人认为只要意思能被这样或那样理解，那它怎么表达就没有多大差别，他就犯了一个大错误。把表述加以变化恰恰就像换行头。我们首先要考虑穿得干净、得体、成衣无误。如果里面的形体自身是好的，但是却因有污点的衣物惹人厌，则实在可惜。让一个男人穿得像个女人并公然外出，则着实可笑；衣服前后穿错或上下颠倒，也会令人不快。所以，如果有人在用拉丁简洁文风武装自己之前，就想获得语言的多变性，他无疑将和一个乞丐一样——还没有一件像样的衣服穿在身上却不断变换行头，破衣烂衫混搭露面，他招摇过市所展现的不是财富而是穷酸。他越如此，人们会当他疯得越厉害。但是，有些一心想要丰裕的人表现出了同样的荒唐；他们甚至尚未能说一句高雅的话，却明显耻于未能吱吱喳喳显山露水个够，他们花样不断、啰唆不停，花样一个糟过一个，似乎在和他们自己比赛尽可能粗野地讲话。我虽然会以种种陈设装饰豪宅，但我会让其尽皆雅致，而非到处塞满柳木、无花果木制品或是廉价的盆罐。我愿意办桌丰盛的宴会、奉上各式佳肴，但谁又能忍受百样盘碟上桌，一个恶心似一个？

我如此长篇累牍地发布警告，是因为我太清楚大多数人都有的轻率想法。他们一旦越过最低级的阶段，在未做准备的前提下，如谚②云"尚未濯足"，就立刻选择冲击高峰。

同样糟糕的是，这些人雅俗不辨，华服缀补丁，金泥杂串，希腊甜食乱加蒜。

---

① ［此处往下省去四个段落，主要是举例说明，并且夹有不少拉丁文。］
② 伊氏《格言集》（*Adagia* I ix 54）。

现在，我将要制定培训表达变化的规则，此时仅限于言辞表达的丰富性。①

　　……

---

① ［以下伊氏介绍了二十种具体的言辞丰裕方法。依次为：（1）同义替换（Synonymy）；（2）词形转换（Enallage，含词性转换与词态转换）；（3）变换称呼（Antonomasia）；（4）迂回说法（Periphrasis）；（5）隐喻（Metaphor）；（6）讽喻（Allegory）；（7）偏喻（Catachresis）；（8）拟声（Onomatopoeia）；（9）多步转喻（Metalepsis）；（10）换喻（Metonomy）；（11）提喻（Synecdoche）；（12）等义（Equivalence，如双重否定等于肯定）；（13）比较项移位（Paired expressions）；（14）关联词转换（Interchange of correlated expressions）；（15）强化（Heightening）；（16）夸张（Hyperbole）；（17）缩小（Meiosis）；（18）句式调整（Arrangement，含连词减增、语序调整、结构调整等）；（19）句法变换（Syntax）；（20）句型转换（Change in sentence form，含陈述句转疑问句等）。

论丰裕 · 第二卷

内容的丰裕（节选）①

方法一　先总后分

至此，在表达的丰裕这个话题上，我们已尽可能简要地呈现了能够想到的内容，下面就同样简述一下内容丰裕性。这部分工作将从与卷一中相对应的部分尽可能类似的内容开始，在某一主题中需要表述的内容上实现丰裕的第一种方法，就是首先进行简要、概括的处理，然后再去扩展，并将其分割为组成部分。这就像为了出售而展示商品，先存放在货架②上或包装内，再打开、拿出，全部展示以便详察。

此方法举例如下。比方这一句: He wasted all his substance in riotous living.（他挥霍无度，浪费掉了所有财产。）这是概括表达，即包在一起说。我们可以进一步展开它，列举所有各类财产，细数种种挥霍的途径：从父母或其他亲戚亡故所得的全部遗产、加上他妻子的所有嫁妆、各类祖产上新增的积累（这增收非常可观）、王子的所有慷慨赏赐、军队服役

① 选自《伊拉斯谟著作集·文学与教育2》(1978) 中《论丰裕》卷二（Book II: 572—577），关于实现内容 "丰裕" 的五种首要方法。

② 西塞罗《论雄辩家》(De oratore 1.162); 伊氏《格言集》(Adagia III i 49)。

期间的所有积聚、他所有的钱财、金质餐具、衣服、不动产、土地连同农场的建筑和牲畜,简言之,所有的一切,动产与不动产,甚至他的家,他尽数抛弃,只为和勾栏女花天酒地,日日寻欢作乐,聚会极尽奢侈,夜夜纵酒,奢食妙味,千赌万博,数日之间,狂吃豪赌,挥霍殆尽,甚至都剩不下两枚半便士硬币来擦碰作响。

这样,"所有财产"和"挥霍无度"这两个短语就通过各自的组成部分得到了解释。

另例:He completed a thoroughly comprehensive education.(他彻底完成了全面教育。)这一概括说法可以通过列举所有学科、所有方面的学习进行拓展:绝对没有一科他不处处精通;没有一科他不彻底了知,直如专攻一科无人能敌;所有诗人的故事他都了如指掌;演说家最精妙的措辞他也库藏丰富;语法学家耗费心力的规则他无不了然;辩证法的精微之处他已手熟;物理学的秘密他已探查;俗世之外的知识他蠡测其深;神学家的奥义他已透视;数学证明他已理解透彻;天体运动,数的原理,各国大小,城市、山脉、河流、泉水的位置与名称,和声与音程——诸多方面如彼如此;古史、今史他胸有成竹;优秀作家,不论古今,他历历在目;除此之外,希腊、拉丁语言与文学同样精通;简言之,杰出的作家们的发现和传承,科无巨细,此人已经一一吸收、领悟并铭记在心。

此外,对"endowed with every blessing of nature and fortune"(生来天赋异禀、后天机遇频临)这一短语进行扩展,人们可以一一细数身体上的各种优点、智力和精神上的各种天赐以至出身、财富、国籍、成功以及命运所能赐予的一切。第三个例子为"全知的希庇阿斯"(Hippias the omniscient)[1]。详述之,人们可以引入阿普列乌斯(Apuleius)在其《英华集》(*Florida*)中描述该人时所列举的一切,那一部分中恰好不乏表达的多变性和丰富性。

---

[1] 希庇阿斯是与苏格拉底同时代的一位哲辩师;对知识与艺术多个分支所知甚广并具实践技能,然皆属浅尝;他还声称能就任何话题进行演说,而所穿一切,皆是自己缝制。他颇具声名,尽管因傲慢与自夸受到批评。

这一过程在琉善（Lucian）①的《赫摩尼德斯》（*Harmonides*）中有一个很好的例证，其中他本可直言"笛子的演奏艺术我已彻底掌握"，但是，他却选择了铺陈这一意思中内蕴的所有各个部分，以展示丰裕。这一段译成拉丁语不太容易，可考虑到不识希腊语者，我还是试着将其翻译："您已然教会了我精确调试笛音，向吹口轻柔送气、婉转成调，随旋律起伏及时灵巧下指，紧跟节拍、与合唱步调一致，并遵守不同调式的特点——弗里几亚人（Phrygian）高昂狂热，吕底亚人（Lydian）狂欢勃发，多里安人（Dorian）严肃端庄，爱奥尼亚人（Ioniani）精美典雅；如上所述，悉数受教于您。"

如果我们已经决定要在所有的科目中达到以上例子中琉善在音乐一科上的丰富程度，你能想见如此而来的内容丰富性可以达到何种程度。

这里我将提个我认为有益的建议：一开头便给出概略的陈述，然后以不同的语汇再现，最终回归基本观点，似乎你已厌烦于列举细节，尽管事实上已经尽数无遗。

此外，我们要小心避免细节无序杂陈，言语颠顿、笼统不辨，堆砌辞藻、了无生趣；相反，我们应该防止引起读者或听众厌烦，精安排、巧分配、妙安置。

化整为零

此处我们要涵盖的是这样一种例子，由其部分组成的整体而非各自独立的事物组成的群体。举此句为例："他是个彻头彻尾的怪物。"（He is a total monster.）扩展工作首先始于将此人身心两分，再按各个部分逐个

① ［琉善（Lucian，约公元125年—180年），生于叙利亚的萨莫萨塔，是罗马帝国时代以希腊语创作的讽刺作家，著有《真实的故事》《苍蝇赞》《宙斯唱悲剧》等。周作人是翻译其作品的第一人，曾按希腊语发音将其名译为路吉阿诺斯。此处提到的 *Harmonides* 是他流传下来的一个讽刺短篇，关于希腊吹笛手赫摩尼德斯向其师讨教迅速成名的悲剧故事，讽刺了各个行业一些想通过巴结有影响力的人物使自己一举成名的现象。该篇收入于《洛布丛书·琉善文集6》。］

描述身体、描述心灵：他身心俱怪；不论考察身心的哪一部分，你都会发现一个怪物——头颤抖、眼狂暴、如恶龙般张口凝视、容貌如复仇女神、腹部胀大、手如撕物利爪、双足畸形，总之，看看他整个的生理形象，简直非怪物莫属。看看那舌头，听听那兽吼，你会称之为怪兽；触探其心灵，你深恶痛绝；考量其性格，细究其生平，你发现无一处正常。不再去细细絮叨每一点，一句话，他就是个百分之百的怪物。

如若有人择其一泼墨详述，其丰富性昭然在目。

另举一例：He was quite drenched.（他湿透了。）他因淋雨从头顶到鞋底都湿透了；头、肩、胸、腹、腿，他的整个身体实实在在雨水淋漓。

一个小点，但是因为可能适用此例而值得提起的一点，是如果我们谈及"种"（species）就要先介绍其"属"（genus）。它通常用于铺展，如：每一种学问都能美化和帮助人类，但哲学表现得尤其卓越；无论什么年龄，情欲都令人厌恶，而年老时厌恶最甚；在人类所有的事务中，审慎都至关重要，而在战争中愈然。①最后这个例子如不加铺陈地简单陈述，即为：审慎在战争中至关重要。西塞罗在其作于牧师团前的演说②中有一例属此类别："尊敬的牧师大人，我们的祖先以其杰出的智慧制定并确立了众多规范，其中最突出的无过于他们决定你们，牧师们，应该既指导对不朽众神的信仰又指导国家的最高事务。"

但是，引述此例亦无多少意义，因为此类例子俯拾皆是。

方法二　详述过程

内容丰裕的第二种方法很像第一种，它的出现时机是我们不再满足

---

① ［此处三个例子典型地说明了由"属"及"种"的铺展方法：例一中从"每一种学问"到"哲学"；例二中从"无论什么年龄"到"老年"；例三中从"人类所有的事务"到"战争"。］

② 《对祭司团的演讲》（*De domo sua* 1.1）。

于说出最终结果，把前面的事件留给读者推导，而是仔细演绎导向最后结果的每个细节。兹举一例以说明我的意思："西塞罗粉碎了喀提林的阴谋。"（Cicero crushed Catilines designs.）它可以详细说明如下：喀提林的罪恶计划是让喜欢铤而走险的年轻人阴谋破坏整个罗马帝国，执政官西塞罗以他惯有的睿智立刻嗅出问题，凭借卓越的警觉追踪而下，极度审慎施抓捕，忠心为国揭阴谋，雄辩无敌定其罪，依权威力破其阴谋，动用军队前来镇压，借助天时彻底消除、永绝后患。

再举一例："他承认该女孩为他生了个儿子。"（He acknowledged a son born to him from the girl.）你可以扩展如下：他与漂亮女孩一见钟情。情难自制之下，他频频许诺，对其简单的心发起攻击，送礼物收买她，甜言蜜语哄骗她，趁其回报好意引诱她，死缠烂打征服她。最后，他与她亲密无间，并亵渎了她。一段时间过后，女孩的腹部渐渐隆起，怀上了孩子。她九个月末临盆，产有一子。

兹再举一例："他夺下城池。"（He took the city.）可以扩展如下：首先，派使者要求对方赔偿并递上媾和条件。城中居民拒不接受，他便从四面八方聚集军队，调集大批战争武器，指挥军队携带武器开到城下。居民们在城墙上顽强拒敌，但作为攻城将领的他最终在战争中占据上风，登上城墙，侵入城市，夺取了控制权。

方法三　追溯原因

第三种方法同样与第二种相差不大。此法中，我们不再不加修饰地陈列事实，而是探究甚至追溯其原因，设法解释是什么引发了它。例如，如果有人不满足于说法兰西与那不勒斯人（Neapolitans）①之间进入了战争状态，而是加上触发敌意的原因，说出受到谁的挑唆，开始仇视的借口

---

① 例如争夺意大利统治权的战争爆发后，冲突主要发生在法兰西与西班牙之间；1494 年以后，那不勒斯受制于阿拉贡王朝。

是什么,有什么胜利的希望,双方的信心基于什么。这一条规则太过明显,无须细讲,一旦举例又难以避免千言万语的铺陈。所以,我们应该省却这样做的尝试,请读者参考古罗马历史学家萨卢斯特(Sallust)和李维(Livy)。①

方法四　列举后果

第四种方法也与其他相差无几。此处,我们不再简单陈述情况,而是列举所有相关情形及其后果。例如:"我们将战争之责归咎于你。"(We shall blame you for the war.)可以如下扩展:穷兵黩武国库亏空,困苦磨难青年绝望,待收粮食惨遭践踏,牛羊牲畜被抢,农场、村庄被焚,田地废弃,壁断垣残,家园遭劫掠,神龛被洗劫,老人丧子,子女丧父,母亲丧夫,少女受辱,年轻人行为放荡、道德沦丧,千人殒命,万人悲伤,涕泪流干,艺术绝迹,法制瘫痪,宗教湮没,人、神价值一片混乱,民风溃堤,百恶横行,可以说,一切源于战争,但我们只归咎于你,因为,战争因你而宣,百害皆因你一人而起。

方法五　生动叙事②

第五种丰裕的方法主要涉及ἐνάργεια,可译为"形象生动"(evidentia)。此方法用于铺展或美饰文章或愉悦读者,而非简单地陈列内容,我们填

---

① ［萨卢斯特(Gaius Sallustius Crispus,公元前86年—约前35年),是共和时代末期的著名史家,恺撒的部将;主要著作有《喀提林阴谋》(*The Conspiracy of Catiline*)、《朱古达战争》(*Jugurthine War*)等。李维(Titus Livius Patavinus,约公元前64—公元17年),罗马名史家,著有长达142卷的巨作《罗马史》(*Ab Urbe Condita Libri*)。］

② ［原文并未命名具体的内容丰裕法,编者为了方便阅读依据各法内容做了补充。］

入色彩、涂抹成画、以利观瞻，直至宛如描绘场景而非笔述，读者直似亲眼所见而非阅读文字。要达到如此满意的结果，就要先在心中回顾对象的总特征和与之相关的一切，实际上就是它的外观。然后，以适宜的言语和辞格讲出内容，尽力让读者觉得生动、清晰。所有的诗人此处皆技巧娴熟，但荷马卓立其上，这一点我将在适当位置展示。它主要由对事物、时间、地点、人物的描述构成。①

　　……

---

① 方法五并未至此结束，接下来是分别对事物、时间、地点、人物描写的一一展开。除了以上几种实现内容丰裕的手段外，伊拉斯谟还提到了"分论点丰富法"（inventing as many propositions as possible）、"论据叠加法"（accumulation of proofs and arguments）、"离题法"（digression）等。这些方法主要参考了昆体良《雄辩家的教育》中的相关内容。

阅读推荐

1. 蔡基刚.英汉写作修辞对比[M].上海：复旦大学出版社,2003.

　　此书第二十章"词语变化"可作为《丰裕》卷一选文的参考。另可阅读连淑能《英汉对比研究》(高等教育出版社,2010)上篇中的第十章"替换与重复"。

2. 茨威格.一个古老的梦——伊拉斯谟传[M].姜瑞璋,廖采胜译.沈阳：辽宁教育出版社,1998.

　　在此部传记中茨威格向读者淋漓尽致地呈现了伊拉斯谟一生的主要行迹。译文也十分流畅传神。

3. 刘亚猛.西方修辞学史[M].北京：外语教学与研究出版社,2008.

　　此著中"伊拉斯谟与风格至上的新修辞观"一节,作者将"丰裕"的特征概括得鲜明翔实,并将此概念与西方修辞学传统中的"文体""修辞发明"相联系,凸显了此范畴的重要性。其"丰裕"译名可能是我国的首次翻译,也为本书所采纳。

4. 姚喜明等.西方修辞学简史[M].上海：上海大学出版社,2009.

　　此书第五章"文艺复兴时期的修辞学家"对伊拉斯谟的生平、主要著述、人文思想,以及《丰裕》的主要内容做了简明介绍。

5. 伊拉斯谟.愚人颂[M].许崇信译.南京：译林出版社,2011.

　　还有张曙光译本《愚人颂》(北京图书馆出版社,2000)；中国台湾李映萩译本《愚神礼赞》(志文出版社,1976)。此外,还可参考伊氏的《论基督君主的教育》(李康译,上海人民出版社,2003)。

6. Bizzell, Patricia, and Bruce Herzberg, eds. *The Rhetorical Tradition: Readings from Classical Times to the Present* [C]. Boston: Bedford Books of St. Martins Press, 1990.

　　参见此文集中有关伊拉斯谟的详细编者按；此外，其《丰裕》卷一的选文完整收录了含有两个实例［例2提供了200种变化］的第33章，卷二有关丰富内容表达的选文中还收有Methods 9—11，可作为本选文的补充。

7. Jasinski, James. *Sourcebook on Rhetoric Key Concepts in Contemporary Rhetorical Studies* [Z]. Thousand Oaks: Sage Publications, 2001.

　　此核心术语词典中的"Amplification"［"铺展"］词条可作为内容丰裕的参考，不仅有理论描述还提供了两个简明生动的示例分析。

8. Longinus. *On the Sublime.*《西学基本经典（哲学类）》. 北京：中国社会科学出版社,1999.

　　朗吉努斯《论崇高》中第十一、第十二章专门论述了"铺展"（Amplification），可作为《丰裕》卷二中相关讨论的参考。

9. Perelman, CH., & L. Olbrechts-Tyteca. *The New Rhetoric: A Treatise on Argumentation* [M]. Trans. by John Wilkinson and Purcell Weaver. Notre Dame: University of Notre Dame Press, 1969.

　　佩雷尔曼等《新修辞学：论论辩》中有关"在场"（Presence）的论述与"铺展"（Amplification）关系密切。参见佩雷尔曼相关选文。

10. Sloane, T. O. *On the Contrary The Protocol of Traditional Rhetoric.* Washington, DC: Catholic University of America Press, 1997.

　　此书涉及"修辞发明""铺展"与"丰裕"的关系。

[英国]乔治·坎贝尔
George Campbell

"生动"

作者与选文简介

乔治·坎贝尔（George Campbell，1719—1796），为启蒙时期卓越的神学家和修辞学家。坎贝尔出生并成长于文化氛围浓厚的苏格兰东北边城阿伯丁（Aberdeen），在当地的马修学院（Marischal College，后与国王学院合为阿伯丁大学）研习逻辑学、形而上学、伦理学等，硕士毕业后曾一度在爱丁堡大学修习神学课程，之后回到家乡，许多年投身教区牧师的工作。1759年他获聘母校马修学院校长一职，其间与国王学院的托马斯·里德（Thomas Reid）等各领域的学术精英一起创立了被誉为"智慧俱乐部"的阿伯丁哲学社团。这些丰富的人生经历深刻地影响了坎贝尔的学术生涯，并充分地体现在了其耗时二十余年精心打造的传世之作——《修辞原理》（*The Philosophy of Rhetoric*，初版发行于1776年）。

这部享有堪与亚里士多德、西塞罗、昆体良之著并称的近代修辞学扛鼎之作，其系统而精微的理论阐发即建基于青年坎贝尔在哲学各分支领域上所积累的学养；书中大量信手引自《圣经新旧约》的语例无疑离不开其牧师的宣教经历；而此巨作的成书过程又得益于阿伯丁哲学社团的集体智慧，各章节几乎均为社团成员在每月两次的聚会中反复讨论过，整个过程竟持续了十余年之久。坎贝尔如此倾力于《修辞原理》，据其序言所示，是为了实现两大目的："第一，勾勒出人类心智的轮廓，并且借助诗人和言说家提供的指点，揭示其隐秘的活动方式，探索出感觉和行动产生的主要途径及根源；第二，研究如何通过语言的应用，以告知、证实、取悦、感动和说服为手段，对听者的灵魂施加影响，在人性科学的指引下，更准确地探明言说艺术的根本原则"（刘亚猛2008：251）。全书的内容即围绕这两个目的而展开，第一卷着重对人类心智中的理解能力、想象能力、记忆能力和情感能力的论述，认为要想说服受众采取某一行动，言说者不能不调动对方所有这些心智能力；而后两卷则分别主要从公共话语的基本性质——"明晰（Perspicuity）"和公共话语的特殊性质——"生动（Vivacity）"，详述了如何应用语言来有效或深刻地影响听者的灵魂。

以下选文出自第三卷，聚焦于尤为鲜明的"生动"概念及其主要实现方式。此卷前三章分述了如何从语词的选择、语词的数量和语词的排布来增强表达的活力。语词的选择中又关及了三个方面：具体词、转义辞格和音义结合；语词的数量上，坎贝尔提倡要简洁有力；关于语词的排布，则细论了在简单句和复杂句中的生动性处理，针对前者他建议采用倒装或置位（即重要的信息放首尾），针对后者，他提倡用比松散句更有张力的圆周句（Periods）来强化语力。由于关及"生动"的内容很多且语词的数量和排布相对较易理解，我们因此仅聚焦语词的选择，但这部分仍然篇幅过长，就省去了转义格与象声词的部分，好在中世纪圣比德的选文已较系统地展现了辞格非同一般的表现力。在有关如何运用具体细腻的词汇来实现生动活泼的表达上，坎贝尔详察了各种词性（动词、形容词、名词、副词、代词等）中的具体词在《圣经》、弥尔顿《失乐园》等作品中的典型体现，并对比了换成较为广义或笼统的词后所产生的效果落差。由此，我们可以管窥到坎贝尔对人们习以为常的"生动"所做的考察是何等的精微而系统。

然而，尽管《修辞原理》已奉为传世之作、坎氏甚或可与亚氏等巨人相提并论，但"生动"作为一个修辞概念却尚未引起重视，因为编者到目前为止还没有看到一部西方流行的修辞术语词典或工具书（如 Heinrich 1960; Lanham 1991; Jasinski 2001）将其作为关键术语收入。在文艺领域，其实这早已成为一个核心范畴加以了承继和发展。如我国南朝谢赫在《古画品录》中所总结的品画六法：气韵生动、骨法用笔、应物象形、随类赋彩、经营位置和传移模写，其中首法"气韵生动"就受到了持续的关注和热议，使"生动"成为画论中最为重要的关键词，还深刻地影响了文论界对近义概念"风骨"的理解（参见周汝昌 1998；韩刚 2008）。被坎贝尔视为修辞特殊性质的"生动"同样值得我们继承和深研，并应与文论、画论等中的同名或近名概念（还有"传神""诗力"等）参会互鉴。

《修辞原理》内涵丰富，除了对于"生动"实现方式的细致阐述外，坎贝尔对"受众"（Audience）普遍性和特殊性特征的双重考察、对"修辞人格／人格诉求"（Ethos）应体现契合情境的"身份—人格"或"智力—道德"组合等诸多方面也均发表了独到的见解；而他对所有这些概念意涵或理论原则的系统性思考又都服务于全书的中心范畴"雄辩"（Eloquence），在此书中可视为"修辞"的同义概念。坎贝尔（Campbell 1963：1）在首章就开宗明义地将之广义地界定为"那种能使话语与其目的相适配的艺术或才能。（That art or talent by which the discourse is adapted to its end.）"参阅亚里士多德和肯尼思·伯克的"修辞"定义（见本书相关章节），我们不难发现这一特色鲜明的简明界定具有承前启后的里程碑意义，而为其所统摄的"生动""修辞人格""受众"等相互依存的概念或范畴一同组构了宏伟富丽的《修辞原理》之圣殿。

修辞原理·第三卷[①]

第一章　依于选词的生动性

前文已讨论了有助话语理解的明晰性（perspicuity），现在我将处理的风格特征能愉悦想象力，并由此唤醒和保持注意。这些特征我已命名为生动（vivacity）和典雅（elegance），而且如本研究开端已看到一般，[②]相当于可立即唤起想象的两大来源。通过表达的生动性，相似性得以达成，只要语言能够出力促就；通过表达的典雅性，庄重得以达成。

我由生动性入手，其性质（虽然该词可能很少会在如此广泛的意义上使用）可以通过考虑它起现的几大原则得到最好的理解。从风格上论，生动性倚靠三事：语词选择、语词数量和语词排列。

这第一件将要考察的是语词选择。语词或是选具体词（proper terms），或是选转义辞格（rhetorical tropes）；不管哪种，它们都不仅可以看作符号，而且可以看作声音；进而，在一些情况下，可以看作与它们所代表的事物具有某种程度的天然的相似性或密切性。因此，生动性中的

---

① 以下选译根据 Lloyd Bitzer 所编《乔治·坎贝尔修辞原理》（*The Philosophy of Rhetoric by George Campbell*, Southern Illinois University Press, 1963），卷三第一章中的首节，第285—293页。书名的翻译根据坎氏实际所写内容、Philosophy 所具"原理"/"理论"之义以及刘亚猛教授《西方修辞学史》中的译名，我们认为《修辞原理》较《修辞哲学》更为合适。

② 卷1第1章。

第一个话题,语词选择,我将从合适词、转义格、音义配合形成的关联这三个方面进行讨论。

第一节　具体词

我从合适词入手,发现它们能实现生动主要在于其词义的特殊性(speciality)。让表达生动,没什么能胜过于此:所选语词均需含义具体、明确,适合话语的性质和范围。语词越笼统,画面越微弱;语词越具体,画面越明亮。同样的思想以前一种或后一种方式在表达的正确性甚至清晰性上可能一致;但是,语词笼统的那种色彩之疲弱无法同样激活想象,由此也无法拴住注意或留下深刻记忆。这一原理我将举数例加以说明。

在赞颂摩西的《出埃及记》中,由于神迹示现以色列人成功穿越红海,诗人受到启发,提到埃及人时说道:"他们如铅沉在大水之中。"[①]对此表达作一点小小的改动,说:"他们如金属落在大水之中";那效果上的差异可是令人吃惊了。然而,意思的表达是同样正确,用任一种方式作者之意都不会被错解。句子上也未做其他改动,只是词语选用得更广、更笼统而已。因而仅此一点,就导致了效果的差异。"沉"(sink)可以说是种(species),因为它的含义仅是"在液体物质中下落或下移";"落"(fall)可以说是属(genus);[②]同样地,"铅"(lead)是种,"金属"(metal)是属。

----

① 《出埃及记》第十五章第10节。[此句引文中译取自中国基督教协会印发的《新旧约全书》(1989:67),以下《圣经》引文的中译为确保准确性和流通性均取自此书,不再一一注出。]

② 我清楚地知道属与种的概念通常不用于动词,而且可能这样的应用不会适切;然而,以两个动词的意义作为相互参照而言,其中的关系近似于此。但仅当"落"(fall)意为下移(move downwards)时,就像砖从烟囱顶上、梨从树上落下那样,它才可以对应动词"下沉"(sink)而命名为属。有时候,确实,fall仅指从直立到趴卧的姿势变化,就像站立地上者那样跌倒,虽然他仍然在地面上;同样方式下,我们说塔、房或墙的倾倒。

我们的主说道，"你想，百合花怎么长起来？它也不劳苦，也不纺线。然而我告诉你们：就是所罗门极荣华的时候，他所穿戴的，还不如这花一朵呢！……野地里的草今天还在，明天就丢在炉里，神还给它这样的妆饰，何况你们呢！"①这里，让我们引用一点现代释意译者们以寡然无味的方式、用笼统的语词进行的替换（其众多为方便而失生机中的一种），从中观察如此变换带来的效果差异。"你想，花儿怎么逐渐长大？它们也不做任何活儿。然而我告诉你们，就是一个国王极尽奢华的时候，他所穿戴的，还不如这些花儿呢！你们呐，地上的植物生命短暂，随后被放火里，神还给它们这样的装饰，何况你们呢？"多么了无生气啊，即使在表达同样的意思上仅做了些小小的变动！这"今天"与"明天"的精细化就极大地增强了倏忽即逝性的表现力，远胜于任何用笼统词语置换所作的白描。②

然而，一个冷静的注释者、一个有智力而无想象的人，会认为后者展示的思想显得更加强烈。他对释意版的青睐，也会不乏说明或理由。作为并非罕见的一种批评模式的范例，不见一丝高雅的品味，我不知道这是否还可以称得上批评，就假设一个带有如此特征的批评者现在进场来比较前一引文与它的释义版本。他会辩称："前一版本中，只是万花之一那超越人类能限的美受到赞颂；后一版本中，赞颂了所有花儿的美。前

---

① 《路加福音》第十二章第27、28节。

② ［坎贝尔所举前一种生动表达来自钦定版："Consider the *lilies* how they *grow*: they *toil* not, they *spin* not; and yet I say unto you, that *Solomon* in *all his glory* was not *arrayed* like *one of these*. If then God so *clothe* the *grass*, which *to-day* is in the *field*, and *to-morrow* is *cast* into the *oven*, how much more will he *clothe* you?" 他所举后一种缺乏生机的版本为："Consider the **flowers**, how they **gradually increase in their size**, they do no manner of **work**, and yet I declare to you, that no **king** whatever, in **his most splendid habit** is **dressed up** like **them**. If then God in his providence doth so **adorn** the **vegetable productions**, which continue but **a little time** on the **land**, and are **afterwards put** into the **fire**, how much more will he **provide clothing** for you?" 坎贝尔在比较差异时仅提到了前者在时间表达上的具体性，其实两者还有许多其他地方的差异，参见对应的斜体与粗体之不同。］

者中，一个君王穿戴的荣华无法与花相比；后者中，没有哪个君王可与它们相比。"无论这种推断看上去多么有道理，我们肯定它毫不可靠，因为与我们天性的原则并不相应。实际上，前一卷中所解释的关于我们思想的抽象化与具体化，①在很大程度上可以解释具体化对于想象力所造就的效果。哲学严格地来说只解决理解问题，擅长抽象真理，概括性语词俯拾皆是，因为仅此处理要对付的话题已经足够。反之，针对想象力的雄辩，就需要对涉及的对象进行生动展示，所选语词必须越具体越好，因为只有通过这样的语词对象才能刻画生动。即使最刻板的哲学家，如果想要自己的阐述不仅被理解，而且受欢迎，他有时就不会鄙视调用弟子的想象力，而会在讲授时有用与愉悦兼备。这是为魅力作出牺牲的方式之一。

下面我要举易于表现生动美的不同词性中的这类例子。首当其冲的就是动词。

> 似乎那儿矗立着英国海神
> 万千水军尽皆听命
> 他们之下**驯服**着多管闲事的洪水
> 用他的三齿叉将其**迅猛地推**离沙滩②

动词"**驯服**"（*submit*）和"**迅猛地推**"（*shov'd*）用于描绘海神的动作别具表现力。前一词"**驯服**"在这一段中所表达的涵义确实可称作拉丁语风格（Latinism）。这样的用法尽管在散文中不算合适，在诗歌的语言中有时却并非不得体。如果诗人在末行中不用*shov'd*（迅猛地推），而是用*rais'd*（举推），这换用的词虽不完全等同也能传达近乎相同的意义，不过

---

① 卷二第七章第1节。

② 出自德莱顿（John Dryden）的《奇迹之年》（*Year of Wonders*）。〔坎贝尔所引为（Campbell 1963: 288）:

  It seem'd as there the British Neptune stood
      With all his hosts of waters at command;
  Beneath them to *submit* th' officious flood;
      And with his trident *shov'd* them off the sand. 〕

表达效果就要弱许多。

以下例子是形容词和分词的。

> 那吻是仓促间**偷亲**自**斜侧方**的少女
> 她故意地未加防范——。①

这里的两个词 *sidelong*（斜侧方的）和 *snatch'd*（偷亲到的）非常值得注意，非常有助于表达的生动性。用 *taken* 或 *ta'en*（亲到的）替换后一词效果会弱太多。可以说，主要就是因为这些相关生命和行动的词性（形容词和动词变化出的分词）释放了能量之种（this species of energy）。

下面举一个名词的例子，来自弥尔顿，在撒旦进入伊甸园时，写道：

> 他从那里向上飞起，在生命之树上
> 坐着，像只**鸬鹚**一样。②

如果他用的不是鸬鹚（*cormorant*）而是猛禽（*bird of prey*），后者实际上在意义和韵律方面都合适，形象方面仍可良好，但与前者的具体化用词相比效果孱弱。

弥尔顿也为形容词给出了一个出色的例子，描绘了智天使（Ithuriel）及其同伴发现撒旦时的姿势，当时恶灵正将致命的想法灌输给人类初母夏娃，

> ——在那儿他们发现他

---

① 出自汤姆逊（James Thomson）的《冬天》（*Winter*）。[坎贝尔书中（同上页脚注②）引用的两行为：
The kiss *snatch'd* hasty from the *sidelong* maid,
On purpose guardless —]
② 出自弥尔顿（John Milton）的《失乐园》第四卷（*Paradise Lost*, B. iv.）[坎贝尔书中（同上）的引文为：
Thence up he flew, and on the tree of life
Sat like a cormorant.]

　　　　蹲伏如蛤蟆，近在夏娃耳旁。^①

语言中无有它词能够一如诗人之措辞这般确切地表达那姿势（**蹲伏** / *squat*，原句中为形容词）。

　　由此相同原则不难阐明斯塔吉拉人（即出生该地的亚里士多德）对荷马描绘黎明时用 *rosy-finger'd*（玫瑰色手指的）所作的评论。他认为此词胜过 *purple-finger'd*（紫色手指的），更远胜 *red-finger'd*（红色手指的）。^②亚里士多德仅从美感的角度观察了表达效果，但他这番话同样适用于考察这些词语的生动性。这很可以从此前已讨论过的作推断。上述三个形容词中，末一个最模糊、最笼统，因此最糟糕；第二个要好些，因为更具体，紫色属于红色下的一种；第一个最好，因为最具体，直指那发现于玫瑰（*rose*）之中独一无二的紫色调（single tint of *purple*）。我承认这隐喻化的描写同时还有完全异于生动的另一优长。我称其为典雅（elegance），因为取喻的对象（玫瑰）是个令人愉悦的东西，它同时满足了两种感官，香气满足嗅觉，美感满足视觉。但关于典雅这一特性，容我延后讨论。

　　目前我将举些例子巩固已提出的生动理论。除了以上提到的那些词性外，副词如果所指非常具体也可以为生动性大加砝码；为了说明这一点，我将再次求助于《失乐园》。

　　　　有的说，他命令天使推**斜**
　　　　地轴两个十度还多，
　　　　偏离太阳的转轴———。^③

───────────

① 出自《失乐园》第四卷（*Paradise Lost*, B. iv.）［坎贝尔书（同上页：289）中的引文为：
　　——Him there they found
　　Squat like a toad, close at the ear of Eve. ］
② 亚里士多德《修辞学》第三卷。［坎贝尔原注中引了亚氏的一句希腊文，现改引流行的 W. Rhys Roberts 英译本中的："It is better, for instance, to say 'rosy-fingered morn', than 'crimson-fingered' or, worse still, 'red-fingered morn'." （Aristotle 1954：170）"玫瑰色手指的黎明" 出自荷马史诗《伊利亚特》第一卷。］
③ ［此处坎贝尔所引的《失乐园》出自第十卷：
　　Some say, he bid his angels turn *askance*
　　The poles of earth, twice ten degrees and more,
　　From the sun's axle —. (Campbell 1963: 289) ］

如果诗人在表达**斜**时不说 *askance* 而说 *aside*，似无有不妥，但表达的活力会流失许多。后面这一副词意义太过笼统，若用来描述黄道平面与赤道平面呈垂直状，也同样合适；而前者不可用于那样的情形，它所指示的倾斜度正好适配实际发生的这两个平面的倾斜夹角（23°26′）。同样的生动性我们还有一例，是汤姆逊（Thomson）用于描绘初升旭日的情景。

　　——瞧！现在全部可见
　　泥土上露珠明亮**斜**映，空气五色纷呈
　　他在异域荣光威严，无量无边。①

此外，如果选词不仅能具体化所展现的对象而且也能使其更加独特，那将会在生动化意象方面产生可观的效果。这种做法，布莱尔博士（Dr. Blair）在关于奥西恩（Ossian②）诗歌颇有见地的博士论文中发现，已被他最爱的吟游诗人广泛采用。这位诗人用的种种比方让我们仿佛看到了克劳姆拉（Cromla）山上的雾、马尔默（Malmor）海上的风暴和乐高（Lego）湖中的芦苇。这同样生动的方式在《圣经》中也颇为常见："迅如比特（Bether）山上的羚羊或小鹿"③"洁白如撒们（Salmon）的雪"④"芳香如黎巴嫩（Lebanon）的味道"。⑤同样，此前引自《福音书》的（百合花）例子中，所罗门（Solomon）之名的引入对于观点表达得生动活泼具有极强的效果，因为所举不仅是具体的个人，而且在我们救世主传道国中名声最著；此外，所罗门还是统治过以色列的国王中普遍公认的最智慧、最富裕、最伟大的一位。这种选词考虑特别契合言者的目的。

---

① 《夏》(*Summer*)［坎贝尔所用的引文为：
　　—Lo! now apparent all,
　　Aslant the dew bright earth, and colour'd air,
　　He looks in boundless majesty abroad.（同上）］
② 凯尔特神话中古爱尔兰闻名遐迩的英雄人物，传说还是位杰出的诗人。
③ *Cant.* ii. 17.［即《圣经·雅歌》第2篇第17节。］
④ 《诗篇》第68篇第14节（*Psalm* lxviii. 14.）［此节为：全能者在境内赶散列王的时候，势如飘雪在撒们。］
⑤ 《何西阿书》第14篇第6节（*Hosea* xiv. 6.）。

大家或许会认为，这种方式只可让知晓所涉对象者思想活跃；但若熟思，我们就不难发现此看法之谬。因为我们不仅会出于同感而参与言者或作者那些为人熟知的生动描绘，而且我们对于熟知与不熟的个体事物形成的印象，由于产生自一个人或一个物，就比对含有数个既相似又相异事物的种类（species）所形成的印象更加稳固；同理，我们对一个种类形成的印象要比我们对一个属科（genus）形成的印象更加稳靠，因为后者包含了更大数量的事物，这些事物间的差别更大，相似性更少。

然而，我不是要断言，对象个体化的方法应该总是成为诗人或雄辩家的首选。此法如有利，也必有弊；必须保守使用，假若他们希望自己的读者群广大而非局限于自己的邻里。专名（proper name）与普名（appellative）对于语言的重要性并不体现在相同方面。即使在前者当中，著名的名字与没什么名气的也有差异，没名气的名字对于大多数读者而言总是形同陌路，甚至对于语言大师也是同样。耳中不熟的声音自身具有某种不舒适感，它们如果经常出现的话，会变得令人疲惫、令人不快。但尽管如此，如果它们的引入与内容密切相关，其出现频度不至耳朵疲惫，其出现次数不成记忆负担，它们就会在生动性方面产生相当大的效果，这一点是无可否认的。

如果从话题性质来看，对它们的引入颇受期待，那尤其如此。比如，人人都知道，幽默、迷人的故事会大跌身价，如果叙述者不能或不愿为其中的人物取名。无疑，人物的命名对因亲见或耳闻而熟识他们的人具有最大的效果；但即便是对从未听到过这些名字的人而言，也具几分效果。如果叙事者以没精打采的方式泛泛地说"一个不知姓名的人在某个场合说了一番话，同伴中另一个也不知姓名的人，作了回应"，那一定是个叫人无法忍受的奇怪故事。可见，如果里面的人物都是匿名，叙事通常会太枯燥无味，所以我们会选择给人物造个名字而非全然无名。这种方法并不仅仅用于排除代词模糊性和避免迂回说法的沉闷性方面；因为在没有模糊或迂回的地方，比如对话者仅为一个男人和一个女人的时候，此虚构人名的权宜之计仍是大有用武之地的。就给他们任起一个名字，假设男人叫他狄奥多西（Theodosius），女人叫她康斯坦蒂娅

(Constantia)，①尽管我们知道名字是虚构的，但它们的出现能拨动幻想，藉此幻想，我们会想象自己与这些角色更加熟悉，会更有兴致地深入其历险细节；而以下这种方式我们就不可能产生兴致，如果说起他们时总是模糊、笼统，无法感人，称他们**此先生**（*the gentleman*）和**彼女士**（*the lady*）或**她**（*she*）和**他**（*he*）。此种方式还带有一种遮藏感，总在提醒我们这些人物我们对其一无所知。

同理可推知，无论什么为我们的感官特别是视觉提供了说起的对象，就会使表达生动活泼。由此，指示代词（demonstrative pronoun）经常获得使用，效果相当可观。保罗对以弗所（Ephesus）的长老们说："我未曾贪图一个人的金、银、衣服。我这（*these*）两只手常供给我和同人的需用，这是你们自己知道的。"②假如他说了"**我的**（*my*）手"，此句在意义和明晰性方面无有所失，但生动性大跌。对听众而言，那差别很显著，因为前一种表达方式必然配套双手托向他们这样一种加强性动作。对读者来说，也同样真实，因为他们瞬间即能进入听众的情境之中。与此类似，英语单词 *yon*（彼处者）和 *yonder*（彼处）更具强调性，因为它们的指示性分别强于代词 *that*（那个）与副词 *there*（那儿）。这后两词并不必然地暗示目标可见，而前两词却可以。因此，在弥尔顿的诗句中，

——要证据，往上看，

---

① 然而这样的选择即使在虚构名字上也不是很随意的。所取之名按常规使用引入的想法若与使用名字的角色不合的话，这种用名方式总归不是明智之举。这种错误我想博林布鲁克大人（Lord Bolingbroke）就犯过，他竟然给他冷静的反面人物取名达蒙（*Damon*）(《致M·德布衣利的信》(*Let. to M. De Pouilly*)）。我们是读到过一个毕达哥拉斯派哲学家取过这个名字，但在这个国度，我们习惯了此名用于田园诗或爱情歌曲，而不可能不将它与忧郁的羊倌或相思的情郎相联系。

② 《使徒行传》第二十章第33、34节（*Acts* xx. 33, 34.）[坎贝尔此处的原文为："I have coveted," says Paul to the elders of Ephesus, "no man's silver, or gold, or apparel; yea, ye yourselves know that *these* hands have ministered to my necessities, and to them that were with me." (Campbell 1963: 292)]

从**彼**天兆读你的命运吧。① ——

此种说法更加生动,好过"**那**神符"（*that* celestial sign）。另如,主对他们说:"你们坐在这里,等我到彼处去祷告。"② 副词"**那儿**（*there*）"无法与这样的表现力相媲美。虽然以属和种的（宽泛与具体）关系来谈表示地点或时间的代词或副词未必恰当,但是我们可以说这些词的词义受限程度是不同的,它们中的一些含义较广,另一些则更具体明确,而所相应表达的效果也同样如此。

对于以上有关选词**具体性**（*speciality*）话题的论述和例子,我只想再多说一点,就是在作文特别在描写文中,最好的胜出策略一贯都是通过层层具体化来增亮形象,表达从笼统到更具体,进而到更细腻。这一过程,从理论上来说,是"层降"（descending）,我们层降到细微处;但从修辞来看,这是递进（ascending）。一个诱人的高潮有时可以用这种方式构建,颠倒而行经常造成反高潮（anti-climax）。这种渐入具体细微的描述顺序可从《雅歌》（*Song of Solomon*）中举出一例:"我良人对我说:我的佳偶,我的美人,起来,与我同去!因为冬天已往,雨水止住过去了。地上百花开放、百鸟鸣叫的时候已经来到,斑鸠的声音在我们境内也听见了,无花果树的果子渐渐成熟,葡萄树开花放香。我的佳偶,我的美人,起来,与我同去!"③ 这里,诗人的说辞绝妙,他开始于那些不利出行的方

---

① 《失乐园》（*Paradise Lost*）［坎贝尔所引的诗行为:

—For proof look up

And read thy fate in *yon* celestial sign.—（同上）出自第四卷中天使加百列对撒旦之语,"天兆"指"天秤"。译文参考了朱维之译《失乐园》（人民文学出版社2019:180）,但原译中没有"彼"。］

② 《马太福音》第二十六章第36节（*Matt*. xxvi. 36.）［坎贝尔（同上）此处的引文为:"Sit ye here," saith our Lord, "whilst I go and pray yonder." 中国基督教协会印发的《新旧约全书》中的译文为:"你们坐在这里,等我到那边去祷告。"本编根据坎氏对yonder的细辨将"那边"改译成"彼处"。］

③ 《雅歌》第二章第10至13节（Chap. ii. 10, 11, 12, 13.）［坎贝尔（同上:292—293）此处的引文为: My beloved spake and said to me, Arise, my love, my fair, and come away; for lo, the winter is past, the rain is over and gone, the flowers appear（转下页）

面，留心排除每个可能阻碍新娘倾听自己央求的不利方面；接着，他渐进地描绘了最有魅力的堪可保证美人遂其心愿的诸多景象。开头的表达最笼统："冬天已往。"下一表达稍稍具体些，指向了**雨水**（*the rain*）这一可观可厌的冬天的随从："雨水止住过去了"。此后，他推进到了春天的积极象征，描绘了裹装大地的植物以及栖居树丛的飞禽："地上百花开放、百鸟鸣叫的时候已经来到"。但是，似乎这样仍显过于笼统，于是从提及鸟类、植物，他进展到指明可视为爱情与坚贞之象征的**斑鸠**（*the turtle*［*dove*］），以及可视为真挚友谊和节日喜庆之象征的**无花果**（*the fig-tree*）与**葡萄树**（*the vine*），如此细腻地选择了万物苏醒的春天之最强标志："斑鸠的声音在我们境内也听见了，无花果树的果子渐渐成熟，葡萄树开花放香。"这一段描绘不仅生动非凡而且极其高雅。所有例子都来自有助于感官愉悦、让爱苏醒的事物。然而，顺序一反，则美感几可丧尽。

具体词能给表达赋予活泼生机，其特点就讲这么多。①

（接上页）on the earth, the time of the singing of birds is come, and the voice of the turtle is heard in our land; the fig-tree putteth forth her green figs, and the vines, with the tender grape, perfume the air. Arise, my love, my fair, and come away.］

① 《修辞原理》第三卷第一章"依于选词的生动性"含有三节，至此完成了关于措辞细腻性的第一节"具体词"（Proper Terms）；第二节"转义辞格"（Rhetorical Tropes）主要论述了隐喻、转喻、提喻等的生动效果；第三节有关"词的音义配合"（Words considered as Sounds）所产生的生动性。由于此前圣比德选文已系统讨论了辞格问题加之篇幅所限，后两节未予收录。

阅读推荐

1. 陈光磊等著.中国修辞史(上)[M].长春:吉林教育出版社,2007.

    此书为宗廷虎、陈光磊主编的三卷本《中国修辞史》之上卷,由陈光磊、赵毅、段曹林、张春泉合著。书中系统考察了各大历史时期语音、句法的修辞特色,关及了拟声、倒装等有助于实现或加强生动表达的修辞手法。

2. 高万云.钱钟书修辞学思想演绎[M].济南:山东出版集团,2006.

    此书第四章"词句篇章修辞论"依据《谈艺录》《管锥编》对钱氏有关炼字的"得力"与"得所"相统一的思想作了重点阐述,这比坎贝尔"生动"概念中分述词的甄选与安排又更进了一层。

3. 韩刚."生动"义证——谢赫"气韵生动"研究之一[J].荣宝斋,2008,(2):80—91.

    本书作者为美术界知名学者,他结合南朝谢赫《古画品录》中的品画"六法"(气韵生动、骨法用笔等)对最为关键的"生动"之语义及此法与后五法的关系作了深细考辨,有助理解坎氏"Vivacity"(可译为生动)及其实现方式。另参其《"气韵"与"生动"之关系义证》(《饰》2009年第1期)。

4. 李建中.元典关键词研究的理论范式[M].北京:人民出版社,2021.

    此书下编第十九章"力:放逐与重塑"对文论中"力"的语义演化历程进行了系统考辨,发现"尚力"在近代成为风潮,这与西方启蒙时期对"生动"或"语力"的追求可谓不谋而合。

5. 刘亚猛.西方修辞学史[M].北京：外语教学与研究出版社,2008.

　　此部史著用了整整14页的篇幅,从"雄辩的性质和目的""修辞、逻辑与语法""坎贝尔论受众""坎贝尔论修辞人格"等论题,深入评述了《修辞原理》中的思想精华。

6. 姚喜明等.西方修辞学简史[M].上海：上海大学出版社,2009.

　　此部编著中辟有坎贝尔专节,较为详细地介绍了其主要生平经历、修辞思想特色以及两部相互关联的要著：《修辞哲学》(或作《修辞原理》)和《系统神学与布道雄辩讲稿》(*Lectures on Systematic Theology and Pulpit Eloquence*)。

7. Bizzell, Patricia, and Bruce Herzberg, eds. *The Rhetorical Tradition: Readings from Classical Times to the Present*[C]. Boston: Bedford/ St. Martin's, 2001.

　　这部西方最著名的修辞学文选收录了坎氏《修辞原理》中哲学性最强的第一卷里的大部分章节,并对全书的思想脉络做了十分清晰的梳理和富有特色的评价。

8. Blair, Hugh. *Lectures on Rhetoric and Belles Lettres*. Vol. 1. London: Bibliolife, 1819.

　　与坎贝尔同时代的布莱尔在代表作《修辞与美文》第十九讲"文体的一般特征"中反复论及"有力"(Strength, 可视为坎氏Vivacity的同义词)这一理想文体的要素,说明此修辞要素在启蒙时期是广受重视的。

9. Conley, Thomas. *Rhetoric in the European Tradition*[M]. Chicago: The University of Chicago Press, 1994.

　　此部修辞学史论及坎贝尔的篇幅不足三页,但评点犀利。聚焦书名中的关键词"Philosophy"加以考察后,他认为坎氏的哲学是启蒙时期较为普遍的常识哲学,而三卷书中仅第一卷论及,三分之二的篇幅谈论的是文采,意为哲学性并不突出；刘亚猛教授将书名译为《修辞原理》甚可理解。

10. Perelman, CH., and L. Olbrechts-Tyteca. *The New Rhetoric: A Treatise on Argumentation*［M］. trans. by John Wilkinson and Purcell Weaver. Notre Dame: University of Notre Dame Press, 1969.

　　本书为欧洲修辞学领军人物佩雷尔曼等的代表作。书中关于"在场"（Presence）概念的论述与"生动"具有相关性；另可参见本编收入的佩雷尔曼《修辞学王国》中的《选择·在场·呈现》。

［英国］休・布莱尔

Hugh Blair

"品味"

作者与选文简介

休·布莱尔（Hugh Blair, 1718—1800），为启蒙时期享誉全球的苏格兰学者，以其雄辩的布道和杰出的修辞教育闻名于世，是乔治三世任命的首位修辞学钦定讲座教授（Regius Chair of Rhetoric, 1762—1783）。《修辞与美文》(*Lectures on Rhetoric and Belles Lettres*, 1783)实为布莱尔在爱丁堡大学24年间教授修辞学课程的讲义精要汇集。据康利《欧洲传统中的修辞学》，从首版至1873年该书在英美已出有超过50个版本，并在欧洲大陆也出有各种译本，19世纪在美国还出有50多个节选本或注解本；其风靡程度不亚于塞缪尔·约翰逊所编的《英语词典》，可以说当时"半数受过教育的英语世界阅读了此书"(Conley, 1994: 220)。布莱尔甚至被视为启蒙时代的昆体良，其修辞理论及与之相结合的修辞教育几乎获得了普遍的赞誉和广泛的应用。

《修辞与美文》内容十分丰富，共有三卷47章组成，论及"品味"（Taste）、"文体"（Style）、"雄辩"（Eloquence）、各种体裁的修辞批评等。其中阐述"品味"的共有四讲（第一卷II—V），以下选择了最具代表性的第二讲。布莱尔在这一讲中颇为系统深入地讨论了品味的诸多方面：定义、提升方法、理想状态的特征、波动与变化、判断优劣的标准等。他首先将"品味"界定为："从自然之美与艺术之美中感受愉悦的能力"；进而提出经常观看天才作品来习练敏锐感觉和将敏感与理性相结合来观察的两大品味提升方法；并揭示了品味臻于完善之时的两种特征，即细腻和准确（delicacy and correctness）。此外，布莱尔也意识到随着时代或地域的不同，建筑、雄辩、诗歌等的品味波动频繁、变化巨大。最后讨论了最为微妙难解的问题："世上可有一物称名品味标准，我们可以凭借其力辨别品味优劣？"布莱尔教授在花了大量篇幅对这一难题做了精细考察后得出："品味远非受制于个人幻想而无标准来判真假的任意行为。品味的基础同样存在于所有人类的头脑之中。它建筑在属于我们天性的情感（Sentiments）和觉知（Perceptions）之上；总体而言，这些情感和觉知与我们的其他智力原则的运作具有相同的一致性。当这些情感被无知和偏见带歪时，它们就能被理性纠正。"

"品味"可视为《修辞与美文》中最为核心的概念，不仅在于这是书中所讨论的第一概念，更在于其对全书的统摄性。布莱尔所谓的"美文"正是那些有助于培养品味、提升灵性的优秀人文作品。他力图将"说服小范围受众的传统修辞学改造为探讨如何通过对'美文'的'批评'和欣赏，在整个社会培育起某种'公共情趣/品味'的现代交流学……对我们理解修辞产生的宏观社会效应，尤其是理解它在构筑主流意识形态和社会道德规范过程中所起的关键作用，启发甚大"（刘亚猛 2008：265）。

布莱尔对品味丰富而深刻的思辨既根植于自己精湛的审美修养和多年的修辞教学，也受益于不少前人的相关研究，尤其是他的苏格兰同道休谟的思想。我们发现在《人性的高贵与卑劣》（参见阅读推荐）一书中，休谟有多篇文章论及"品味"，其中《品味的标准》最为代表，布莱尔的一些观点深受其影响，此外，他也关注过古典修辞学家（特别是西塞罗）的相关思想，这些他自己在文章的注解中也做了详细说明。布氏曾自谦道，"书中原创性观点并不多，但所论充分吸收了前人的精华并得到了优雅的呈现"（Bizzell & Herzberg 2001：949）。从此句自评中，我们也可看出布莱尔极其重视同一品味阶层精英人士的共识，并有意识地在自己的写作中充分展现出高雅的品味，这或许正是《修辞与美文》如此风靡的一大原因。

根据康德的《判断力批判》和布迪厄的《区分：判断力的社会批判》等，"品味"或"趣味""情趣"无疑是一个重要的美学范畴、社会学范畴，但这并不妨碍它成为一个核心修辞范畴，如同"在场"既可以是哲学范畴、文学范畴，也是修辞范畴，而"情感"甚至是所有人文社科领域的关键词。不同的领域关注同一个范畴的视角、侧重点、研究旨趣是有明显差异的。在布莱尔的修辞理论中，通过对美文的不断鉴赏而提升的品味有助于净化道德、改善公众情趣、使社会成员间产生良好的互动，并在写作与言说中获得优雅的体现，从而建立起理想的主流价值观和道德风尚，这应可视为"修辞产生的宏观社会效应"。

然而，作为一个诞生于近代的修辞范畴，"品味"在当代西方修辞学界的境遇远不如她的古典姐妹。在德国著名学者劳斯伯格的《文学修辞学手册》（Lausberg 1960德/1998英）中未见其踪，美国资深修辞学者杰辛斯基的《当代修辞研究的关键词》（Jasinski 2001）也未加收录，而美国流行的修辞学教材中依然未见到"品味"的身影。究其原因，编者认为可能是这一范畴未像许多古典范畴，如说服三诉求、争议点等，具有操作性较强的组成要素，这可以是未来研究努力的方向；同时我们也要意识到修辞学中并非所有的范畴都能够明确要素，"雄辩"即是一个难以明确、十分奥妙的修辞范畴。对这样的范畴，我们更宜于从广义上、宏观上去发掘其丰富的意涵与修辞功能。

修辞与美文·第一卷

第二讲　品　味[①]

本书所讲内容的性质需要我首先对品味（taste）进行一些考察；因为在关于话语和写作优点的探讨中，总是会提到这种能力（faculty）。

世上泛泛而论、分辨模糊的话题，品味最甚；世上难以精确解释的话题，品味最甚；此课程中，若论枯燥、抽象，品味最甚。如此题目我所欲言列数如下。首先我会将品味的性质视为人类心灵的能力。然后我将考虑它可改进的程度有多大。随之我将展示它的改进源自何处以及最佳状态的品味特点为何。其后我将检验它可能出现的种种变化，探寻我们能否为人们各异的品味设立某个标准以区别良莠。

品味可以定义为"从自然之美与艺术之美中感受愉悦的能力"[②]。与

---

①　［本篇选自布莱尔《修辞与美文》(Blair, Hugh. *Lectures on Rhetoric and Belles Lettres*. Vol. 1. London: Bibliolife, 1819) 中的第二讲 "Taste"（第一讲为引言），实为全书讨论的首个重要概念。此概念有不同的中译，如 "情趣" "趣味"，鉴于西语中的初始意涵以及文中所论提升 Taste 的方法、辨别 Taste 的标准等内容，我们通篇采用了 "品味" 译名。］

②　［原文为：Taste may be defined, "The power of receiving pleasure from the beauties of nature and of art." (1819: 15)。用亚里士多德属加种差定义法来分析，"品味" 属于一种 "能力"，其区别性特征是 "感受愉悦"，具体表现在面对自然之美或艺术之美时的这种感受能力。］

其相关的第一个问题是，它应视为一种内部感觉（sense），还是视为一种理智运作。理智（reason）是个非常宽泛的术语；但是如果我们将理智视为一种心智力量，它能在思索性事情中发现真相，能在实践性事情中判断方法之于目的的合适性，我认为这个问题即可以轻易作答。因为品味无法解析为理智的任何这类操作，已然再清楚不过。心灵从美景妙诗接收愉悦，并非仅是经过理解而发现或由论据而推演。如此对象在我们无法推知愉悦的缘由时，常常忽现于直觉，并留下强烈印象。它们有时以同样方式闪现于哲学家和种田者、小孩和大人。因此我们品赏这种种美的能力，似乎更堪当作感官的觉受，而非理解的过程，于是它从接收并区分食物品赏的外部感官借用其名；此感官在诸多语言中隐喻性地产生了"品味"一词，正是我们现在讨论的对象。然而，与所有有关心灵操作的所有话题一样，词语使用不当是该小心避免的，从我如上所说，不该推出理智应完全从品味的运作中排除出去。尽管品味无疑最终建立于某种自然和本能的对于美的敏感性之上，但是如我此后将会展示，理智对品味的多方帮助将体现在后者的诸多操作中，并起到扩大其力量的作用。[①]

品味，在我所做解释的意义上，是每个人或多或少都具备的能力。人类天性中没有什么比品赏各种美更普遍的——秩序美、比例美、宏大美、和谐美、新颖美、活泼美。在孩子们身上，品味的萌芽很早已现出成千的事例：他们对常见对象的喜爱，他们对图像和塑像的欣赏，各种类型的模仿；还有他们对各式新奇事物的强烈兴趣。最无知的农民也会因民歌和故事而高兴，为天地自然的美丽景观而震撼。甚至在美洲的沙漠中，人性也会以其最不受束缚的状态展现自己，野蛮人也有衣装饰，有他们的战争和死亡颂歌，有他们的慷慨陈词，也有他们的雄辩家。因此，我们断言：品味原则深深根植于人类心灵。人类对美的敏锐洞察，与人类拥有的理智与言说能力相比，毫不逊色。[②]

---

① 参见杰拉德博士（Dr. Gerard）的《论品味》（Essay on Taste）和休谟先生（Mr. Hume）的《论品味的标准》（Essay on the Standard of Taste）。

② 将"品味"视作一种心智能力来加以讨论的主要是现代的修辞批评作者，古典时期很少，但以下引自西塞罗的出色论述显示，他有关"品味"的看法与上述表达的观点是完全相同的。他如此述说文体和数字的优美。……[省去了以下所引的大量拉丁文。]

　　但是此项能力尽管没人全然缺失，然而各人能力高低却是千差万别。有些人那儿品味仅是微光隐约，只能品赏到最粗糙种类的美，仅留下淡弱糊混的印象；而另一些人品味敏锐，最极精微的美也能怡然欣赏。总体而言，我们可以观察到，若论及品味的力用与愉悦，比之于常识、理智与判断力，人与人之间的不平等性越发显著。我们天性的组成，在此方面与其他方面一样，显露出绝妙的智慧。事关人类福祉必需的才能时，大自然对其孩童雨露均施，少有区别。但对生活锦上添花的才能，大自然恩泽有吝，并非均施。她不仅播种鲜少，而且种子若想茁壮成长，文化要求拔得更高。

　　人群之中品味的这种不平等性，无疑部分地归因于他们禀赋有异，一些人因器官更好、内在能力更精微而天赋过人。虽说品味部分归因自然，教育和文化占比更重。由此，我要进一步指出，品味能力大可改善，如果人性中但有丝毫如此能力；这对我们建议学习的本门课程颇具鼓舞。我们不难相信这一观点，只要想想教育和进步给文明的而非野蛮的国家由品味升华而带来的巨大优势；想想教育和进步对同一国度中人文学科研习者对比粗陋无教者带来的优势。这种差异有天壤之别，除了品味的能力与所获愉悦，也许没有其他任何方面，可以将两类人群远远分开；确确实实，如此差异除文化与教育之外无有其他通行理由可说。——下面，我将说明什么方法可让品味变得如此深受教育和进步所影响。

　　首先思考一下我们天性的那条大规则：训练（exercise）是我们所有能力得以改进的主要来源。这同时适用于我们的身体和心灵两方面的各种能力。训练甚至适用于我们的外部感官；尽管与其他能力相比，它们较少会作为培养的对象。我们可以看到某些人的职业导致这些能力得以更好地发展，感官能发育得更加敏锐。例如，有些人因职业要求会仔细在意身体的妆饰，触觉变得无比细腻。长于微细观察的人，惯于雕刻宝石的人，可获超常精细视觉，辨析最细微的物体；致力品赏各色烈酒不同气味和滋味的人，辨味能力、追踪味之组成能力可获奇妙培育。内在品味置于简单感官之上，无疑对相关对象的经常练习和好奇注意，应该能够极大地增进其能力。乐耳之说即是听觉品味的一例明证。经验每天都在显示，没有什么比它更容易改进。起初仅能欣赏最简单最平凡的作品；耳朵的使用和训练扩大了我们的愉悦，教会我们品赏更细腻的旋律，并逐渐让我们能够深入错综复杂的和声之美。同样图画识美之眼，也绝非一朝一夕之功。它由熟悉画作、精研大师而历久渐成。

恰恰与此相同，关于文章和话语之美，关注广为认同的范文，研习最佳作者，比较同类美妙高下差别，皆能实操升华品味。人在初识天才作品时，会产生隐暗迷混的看法。他甚至不能指明自己正在研阅的作品优点几何、缺点几何；他茫然不知自己判别依凭何在；唯一可期的仅剩总体而言他对作品喜欢与否。但只要让他多多接触此类作品，他的品味会逐渐精纯步进。他开始不仅能察觉整体特点，还能觉察各个部分的美妙与缺陷；并能详细描述他所赞扬或批评的特质。早先似乎悬挂在作品前的雾帘已被驱散；面对作品，他终于能确定地发表意见，再无丝毫犹豫含糊。因此，品味仅作敏感度（sensibility）理解时，习练可以为它打开改进之源。

但是，虽然品味最终建立在敏感性基础之上，它却不能被看作只是天生的敏感性。理性和敏感（reason and good sense），如我之前所述，对品味的所有操作和决定都影响广泛，以至绝对的好品味很可能被看作对美的先天敏感性和后天改善的理解力组合而成的一种能力。为了确信这一点，让我们观察一下，大部分天才作品不外乎是对自然的模仿；对人的性格、行为或仪态的表现。我们从此模仿或表现中所得乐趣，仅以品味[①]为基而筑；但判别其执行合适与否，则属于理性，它会比较副本与原本之契合事宜。

例如，在阅读《埃涅阿斯纪》（*The Æneid*）[②]这部史诗时，我们的乐趣很大程度上来自情节或故事的顺利展开，所有的部分都以各种可能性和适当的联系结合成一体；来自性格符合天性，情感适合性格，风格适配情

---

① ［在上文中品味关及敏感和理性两个方面，此处的品味应指敏感，因下文出现了相对应的理性。］

② ［《埃涅阿斯记》（*The Aeneid*）是古罗马最著名的诗人维吉尔（Publius Vergilius Maro, 即 Virgil）创作的一部恢宏史诗，又译作《伊尼德》。作品叙述了特洛伊国王的女婿、维纳斯之子埃涅阿斯（Aeneas）在特洛伊被希腊军攻破后，率众经多年漂泊历险来到意大利拉丁姆地区，成为罗马开国之君的一段奇异经历。］

感。从如是创作的诗歌中生出的快乐，是以品味作为一种内在官能来感受或享受的；但对诗中这种创作的发现却有赖理性；而理性越能使我们发现创作中的这种适当性，我们的快乐就越大。我们通过自己天生对美的感受获得愉悦；而理性告诉我们感到愉快是基于什么缘由。在有品味的作品中，只要有任何与自然相似的地方，只要有任何部分对整体的指向、或手段对目的的指向（几乎见于所有写作和话语），理解力总能起到很大的作用。

于是，此处存有一个广阔的领域，让理性发挥它与品味相关的威力，特别是在天才的创作与作品方面；由此，从理性和敏感应用于欣赏这些天才的作品中，生出第二个、值得注意的提升品味的重要来源。虚假的美，如不自然的性格、强迫的情感、造作的风格，可能会有菲薄的取悦之功；但之所以稍能取悦，只是因为它们对自然和良好感受的违越尚未被查到或注意到。一旦显露自然可以如何更恰当地得到模仿或表现、作者可以如何把主题处理得更完善，假象将立马消散，这些虚假的美将再也无法取悦于人。

从这两个来源——其一，时常习练品味；其二，将敏感和理性应用于品味的对象——作为一种心灵力量的品味可以获得提升。臻于完美时，品味无疑是天性自然和艺术人为结合的成果。这样，我们的自然美感是通过经常关注最美对象来提升的，同时也是通过理解之光来引导和改进的。

请允许我补充，与健全的头一样，良善的心对恰当的品味也是一个必备的物质条件。道德美不仅本身优于所有其他的美，而且对各种各样的其他品味对象还施加或近或远的影响。人们的情感、性格或行为所涉之处（这些无疑为天才提供了最高尚的主题），只要我们不具备良善之情，对它们的任何公正、动人的描述都不再可能，对如此描述的美也不再可能有任何纯粹的感受。若人心不细腻、坚硬如铁，若人对于真正高尚或值得赞扬的对象心无钦佩，对于柔柔弱弱的对象不生适当的同情心，那他对雄辩和诗歌最高品段的美之品赏，必存瑕疵。

品味升华具臻完善之时，其特征皆可并减为两种，即细腻（delicacy）和准确（correctness）。

品味的细腻主要关注的是品味赖以筑基的天然敏锐感受性的升华臻

极。它意味着那些更精敏的器官或能力，让我们能够发现对粗俗目光潜藏隐身的种种美。一个人可能有很强的敏感性，但缺乏细腻的品味。他可能会对他所见之美印象深刻；但他只能感受到粗糙、醒目的美；而纯真、质朴的美化却能逃脱他的注意。如此状态下的品味通常存在于粗陋、庸俗的国度。但一个品味细腻的人，感受既强烈又准确。他能看到别人看不到的区别和差异；最潜藏的美也不能逃脱他的法眼，最微细的缺陷他也很敏感。品味细腻之判别与外部感官细腻之判所用标记相同。如同滋味之好坏不是由多种强烈的味道而是由多成分混成的味道来品试的，这混合物虽味有混杂，我们仍能各各感判；同样，针对最极细微、最极混成、最极潜存的对象，内部品味的细腻通过快速、活泼的敏感性而出场登台。

品味的准确性主要关注的是此种敏感力通过与理解力的联系而收到的改进。一个品味准确的人，伪美无法加诸其身；评判万物所赖敏觉之标准，他总是随携于心。于任何天才作品所遇诸美，他能循规比较评估出色之处；将其归入适当品类；应用原理，循迹追索愉悦之源；而自己所得愉悦又恰如其分。

诚然，品味的这两种性质，细腻和准确，相互包含。不准确的品味，就不可能细腻；不精致细腻的品味，也不可能非常准确。味虽混合一体，然仍经常可见其一占据优势。细腻之力主要现于辨别作品真优实德；准确之力主要显于不容虚功伪誉。细腻更倾向于情绪感觉，准确更有赖于理性和判断。前者大多源于先天禀赋，后者大多源于文化艺术。古代评论家中，朗吉努斯（Longinus）①最为精致，亚里士多德则最为准确。在现代人中，埃迪森先生（Mr. Addison）②是品味精致的好榜样；斯威夫特教

---

① ［朗吉努斯为古罗马修辞学家、文艺理论家。由于公元1世纪和3世纪各有一位同姓者，学界尚未完全确认是哪一位；但名下的传世之作《论崇高》(On the Sublime)被公认为修辞学与美学中的重要经典。布莱尔此处对朗吉努斯的高评价依据的应该就是这部作品。］

② ［约瑟夫・埃迪森（Joseph Addison, 1672—1719）为启蒙时期英国著名散文家、诗人、剧作家。他的许多意欲提升公众品味的散文发表在与朋友Richard Steele共同创办的《闲谈者》(The Tatler)和《观察者》(The Spectator)两大名刊上，轰动一时。］

长（Dean Swift）①若留下批评性作品，应该堪称品味准确的典型。

细览品味最极升华、臻于完美的状态之后，接下来我要考虑离于这种品味的种种偏差，及其易于导致的波动与变化；并调查此中是否有任何方法辨别品味正偏优劣。这将我们带到了我们任务中最为困难的部分。因为必须承认，在人类心智运作之时，没有任何原则比品味波动更大和变化更无常。变化如此巨大、如此频繁，让人怀疑它简直任性无常；居驻无基，确认无则，全赖想象变动不停；其结果是，品味对象的所有研究或常规调查皆成徒劳。在建筑领域，希腊模式长期以来被尊为至美。在随后的岁月里，仅哥特式建筑占据上风，再后来，希腊品味又满血复活，并吸引公众专心钦佩。在雄辩和诗歌中，亚洲人从未停止欣赏缀满装饰之物，或重或轻不离奢豪（splendid），或如我们称之为俗丽（gawdy / gaudy）；而希腊人欣赏的只是纯净朴素之美，他们鄙视亚洲式的炫彩（ostentation）。在我们自己的国家里，又有多少作品，两三个世纪前极受赞扬而现在完全声寂名灭、湮没无闻？暂且不劳回溯久远的事例，就看大不列颠现今盛行的诗歌品味，比较以前国王查理二世统治时代流行的品味，有多么大的不同?！当时的作者们可是认为那是一个奥古斯都时代：当时仅流行做作的俏皮急智，而弥尔顿（John Milton）②的纯真雄伟无人理会，《失乐园》（*Paradise Lost*）几乎无人知晓；当时考利（Cowley）③矫揉造作的自负被视为天才的典范；沃勒（Waller）的轻浮艳愉被误作爱情诗的柔情；而萨克林（Suckling）和埃瑟里奇（Etheridge）这样的作者竟以戏剧创作享受尊荣。

---

① ［乔纳森·斯威夫特（Jonathan Swift, 1667—1745）是英国-爱尔兰杰出的文学家，尤以讽刺小说《格列佛游记》（*Gulliver's Travels*）闻名于世。斯威夫特是英国启蒙运动激进民主派的创始人，还曾担任都柏林圣帕特里克教堂的主持牧师/教长。］

② ［约翰·弥尔顿（John Milton, 1608—1674），诗人、政论家，被视为莎士比亚之后英国最杰出的作家，尤以《失乐园》（被誉为英国最伟大的史诗）而著称，另有《复乐园》和《力士参孙》等代表作。］

③ ［考利（Cowley）及此段中以下三位，由于并非名家，布莱尔又未提供全名，因而未能查到相关信息。］

　　问题是，从这些事例中我们可以得出什么结论？或者，世上可有一物称名品味标准，我们可以凭借其力辨别品味优劣吗？又或者，事实上并无如此区别，于是我们不妨认为，如谚所云，品味本无争议；我们不妨认为，愉悦就好，只要确实愉悦？这是我们现在即要讨论的问题，而且还是一个很好、很微妙的问题。

　　首先，我注意到，如果世上没有品味标准，结果必然是所有品味等无差别，皆是好味；如是立场，于琐碎小事甚至于我们言及人们品味之间的次要差异时，尽可以不为人注意，然而当我们将其应用走向极端，则其荒谬无稽立时显现。会有人真心实意地坚持认为，一个西南非洲霍屯督人（Hottentot）①或一个北欧拉普兰人（Laplander）②的品味微妙、准确如朗吉努斯、埃迪森吗？或者坚持认为，若他把一个普通的新闻记者当作像塔西佗（Tacitus）③一样的优秀历史学家，他还可能被认为品味无缺陷或有鉴别力吗？由于以这种方式说话会被认为是彻头彻尾的奢侈，我们不可避免地得出这样的结论：偏好一个人的品味胜于另一人的品味，这一定有其基础；或者在品味中有好坏、对错，一如其他事情。

　　但是其次，为了防止在此问题上出错，有必要注意，人类普遍存在的品味多样性，并非在每种情况下都能推导出品味堕败，或者让我们找到某种标准，确定谁对谁错。人们于对象所持品味可能大有不同，但谁也没错。

　　此人最喜诗歌；彼人只爱历史。一人偏挑喜剧；一人唯选悲剧。一者崇尚简单，一者欣赏美饰。年轻人喜欢轻快活泼的作品。年长者喜爱更庄重的作品。有些国家喜欢行为大胆开放，情感表现强烈。其他国家

---

① ［霍屯督人（Hottentots），为南部非洲酋长制的游牧民族，主要分布在纳米比亚、博茨瓦纳和南非。］
② ［拉普兰人（Laplander）是生活在北欧拉普兰北极圈地区的一个神秘而古老的游牧部族，总人数约7.5万，近6万生活在挪威，其余分布在瑞典、芬兰和俄罗斯。他们一直沿用本族律法，由全族推选的"长老会"来主持公平。］
③ ［塔西佗（Publius Cornelius Tacitus，公元56年—约120年），古罗马著名的历史学家、文学家和演说家，代表作主要有《历史》和《编年史》，留传于世的还有《演说家对话录》《阿古利科拉传》《日耳曼尼亚志》。］

更倾向于循规蹈矩，仪态优雅，行为有制，情感中节。各各虽不同，人人但选一美，唯适自己心性，故人皆无权崇己非他。这在品味问题上，非如纯粹理性问题，唯有一个结论正确，其余都错。真理，是理性的目标，是唯一的；美，是品味的对象，是多维的。因此，品味的对象广泛、多样，这与品味的良善或公正相一致。①

但若此事要得彻底解释，我的观察必须更进一步，品味多样性的这种可接受空间，只能存在于品味对象之不同处。然于同一对象见人人殊，一人谴之丑，一人崇之美；那么，产生的问题就不再是多样性，而是品味的截然对立性；因此，一者必对，另者必错，除非允许这种荒谬悖论存在，除非所有品味等无差别。试想，一人喜欢维吉尔胜过荷马，我则钦慕荷马甚于维吉尔，而我却没有理由说我们的品味两相矛盾；那人感动是因维吉尔的优雅和温柔，而我动容是为荷马的质朴和热情。只要我俩都不否认荷马和维吉尔皆具大美，我们的差异就仍在品味多样性界限之内，如我前已明示，纯属自然，能获允准。但若那人声称荷马无美可言，认为荷马枯燥无味、死气沉沉，他愿意尽快阅读任何古老的骑士传奇，而不再是《伊利亚特》②；那么我会感叹，我此对手或品味全无，或品味惨堕无遗；并且我会吁请任何自己认同的品味标准，表明那人错谬。

品味如此对立之中，我们必须依赖的标准是什么，仍有待追踪。正确的标准意味着它的权威不容置疑，堪供测试其他同类事物。因此，标准重量或度量皆由法律指定，以规范所有其他度量和重量。因此，大众公认宫廷是良好教养的标准；圣典是神学真理的圭臬。

当我们开言自然是品味的标准时，我们制定了一条非常真实和公正的原则，只要它可以应用。无疑在表现所有模仿自然界中存在的对象如人的特征或行为时，顺应自然为何谓真美提供了充分而明晰的标准。在

---

① ［原文为：Taste, therefore, admits of latitude and diversity of objects, in sufficient consistency with goodness or justness of Taste. 可理解为：品味的良善与公正如同品味的对象/美是多维的或多样的。］

② ［《伊利亚特》(*Iliad*) 主要叙述了因海伦为特洛伊王子所诱，以阿伽门农、阿喀琉斯等为首的希腊人远征特洛伊的故事。此部和《奥德赛》(*Odyssey*) 相传均是盲诗人荷马(Homer, 约生活于公元前9或8世纪)所作的鸿篇史诗。］

这种情况下，通过比较副本与原件，理性可以充分行使主权以表达同意或谴责。但在无数情况下，此规则根本不适用；顺应自然，是一种常用表述，没有任何明晰确定的意义。因此，我们必须寻找更加清晰精确的表述，作为品味的标准。

如前所释，品味最终建筑的基础是一种美的内在感受，它对人类纯属自然，应用于特定对象时，能由理性引导和启发。现在，若有一人完备人类天性所有能力，内在感受时时处处细致、公正，他的理性无误、确定，此人对美所作判断无疑将成众人共尊品味的完美标准。他人品味但凡有异，只能归因他们天赋能力尚有缺陷。但是，由于生活之中并无如此标准，无有一人能让人类全员顺服、认为合适，无有一物能具足够权威成就人类各不相同、相互对立的品味之标准；可以肯定，除了来自天性的品味之外，无有其他标准。人们一致爱慕的必执以为美。其品味必被尊为公正、真实，这符合人类的普遍感受。对此标准，我们必须依赖。人类的感受我们终必诉诸；对所有品味对象都是如此。如果有人坚称糖苦、烟草甜，他将无法论证确实。此人品味绝对遭批病态，仅仅因为其品味与他的同类品味相差甚远。同样，对于情感或内在品味的对象，人们的共通感情同具权威，有权调节每个人的品味。

但是，我们是否可以说，在大多数人认可之外再无其他美的标准？我们在自己形成任何判断之前，必须先去收集别人的声音，看看雄辩或诗歌方面什么值得鼓掌吗？绝不是；理性原则和合理判断除了用于科学和哲学的对象外，也可用于品味之事。褒贬任何天才作品的人，如果他的品味已获进益，总会为他的评价赋予理由。他会诉诸原则，指出鉴别基础。品味是一种复合能力，其中理解之光总是或多或少地与情感交织在一起。

虽然理性在判断品味的运作时可以引领我们取得一定的进展，但不能忘记，我们的理性所能达到的终极结论最后指涉感觉和知觉。我们可以在悲剧或史诗中推测和争论行为的适当性。在此问题上，若品味未得启蒙，理性可纠正其幻变随想，并建立原则判断什么值得赞扬。但是，同时，这些理性判断总是诉诸感觉作为最后手段。它们赖以建立的基础，见于取悦普世人类的经验。于是，我们喜欢简单、自然而非人为、做作的风格；喜欢有规律、巧构思的故事而非松散、随意的叙述；喜欢触动温柔、荡气回肠而非事不关己、冷漠无感的灾难。正是回归我们的想象和自心，回归关注他人感受，由此成形的任何原则皆获品味问题的权威。[1]

当我们将人的共同情感用作对艺术中该视为美的东西进行最终检验时，应理解为需由那些所处环境有利于品鉴的人们来恰当行使。大家都必须意识到，在粗鄙和不文明的国家中，在无知和黑暗的时代，人们抱持的任何关于这些主题的松散概念都不具权威。在这些社会中，品味没有材料可供操作。它要么被完全压制，要么以最低贱、最不完美的形态现身。我们所指的人类情感出现于优雅和繁荣的国家，并于艺术被培养和礼仪被教化之时，天才作品被自由讨论，品味被科学和哲学所改良。

即使处于这样社会文化繁荣期的国家，我承认，偶然的原因有时可能会带偏品味的适当运作；有时是宗教状态，有时是政府形态，可能会在短时间内使之反常；放荡自恣的宫廷可能会招来虚饰和风流文字的品味。一个受人钦佩的天才表达的言语可能让人认可他的错误，甚至让其引领时尚。有时嫉妒可能让人们暂时压制伟大的作品；有时流行的幽默或政党的精神可能提拉不值的东西获得短暂隆誉。虽然这种偶然的情况给品味的判断带来了反复无常的表现，但这种表现很容易纠正。随着时间的进程，人性的真正品味永远不会不展现自己，并在遭遇任何偶尔出现的怪诞和败坏品味时占据上风。这些坏品味可能流行一段时间，误导肤浅的评家；而一旦受到审查，它们就逐渐消散；而只剩下立于人类健全理性和自然情感之上的好品味。

我绝不会妄称，存在某一品味标准能对各种特定情况评出清晰、立得的断论。人类在理性和哲学方面向来存在重大分歧，哪里可以找到这

---

[1] 那些将品味标准建立在人性共有情感之上的与那些将标准建立在理性准则之上的作者之间的区别并非实质性的，像许多其他文学方面的争论主要是表达方式的差异……这两派事实上没有多大差别，两者都同时含有情感和理性。强调情感的，会给理性留有一定的空间；强调理性的也会给情感留足位置，因此两派观点也可以说是一致的；我以上所作讨论正基于此。[原注较长，选译了头尾部分。]

样的标准来对之加以解决呢？① 在品味问题上，显然没有任何如此严苛、绝对的规定。为了判断道德上的善与恶，判断人该做、不该做什么，应该给我们提供清晰和精确的决定方法。但是，在各种情况下，以最精确的方式确定何为美、雅，对人类的幸福而言根本并非必要。因此，这儿允许感觉的多样性；留有空间，以供讨论、争辩任何天才作品有资格荣获的认可度（degree of approbation）。

我们足以得出的结论是，品味远非受制于个人幻想而无标准来判真假的任意行为。品味的基础同样存在于所有人类的头脑之中。它建筑在属于我们天性的情感（sentiments）和觉知（perceptions）之上；总体而言，这些情感和觉知与我们的其他智力原则的运作具有相同的一致性。当这些情感被无知和偏见带歪时，它们就能被理性纠正。它们的健全、自然状态最终是通过与人类的一般品味进行比较而获得确定。让人们尽情发表评论，述说品味的无常不定；经验表明，美有多种，若以适当的角度展示，都能获得持久和普遍的钦佩。在每一创作中，凡吸引了想象力、触动了心灵者，必愉悦所有年龄、所有民族。人类有一根弦，每当弹拨合宜，心灵自然回应。

因此，地球上最进步的国家已经公认、普遍证明，穿越漫长的众多时代，确有一些天才作品，如荷马的《伊利亚特》和维吉尔的《埃涅阿斯纪》。因此，这些作品在某种程度上获得了作为诗歌创作标准的权威性；因为我们能够从这些作品中收集到人类对那些给他们带来最大乐趣的美感的看法，因此诗歌应该展示这些美感。尽管权威或偏见可能在一个时代或一个国家给冷漠的诗人或堕落的艺术家带来暂时的声誉，一旦传至国外或后世，人们审查他的作品时，他的缺点就会暴露无遗，人类天性中的纯正品味即显真身。"妄见不敌时间磨，磨来天性立决断。"②

---

① ［此句与前句的逻辑关系有些费解，译文受到了刘亚猛教授《西方修辞学史》（2008：269）中相关表述的启发。编者认为，此句表明布莱尔的"品味"与理性和哲学的关系较为密切，联系康德在《判断力批判》中对"鉴赏"所作的哲学探讨就不难理解了。］

② ［原文中此句先是拉丁引文："Opinionum commenta delet dies; naturae judicia confirmat."（西塞罗名言）随后是布莱尔的英译：Time overthrows the illusions of opinion, but establishes the decisions of nature.］

阅读推荐

1. 康德. 判断力批判 [M]. 邓晓芒译. 台北：联经出版公司, 2004.

　　此书的第一部分《审美判断力批判》，对"鉴赏"范畴进行了系统深入的哲学探讨，对"鉴赏"或"品味""趣味"理论做出了划时代的贡献。

2. 雷蒙·威廉斯. 关键词：文化与社会的词汇 [Z]. 刘建基译. 北京：生活·读书·新知三联书店, 2016.

　　在初版于1976年的《关键词》(*Keywords: A Vocabulary of Culture and Society*) 中，英国文艺理论家威廉斯 (Raymond Williams) 对"品味" (Taste) 的词源、意涵演化、当代特征等做了历史语言学式的细致考察。

3. 李建中. 元典关键词研究的理论范式 [M]. 北京：人民出版社, 2021.

　　此书第十四章"趣味：大学教育关键词"围绕梁启超的《趣味教育与教育趣味》《学问之趣味》等对教育与学问中的趣味问题进行了别开生面的讨论。但这里的"趣味"与布莱尔书中的"品味"意涵不尽相同。

4. 刘亚猛. 西方修辞学史 [M]. 北京：外语教学与研究出版社, 2008.

　　此书对布莱尔《修辞与美文》的主要特色做了精到的概括和深富启发的评论，并详细阐述了其中的"情趣"/"品味"修辞范畴 [参见第264—270页]。

5. 皮埃尔·布尔迪厄. 区分：判断力的社会批判 [M]. 刘晖译. 北京：商务印书馆, 2015.

此书法文原版问世于1979年，布迪厄（Pierre Bourdieu）在这部社会学宏著中，将"趣味"/"品味"视作区分不同阶级或阶层的重要标志，产生了深远影响。

6. 休谟. 人性的高贵与卑劣［M］. 杨适译. 北京：北京出版集团公司，2017.

　　布莱尔的《品味》深受启蒙哲学家休谟（David Hume）此书（*Of the Dignity or Meanness of Human Nature*）的影响。参见其中的《论雄辩》《鉴赏的标准》《鉴赏力的细致和情感的细致》《谈谈写作的质朴和修饰》。

7. 方维规. "究竟是谁能够体现时代？"——论许京的文学趣味社会学及其影响［J］.《文艺研究》2013年第5期：25—33.

　　北京师范大学方维规教授基于德国学者许京（L. L. Schücking, 1878—1964）的"文学趣味社会学"概念较为系统地讨论了西方现当代的主要趣味观。另见其所翻译的许京《文学史与趣味史：试论一个新的问题》（《文化与诗学》2013年第2期）。

8. 张隆溪. 五色韵母［M］. 台北：网路与书出版公司，2008.

　　在此书的前言中，香港城市大学张隆溪教授对"品味"的定义、发展脉络、在当代的各种表现等做了十分细致而有特色的探讨与评析。

9. Bizzell, Patricia, and Bruce Herzberg, eds. *The Rhetorical Tradition: Readings from Classical Times to the Present*［C］. Boston: Bedford / St. Martin's, 2001.

　　这部西方最宏大的修辞学经典文选不仅收录了《修辞与美文》中包含《品味》在内的一些代表性篇目，还在编者按中较详细地讨论了布莱尔修辞理论的特色，尤其与休谟思想的关系。

10. Conley, Thomas. *Rhetoric in the European Tradition*［M］. Chicago: The University of Chicago Press, 1994.

　　这部由美国资深修辞学家康利撰写的《欧洲传统中的修辞学》在论及布莱尔时，既有对《修辞与美文》的总体概述，也有对《品味》等篇与朗吉努斯、西塞罗、昆体良诸多修辞学家的关系所做的独特阐述。

[美国]肯尼思·伯克
Kenneth Burke

"戏剧五元""认同""词语滤镜"

作者与选文简介

肯尼思·伯克(Kenneth Burke, 1897—1993)是美国极负盛名的修辞学家和文艺批评家。伯克出生于匹兹堡,曾就读于俄亥俄州立大学和哥伦比亚大学,但因不满于学校的教育模式而两番退学。后来,他去了纽约格林尼治村加入那里的波希米亚作家群,风生水起地开始了自己的文艺生涯。年轻的伯克与团体中多位著名诗人和作家交往密切,如克莱恩(Hart Crane)、卡明斯(e. e. cummings)和泰特(Allen Tate)等;1923年起他有幸进入当时的先锋杂志《日晷》(*The Dial* 1840—1929),担任编辑和评论员等职务直到杂志停刊,其间他的作品也在该刊不断发表,引起广泛关注。创作与学术上的突出表现为他赢得了声誉。1943年,已过不惑之年的伯克重返校园开始了在贝宁顿大学(Bennington College)近二十年的教学生涯,并于1966年接受了该校颁授的荣誉博士学位。他还应邀在芝加哥大学、哈佛大学、普林斯顿大学等多所高校进行访问讲学。伯克因其在人文领域的卓越成就受到许多荣誉表彰,1981年他被授予"国家文学奖"。

伯克在半个多世纪的学术生涯中,著述颇丰,涉及文学批评、哲学探讨、历史研究等众多领域,而所有这些方面的思索都可以归结为他对修辞所作的或理论或实践的独特阐发。细心的读者不能不为他的广博学识而叹服,他既熟悉各学科的传统又了知其前沿性研究,而且常能以自己的敏锐眼光做出新的生发。然而,可能由于伯克未完整地接受学术训练,他的著述虽极具启发性但缺乏严密的系统性(其书基本为文集),旁征博引时又缺乏注解(文中页下注均译者所加),因而常常使读者感到晦涩难懂。但伯克的研究前后贯穿,一些核心概念,如"戏剧主义""修辞""认同""词语滤镜",在许多文章中反复出现,而且精神基本一致。

以下我们从其三部代表作中选出的四篇文章,虽然各围绕一个核心概念,同样有助于其他几个概念的理解;通过对各个概念的认识和相互关系的明察,我们可以立体地窥见伯克所建构的这座修辞学大厦。

《动机语法学》(1945)是伯克最广为人知,可能也是影响最为深远的著作。该书通过"戏剧五元"(Dramatic pentad)这个解释框架对核心概念"动机"的生成原理做了较为系统的研究。受到戏剧主义的启发,伯克认为确认动机需要从五个戏剧要素来考察,即"行动"(Act)、"场景"(Scene)、"施事者"(Agent)、"手段"(Agency)和"目的"(Purpose)。这些概念的含义,伯克在此书中有多处论及,在其他著述中也时常涉及,表述基本一致,只略有差异;而此书《引言:戏剧主义的五个关键术语》篇里的阐述简明集中、方便读者把握。该篇既讨论了每个术语的含义及其在典型事例中的应用,又从形而上学和辩证法的高度对这些术语的可塑性和转化关系进行了精辟论述,揭示了"动机"简明而绝非简单的生成机制。需要说明的是,该文还未具体讨论到通过这些术语两两之间的因果关系,即关系比(Ratio),来具体分析语篇中的动机,而场景—行动等关系比的应用分析(参见该书第一部分的前五篇文章)是西方戏剧主义修辞批评模式中十分流行的动机揭秘方法。

《动机修辞学》(1950)主要是向读者提供在等级社会中安身立命的各种修辞策略。全书由三部分组成:一是"修辞学的范围",二是"修辞学的传统原理",三是"秩序",各有约二十篇文章。所选《修辞的现实功能》(第一部分末篇)可能是伯克浩繁卷帙中被引用最多的一篇。受当时马林诺夫斯基等人类学家关于巫术的社会性促发,伯克认为有必要揭示这类研究(包括人种志学和心理学)中所涉及的社会性其实就是修辞,因为修辞是"根植于语言自身的一项基本功能,此功能完全现实,并不断地常生常新;即将语言用作一种象征手段,在生来会对象征做出反应的人中诱发合作。"简言之,修辞的现实功能就是"诱发合作",它蕴含了两个关键方面:针对性(nature as addressed)和认同的运用(use of identification),也就是说,这一现实功能的实现有赖于修辞者的受众意识和巧妙的认同手段。

"认同"是贯穿于伯克整个修辞学体系最为核心的概念,也被视为当代新修辞学异于古典修辞学的关键所在。关于"认同"，伯克在多种著述中论及，但对此概念的集中研究体现在《动机修辞学》这部代表作中。该书有多篇文章对此术语的含义、功能、哲学基础、体现类型与应用分析做了多方讨论，成为理解此概念的必读书籍。所选的这篇《认同》（第二部分第二篇）被视为伯克有关"认同"含义的代表性论述。其中的第三段引用率极高："你要说服对方，只有讲他的语言，在言词、姿势、音调、语序、形象、态度和思想方面，与他相一致才能办到。……当然，修辞者可能需要在某一方面改变听众的观点；但是，他要成功就一定要在别的方面随顺听众的观点，因为他们的某些观点可以作为支点，以推动其他观点的改变。"该文还初步讨论了内容认同和形式认同的方法，前者伯克吸收了亚里士多德的论题（Topos）来寻找共同观点，后者考察了对照（Antithesis）和层进（Climax）在形式认同中的突出作用。伯克之后在《修辞情景》（1973）文中还补充了三种内容认同，即同情认同、对立认同和模糊认同；在《语言即象征行动》中又归纳了三种形式认同，即规约形式、重复形式和递进形式。

《语言即象征行动》（1966）为伯克晚年汇集的代表作，仍然围绕他长期以来一直关注的一些基本问题，如人的界定、语言的功能、戏剧主义观等。其中的《词语滤镜》是该文集中被引用最多的文章之一。标题生动并具有很强的概括性，伯克在文中对其涵义给予了清晰解释："我说起'词语滤镜（Terministic screens）'时，心中会特别想到曾经看过的一些照片。它们是相同物体的不同照片，差别在于拍摄时使用了不同颜色的滤镜。如此'写实'的照片，仅靠使用不同的滤色镜头对事件进行纪实，竟也在质感甚至形体上表现出显著的差异。"同理，我们用不同色彩的词语对同一事件进行描述，所呈现的形象和流露或隐含的意味自然也不会相同。在伯克看来，科学术语也不例外："即使任何给定的术语是对现实的一种反映，由其作为术语的性质而言，它必定是对现实做出的选择；正由此故，它必定也是对现实的偏离。"因此，即便是最不具感情色彩的科学术语对事物所作的描述也只是某一视角下的选择性描述，术语所起的仍然是滤镜的作用。"词语滤镜"概念是伯克戏剧主义语言观，即语言是"象征行动"的一个具体体现。

动机语法学

引言：戏剧主义五个关键术语[①]

　　我们在谈论人们做何事和为何做时，究竟涉及哪些要素？对此问题的回答正是本书的主题。本书关注思维的基本形式（basic forms of thought），它们与所有人必然经历的世界本质相吻合，并体现在动机的归因（attributing）之中。这些思维形式的体现可宏可微、可真可假，既出现于系统精详的纯哲学构建、也出现于法律判决、诗歌小说、政治和科学著作、新闻以及随口而出的闲言杂语。

　　我们将使用五个术语作为我们研究的生成准则，它们是：行动（act）、场景（scene）、施事者（agent）、手段（agency）、目的（purpose）。要对动机作全面叙述，你必须拥有描述行动（在思想或行为上发生了什么）的词，还有描述场景（行动的背景、发生的情景）的词，再者，你必须说明什么人或什么样的人（施事者）做出的行动，他使用了什么手段或工具（手段），另外还有目的。对于一次特定行动背后的目的、施事者的性格、行事方式或行事场景，人们可能产生强烈分歧；他们甚至可能坚持用完全不同的词指称那个行动本身。尽管如此，任何完整的动机陈述将提供某种答案应对五种问题：做了什么（行动）、什么时间和地点做（场景）、

---

① ［本篇取自《动机语法学》（*A Grammar of Motives*. University of California Press, 1969: xv—xxiii）开首部分由伯克本人撰写的介绍。］

谁做（施事者）、他怎么做（手段）以及为什么做（目的）。

如果你问为什么从庞大的术语世界中我们选取了这些而非其他作为基本术语，本书就是为此提供的答案。因为要解释我们的论点，我们就必须展示它的应用情况。[①]

尽管多个世纪以来，人们在思考人类动机问题方面展示了巨大的魄力和创意，但我们可以用这些几乎一眼能懂的关键术语组成的五元系统（pentad）来简化对该问题的讨论。它们永远适用，无须弃置，因为所有关涉动机的陈述都源于它们，也止于它们。通过探询式考察，我们能够进行广泛的研究；然而，这些术语以其异常普通简单而永远便于我们使用，让我们能够不断重新开始。如果它们变得难以把握，如果我们因为盯得太紧而几乎看不清它们，我们可以即刻放松下来，像从前一样轻松地对它们加以扫视。定心之后，我们可以再次出发，再次敢于面对这些暂时看来陌生而困难的术语。

在现代艺术博物馆的一次"成功之路"主题摄影壁挂展中，有一张平静海面上两艘汽艇并肩游弋的航空摄影。他们的航迹千条万线，相互交叉再交叉。虽然航迹错综复杂，照片留下了极简洁的印象，因为人们能很快看出图案的生成准则。同样，理想上来说，我们的戏剧"五位一体"也是用作生成准则的。它需为我们提供一种简明性，由此可以发展到相当的复杂度，然而我们又能从此繁复中觅得精要。

我们想调查五个术语之间的纯粹内部关系，考虑其转换的可能性以及所有的排列和组合情况，并由此希望明白这些不同的排列和组合如何在实际的人类动机陈述中发挥重要的作用。严格说来，我们用动机"语法"表示只针对术语的关注，并不涉及实际的动机陈述中这些术语潜在可能性已经使用或可以使用的方式。宽泛地讲，我们可以将任何具体使用了语法资源的陈述都称为"哲学"。[②]随意或非系统化的动机陈述可以

---

① ［该书正文中有许多实例分析。］
② ［此处的"哲学"，结合下一段中的解释（省略），可理解为将动机生成规则应用于具体情境时的修辞表现，伊索克拉底的文章中也常用"哲学"代替"修辞"。此句中的"语法资源"指的是动机生成规则，应主要指戏剧五要素的各种排列和组合。］

当作哲学碎片。

......①

比如，我们的术语"施事者"②是个宽泛名称，可以在特定事例中，做进一步细分，因为施事者的行为可能因朋友（共同施事者）或敌人（反施事者）而改变（其动机部分受到了影响）；而且，在"施事者"名下，人们可以放置被赋予动机值的任何个人属性，比如"思想""意志""恐惧""恶意""创造性想象"。肖像画家可能把身体当作施事者的一种特性（个性表达），而唯物论医学会将它视为"背景"（scenic），一个纯粹"客观的物体"；再换个视角，它可归类为手段，一种人们获得全世界各种报道的途径。机器显然是工具（即手段）；然而，由于巨量累积，它们构成了工业背景，带有自身独特的一套动机属性。战争可以视为一种手段，只要它是实现目的的途径；也可以视为一种集体行动，尚可细分为众多个人行动；也可以视为一种目的，体现于崇尚战争的计划中。对应召入伍的人员来说，战争是个场景，是促使他进行其训练的情势；而在神话中，战争是个施事者，或者也许是个以战神的形象出现的超级施事者。我们可以把投票当作行动，投票人当作施事者；可选票和投票人都不过是政客的媒介或手段；或者换个视角，他们都是那个场景中的一部分。只要投票时不清楚其结果，人们就甚至会怀疑它究竟是否应划归为一种行动（activity）；我们易视其为被动之举，或者只视其为运动（motion）③（行为主义者称之为对刺激的反应）。

---

① ［此处省去9个段落，主要涉及对上文所用"哲学"和"语法资源"的解释，标题中用"语法"一词的缘由，以及戏剧五要素术语不可避免而且具有建设意义的歧义性（下一段落就是示例说明）。省略的原因一则为简明，另外也因为"哲学"等术语的非常规意义在行文中的表述易使读者困惑，并且省略这些段落并不影响对全篇关键内容的把握。］

② ［此译名及"共同施事者"（co-agents）、"反施事者"（counter-agents）借用了刘亚猛《西方修辞学史》（2008：341）中的译名。］

③ ［伯克在《语言即象征行动》（1966）中对 motion 和 action 进行过专门区分，认为前者不带有动机，而后者是受动机驱使的。我们因此将 motion 译为"运动"，action 译为"行动"，此句中的 activity 应理解为 action 或 act，故仍译为"行动"。］

让我们想象一下使用这些术语推究如下事例的动机之因。英雄（施事者）在朋友（共同施事者）的帮助下战胜歹徒（反施事者），他通过使用一把锉刀（手段）打破了镣铐（行动）以便从被监禁的房间（场景）逃脱（目的）。此处在选择动机可能性时，我们可以把动机定位在施事者上，因为我们会把他的逃脱归功于他人格中内秉的某种个性，比如"热爱自由"。或者，我们可以强调场景的诱导力，因为没有比身陷囹圄更能唤醒逃脱之念的。或者，我们可以注意共同施事者在帮助英雄逃脱时所起的关键作用，有如此想法作为我们的出发点，我们可以得出该行动的种种动机应该归咎于社会原因。

或者，如果有人倾向于某种思考方式如某些基督教异教徒（例如，他们奉犹大为圣者，理由是多亏他对基督的背叛，才有十字架耶稣受难，带来人类得到救赎的机会），他会将那个行动的必然动因定位于反施事者。因为如果不是歹徒将英雄投入监狱，就不可能促使英雄逃脱。只要逃脱能够称为"好的"行动，我们就可以在归咎于反施事者的动因中找到苦水可以带来甘泉的补偿性转换。在《反杜林论》中，恩格斯则给出了一个没有人会认为怪异或过分的世俗例子：

> 正是奴隶制首先让农业与工业之间的大规模劳动分工成为可能，从而使古代世界的奇葩——希腊文化成为可能。没有奴隶制，就没有希腊城邦制，没有希腊艺术和科学；没有奴隶制，就没有罗马帝国。如果没有希腊文化和罗马帝国所奠定的基础，也就没有现代的欧洲。
>
> 我们永远不应该忘记，我们的全部经济、政治和智力的发展，是以既必要又得到公认的奴隶制状况为前提的。在这个意义上，我们有理由说：没有古代的奴隶制，就没有现代的社会主义。

实用主义者很可能将动机溯归手段中的一个来源。他们会注意到我们的英雄能够逃脱是使用了一样工具——那把锉刀，英雄靠它斩断了系缚；然后以同样的思路，他们会发现那只握锉刀的手也是工具；同理，指导那只手的大脑也是工具，还有教授方法、塑造价值观念的教育制度也参与其中。

　　确实,如果你将术语简化到只有其中之一,你会发现它们重新分叉,因为只有一个是不够的。所以,米德^①称他的实用主义为一门行动哲学。尽管杜威^②强调"智力"作为一种工具(手段,体现在"科学方法"中)的价值,而他理论中的另外两个关键术语"经验"和"自然"却分别成为行动和场景的同义词。然而,我们必须补充一句,杜威倾向于强调此二术语的重叠之处,而非区别之处,因为他建议"用经验与自然二者连贯(continuity)的思想替换传统上二者的分离(separation)"(引文取自《智力与当代世界》。)

　　下文中我们将会看到由于这些术语的可塑性(pliancy),各哲学体系才能将其东拉西拽。术语相重叠的边缘提供机会让思想家能从任一术语平稳地走向其余,无须跳跃。(我们已经把这些术语比作五指,它们在端头上相互区分,但于手掌合为一体。倘若你要从一根手指不跳跃地走到另一手指,你只需要循肌腱而下入手掌,再沿另一肌腱探到新途。)因此,你无须费逻辑辩证的大力就可以融合这些术语,甚至将它们化简到一个;然后,视它为"关键"术语、众术语的"根源"(causal ancestor),由此你反向行进越过边缘的重叠,再从这一术语"推导"出别的术语作为其逻辑后代。

　　这显然就是风格宏伟的形而上学的方法,它将其种种学说用某个总称来冠名,即用一个词表示一般意义上的存在、行动、运动、发展或经验等,其他的术语围绕该冠名词语,导向它但又与它保持距离。还有一种隐式形而上学,常常用非形而上学的名义,其简化目标不是削减至一个普遍称号,而是某个很可能是下层的不可再分的成分,它的通俗变体可见于"揭露真相的"技巧,即通过把物质性术语应用于非物质性话题而导向进步与解放。(这里的公式为"X只是Y",X代表较高价值,Y为较低价值,由此高价值被减为低价值。)

---

① 〔米德(George H. Mead, 1863—1931)为美国哲学家、社会学家和心理学家,主要任教于芝加哥大学,是该校杰出的实用主义者之一。〕
② 〔杜威(John Dewey, 1859—1952)为美国哲学家、心理学家和教育改革家,实用主义哲学的重要早期发展者。〕

我们自己方法的冠名词语是"戏剧主义"（dramatism），因为它吸引人们从缘于戏剧分析的角度来思考动机问题，把语言和思想主要视为行动方式。这一方法带有总揽全局的性质，但不是历史意义上的。纯粹的历史考察至少需要了解广泛的人类文化史；因为每一次判断、劝说或警告，每一个自然或超自然现实的观点，每一种意向或期待都涉及了有关动机或起因的假设。我们的研究是另一意义上的总揽全局：即提供一个配置系统，让我们能够通过系统地操控这些术语，来"生成"或"预测"各种动机理论。我们希望表明，对这些术语的处理概括性地简化了动机问题的探讨，而同时仍能让我们充分意识到其范围和复杂性。

我们的目的不在于将辩证法和形而上学引进可与二者无涉的话题。相反，希望弄清辩证法和形而上学在动机话题中必然发挥重要作用的方式。我们认为，此探索应该展示动机问题是个哲学问题，它无法最终以实证科学的方法来加以解决。

动机修辞学

第二十篇　修辞的现实功能[①]

　　我们一路走来，胆气日壮，甚至不妨认为，我们的努力与其说是建议把人类学导入修辞学，不如说建议人类学家在他们自己的领域内认识修辞学的成分。也就是说，如果你们从此处讨论的观点来看最近的原始巫术（primitive magic）研究，你可能希望区分作为"糟糕科学"的巫术与作为"原始修辞"的巫术。你于是发现人类学确实承认巫术中的修辞功能；而且，人类学远非斥巫术的修辞层面仅为糟糕的科学，它还认识到自身内部的实用策略（pragmatic device），曾经由提升社会凝聚力，极大地帮助过不同文化生存下来。（马林诺夫斯基在这些方面做过许多工作，克拉克洪的文章在巫术方面也有类似观察结果。[②]）但既然我们在面对"巫术"术语时同时要涉及"修辞学"术语，我们应该说，如果人们将巫术的社会化层面看作"原始修辞学"，比起把现代修辞学简单地视为"原始巫术的残存"来，要走得更接近事态的真相。

　　因为在此意义上的修辞并非根植于过去的某一人类社会形态。它

① ［本篇选自《动机修辞学》（Burke, Kenneth. *A Rhetoric of Motives*. Berkeley: University of California Press, 1969: 43—46），是该书第一部分"修辞学的范围"中的最后一篇。］

② ［马林诺夫斯基（Bronisław K. Malinowski, 1884—1942）为出生于波兰的英国人类学家、社会学家和民族志学者，是20世纪对人类学贡献最为卓著的研究者之一。克拉克洪（Clyde Kluckhohn, 1905—1960）为美国人类学家和社会理论家，以长期研究美国印第安部落纳瓦霍（Navaho）而著称。］

根植于语言自身的一项基本功能，此功能完全现实，并不断地常生常新；
即将语言用作一种象征手段，在生来会对象征作出反应的人中诱发合
作。① 尽管修辞方面的考虑可能让我们远行，直到违反不同领域划地自治
的原则，但确有一种内在的修辞动机，扎根于语言的劝说用法之中；而
且，语言的该劝说用法并非衍生自"糟糕的科学"或"巫术"；反之，"巫
术"倒是错误地衍生自语言的劝说功能，"语词巫术"即是一种在不具语
言动机的生命类型中产生语言回应的尝试。然而，一旦做出这样的修正
说明，我们的目光就会超越语言中的一些特例（accidents），而能知道这
些研究者为新修辞学做出的贡献有多大价值，虽然他们的观察结果产生
于自己的研究领域，在术语上从未明显地体现出修辞成分。我们于是能
在修辞学中置入人类学者、民族学者、个人及社会心理学者等在语言的
劝说基础上所做的相关表述——语言的针对性功能，以及语言直接、间
接地感染现实或理想、门内或门外受众的功能。

　　我们难道只是在对一个术语争论不休吗？从某种意义上讲，是
的。我们提供一套理念，目的是说明人们可以如何系统拓展"修辞"术
语。我们是在就此争论不休，因为我们必须坚持追踪该术语的功能。但
是，注意到修辞成分潜藏在人类学家的这些术语如"魔法"（magic）和
"巫术"（witchcraft）中，并不是要求人类学家用我们的术语替换掉他们
的。我们当然不是在这种意义上对那些术语进行争论。"修辞"替换不
了"魔法""巫术""社会化""交流"等等。然而，"修辞"标出了一种存
在于这些领域但被诸多其他术语掩盖的功能；而且，我们仅仅是在要求
此功能得到的承认如其本然——一种在本质上与谚语一样对应于现实
的（realistic）语言功能，虽然它可能迥然有别于严格的"科学现实主义"。
因为归根结底它是行为的现实主义，兼备道德与说服力，而行为不是像
"科学现实主义"中的命题那样以"真""假"来论的。不论从科学现实

---

① ［此着重号部分常被引用，其中第二句分号后的部分往往被视为伯克对"修
辞"所做的界定，原文为：the use of language as a symbolic means of inducing
cooperation in beings that by nature respond to symbols. 其中的"beings"可指所
有的生命体，译为"人"只是方便表述而已。］

主义的观点看,原始巫术的"命题"有多"假",它毕竟因巫术中所具特别的修辞成分而不同,涉及的种种认同曾以不同方式对社会凝聚力做出过贡献(不论是有益于全部社团,还是有益于其利益累及社团的特定团体,或者有益于其权利和责任对社团利弊兼具的特定团体,如当今我们社会中的某商业企业)。

巫术功能的这种"实用约定"(pragmatic sanction)处于严格意义上的真—假命题王国之外;它落于自身利用修辞资源的思量(deliberation)范围之中;它自身就属于一种"既能证明对又能证明错"(prove opposites)的艺术。

在此,为了说明"既能证明对又能证明错"的意思,让我们读一篇文章,比如显然是意图将读者大众导向同意"积极扩张"美国在沙特阿拉伯的商业利益的文章。它会令人钦佩地写到我们的商业和投资政策将给封建文化残余带来的巨大变化,提及金融与技术的理念带来变化之迅速。思考这些"事实"中的明显修辞意图时,实然间,我们会打破常规地记起克拉克洪的一段文章,涉及我们现在斗胆称作"巫术(witchcraft)修辞"的内容:

> 在纳瓦霍这样一个一方面充满竞争的资本主义、另一方面又是家族主义的社会中,任何一种意识形态,只要有效地减缓经济发展的速度,就肯定是适合的。纳瓦霍社会的一项基本压力来自一种不协调性,它存在于家族主义的需求以及对资本积累欧洲模式的模仿需求之间。

文章的结论告诉我们,"社会的生存"得力于"任何一种模式,比如巫术,只要能阻止财富的快速积累就行"(巫术作为一种"意识形态",达到此目标的方式在于将新生财富等同于邪恶巫术)。现在,如果你开始谈到文化变迁的最佳速度或者在某种特定经济条件下应该盛行的种族与个人动机的最佳比例,你就说到关键上了,但是,你将发现自己深入修辞诸事中:因为没有什么的修辞性强于思量何者太多、何者太少、何者太早、何者太迟,等等;如此争议之中,修辞者永远都"既能证明对又能证明错"。

现在所谈的究竟是什么呢？我们已经考虑到了修辞的两大方面：它的认同性（use of *identification*）与针对性（nature as *addressed*）。既然认同暗含着区分，我们发现修辞让我们同时卷入社会化和派系分化。这儿在和平与冲突之间有一条摇摆不定的界线，因为认同通过兼具道德与斗争的矛盾动机而达成。由于冲突的极致是战争或者谋杀，我们考虑过这样的冲突意象如何扮演重新认同（"转生"或"重生"）的角色。在考虑认同与区分间的这条摇摆不定的界线时，我们将总是遇到种种舌战，公开的如恶言谩骂，隐秘的如策略性托词，后者以否认区别的言辞呈现真正的区别。

我们发现这条认同与区分之间摇摆的界线，让修辞能够一直远离恶意与谎言；因为如果有利于说话人或其事业的认同也做得似乎有利于听众，那便造成了一种可能性，即它带着有意为之的精明的"强烈意识"（heightened consciousness）。因此，我们间接遭遇了指向第一、第二、第三人称听众的修辞针对性。就最宽泛的意义而言，社会化本身就是具有针对性的。正如替罪羊的选择兼备区分与认同，我们发现修辞让我们卷入了关系到巫术、魔法、迷术、道德激励等问题之中。同时，在讨论这些话题的过程中，我们发现自己钻进了另一个术语：说服。修辞就是说服的艺术，或者说是对任何给定情景下可用说服方式的细察。因此，我们间接地谈到了亚里士多德修辞著作的开篇之处。[①]

所以，我们将稍稍改变一下我们的目的。到目前为止，我们一直想指明传统上并未标注为"修辞"的话题，在我们看来，仍然应归入其中。我们现在将考虑已经流行的诸多修辞观点；并从我们已讨论过的几个相同基本术语中，"生成"这些观点。

至于"认同"与"说服"之间的关系，我们不妨心中牢记：说话人是在通过使用有策略的种种认同来说服一群听众的；他的劝说行为目的可能是为了让听众认同说话人的兴趣；说话人利用兴趣认同在自己与听众间建立和谐关系。所以，我们根本不可能将说服、认同（"同体"）以及交流（修辞的"针对"性）的意义分离开来。但是，在特定的例子中，这些术

[①]　［参见亚里士多德《修辞学》卷一第二章开头的"修辞"定义。］

语中一个或另一个会更适合沿某一特定方向去进行深入分析。

　　总之,由一个象征使用者引发另一个的行动(进行了针对性的有效说服),这样的象征使用实质上并不神奇而只是现实的。但是,同体感藉以象征性地产生于地位不等者间的认同对策,可能深深拓入理想的王国。我们之后将会看到,在说到秩序的话题时①,从这一理想的要素之中,将产生一种魔力或奥秘,它会给人类所有的关系都打上印记。

---

① 〔伯克《动机修辞学》由三部分组成:(1)修辞学的范围;(2)修辞学传统原理;(3)秩序。"秩序"部分共有22篇文章。〕

第二十二篇　认　同①

　　亚里士多德在其《修辞学》一书中引用苏格拉底的话说:"要在雅典人中赞扬雅典人并不难。"他对听众们一般认为美德的那些成分,做了分类。这些美德包括公正、勇气、自制、庄重、宽宏大量、慷慨、温和、谨慎以及智慧。他说:如果目的是赞扬或责难别人,修辞学家自会取用与其人品质近似的品德,视为相同。例如,要引发对一个谨慎者的厌恶,就显现其冷漠与狡猾;要让傻瓜可爱,宣扬其敦厚;或者,把爱争吵称为坦率,傲慢称为庄严,鲁莽称为勇敢,挥霍称为慷慨。同时,他还说,我们传递如此判断时,要认真考虑面对的观众:因为和斯巴达人说话时,很难赞扬雅典人。

　　上段引文出现在第一卷,但不完整。完整引文出现在第三卷,当时亚里士多德是在讨论说话人如何寻求友谊与同情。他继续道:颂德演说结束时,我们"必须让听众相信自己分沾颂扬,不管因为个人的原因,还是由于家族或职业,抑或其他什么原因"。雅典人前颂雅典人,易;斯巴达人前颂雅典人,难。②

　　这种情形可能是最简单的说服。你要说服对方,只有讲他的语言,在言词、姿势、音调、语序、形象、态度和思想方面,与他相一致才能办到。由奉承而劝说只是普通劝说中的特例。但是,如果我们能系统地扩展其意义,看到它背后通用的同一或同体(consubstantiality)的实现条件,奉承不妨用作我们的范式;而且你可以通过遵从听众的"观点"显露这种

---

①　[本篇亦选自伯克《动机修辞学》(1969:55—59),为该书第二部分"修辞学传统原理"中的第二篇。]

②　[第一段对苏格拉底的引证出现在亚里士多德《修辞学》第一卷第九章,而第二段提到的亚氏对苏氏的完整引用出自第三卷第十四章;本段对亚氏的直接引用部分也出自此章。]

同体的"征象"(signs)。依据亚里士多德和西塞罗,演说者会设法显露
合适的性格"征象",以赢得听众的善意回应。当然,修辞者可能需要在
某一方面改变听众的观点;但是,他要成功就一定要在别的方面随顺听
众的观点,因为他们的某些观点可以作为支点,以推动其他观点的改变。
(最好他自己确实认同这些固有的观点,因为"其他条件相同时",他与观
众的同一如果真实,会更有力。)

亚里士多德《修辞学》中的"论题"(commonplaces, topics)(对应于
拉丁语手册中的 *loci communes*)即是在此意义上对[常见]"观点"的快
速概览。基于人们认为有望、无望、善、恶、有益、危险、可羡、可憎等属
性,亚里士多德对目的、行为、事物、条件、心态、人物性格等方面进行了
考察。所有这些观点(也许如今它们会划归"态度"或"价值观"名下)
可以作为可用的劝说方式。但重要的是,就我们的目的而言,要注意这
些观点分类源于劝说原则,因为它们其实总览人们通常认为有说服力的
事物以及有说服力的方法。

因此,按照亚里士多德的分类,向人们推荐一项政策或让人们反对
它时你可利用的观点;民意中导向正义或非正义行为的种种动机;什么
样的个人特点人们羡慕或厌恶(此种种观点言者正该利用,以便于己
有利、于对手不利);什么样的观点可资利用,以挑起人们的情绪,如愤
怒、友善、恐惧、同情、羞愧、义愤、嫉妒、竞争、慈善等等。基于观点的推
理他称为"修辞推论",那是三段论在修辞学中的对等物。利用举例的
论证(即归纳法在修辞学中的对等物),同样会框在相应的观点列表之
内。(附带一句,谈论"伦理相对性"的人们,依亚里士多德的概括,必定
对这些论题的"永恒性"印象深刻。作为观点(idea),它们现在并不比过
去少一分引人注目的力量,尽管在我们的社会中言说者可能常常为其赋
予不同于希腊人所选择的形象(image),以传达最大程度的现实性。)

亚里士多德也考虑过另一种"论题"(即通用论题/论式)①,它们

---

① [前一段中所说的论题为特殊论题,而此段中所论的通用论题,它们往往具有一
定的结构性,相当于论证方式,亚里士多德在《修辞学》第二卷第二十三章中举
了28种,但伯克提到的夸张和使用先入为主的标识似未列于其中。]

来自策略程序操作，发明、发展或变换表述的经验法则，双关逻辑（pun logic），甚至似是而非（specious）、强词夺理（sophistical）的论证。观点的材料将寓于这些论证方式之中，但这些"论式"的特征描述来自抽象某种形式或过程上的因素，作为它区别性的标志。亚里士多德在此包括进来的"论式"有：借对手自己的话进行反攻，以及将观点（或其部分）推向反面（"如果认为是战争造成了后果，那就用和平来弥补吧"）。其他论式还有：为新形势推荐政策时回忆对手在某一形势中的主张（"过去你需要它，现在你也该需要它"）；往自己有利的方向使用定义（苏格拉底使用自己之前所述的守护灵作为自己不是无神论者的证据）；将观点（或其部分）分类（"犯罪动机有三个；前两个根本不可能，第三个原告自己都不申诉"）；倾向性选取结果（因为一个原因可能同时导致好、坏结果，人们就可以凸显有利于支持自己立场的一套因果）；夸张（被告可以通过夸大对自己的控告来减弱控告的力量）；使用先入为主的征象（signs）（因为一个人声名狼藉，就说他是贼）；等等。在这些策略中，他请人们特别注意动机上存在公私两面。人们公开赞扬正义与美好，但私下里更倾向于个人之利，因此，言说者会采用这两面中最适合他自己目的的一面。再说，现代修辞者随意穿梭于"理想的"与"实利的"动机之间，如人们将"理想的"动机归于自己一方，而将"实利的"动机归咎于对手；或者，当指其无效和不实用时，对手可能被控以"（过于）理想的"动机。

尽管把自己的意愿转为表达听众观点的言辞，显然是一种同一，这最后所列的修辞发明的纯形式手段（修辞格）会让我们走得更远。事实似乎是演说面对的局势越紧急，形式手段就需要越丰富、有力。因此，这些修辞格必须是功能性的，而非仅作"装饰"。"认同"的过程似乎就出现于此，譬如：朗吉努斯（Longinus）所指的正是那种［同一的］快慰，观众在其中感受到的不只是被动接受，而是自己创造性地与诗人或演讲者一起发表主张。我们不妨认为，在这种情况下，观众由此主张得到提升，因为他们觉得自己是主张的合作者。

至少，我们知道许多纯粹形式类型，能轻易地在我们中间唤起一种合作期待。例如，想象由种种对立构成的一个语篇（"我们这样做，但他们那样做；我们待这儿，他们去那儿；我们向上看，他们向下看"；等等）。一旦你掌握形式的趋势，它将引发参与，而无论主题内容如何。形式上，你发现自己会随着一连串的对照而摇摆呼应，尽管你自己并不一定同意这样呈现的命题；或者它可能是你所憎恨的对手的命题——然而命题表述期间，你可能"帮他脱困"，以至屈服于形式的发展，向如此的对称投降。当然，你原来反对命题越厉害，与此形式"合作"带来的"投降"程度就越弱。但是，对于那些有待决定的情况，向形式的屈服成了赞同与之一体的内容的前奏。因此，你被形式所吸引，并非作为信徒的身份，而是因为其中具有某种"普遍的"感染力。这种赞同的态度于是可能转移到恰好与形式相关联的内容上来。

再看看另一种非常形式化的手段如层递（climax，对应拉丁词 *gradatio*）。Loeb版德米特里《论风格》（*On Style*）①一书的编辑从《皆大欢喜》（*As You Like It*）中引用了此例，其中甚至该修辞格的名称也出现在了这一辞格的使用当中②：

> 令兄和舍妹刚见了面，便大家瞧起来了；一瞧便相爱了；一相爱便叹气了；一叹气使彼此问为的是什么，一知道了为的是什么，便要想补救的办法；这样一步一步地踏到了结婚的阶段。

这儿层进形式并不要求读者对一件悬而未决的事情意见一致。但请回想一个有政治含义的层递语例，这在1948年"柏林危机"期间屡屡见诸报端："谁控制了柏林，就控制了德国；谁控制了德国，就控制了欧洲；谁控制了欧洲，就控制了全世界。"作为命题，它可对可错。即便它对，民众

---

① ［德米特里（Demetrius，约公元前350年—约前280年）是雅典的政治家和演说家，曾负责治理雅典10年，其间进行过重要改革。他写有许多著作，但未能留传下来，此部《论风格》，据称是公元2世纪的后人托其名而作的。］

② ［出自《皆大欢喜》第五幕，此处的译文出自《莎士比亚全集（二）》，朱生豪等译，人民文学出版社，1994年，第187页。其中最后一小句"这样一步一步地踏到了结婚的阶段"对应的英文为："... and in these degrees they have made a pair of stairs to marriage." 其中伯克标斜体的部分就是与climax近义的层递修辞格的名称。］

也不会想控制世界，除非他们成了彻底的帝国主义者。但撇开作为命题带来的疑虑，你到它三阶段的第二阶段时，你会觉得它注定就是要发展的，从纯形式认同（assent）的层面上讲，你会合作完善其对称性，自发地希望它作为一句话能够终结和圆满。如果加上民族主义的狂热，形式上的认同会引发以此命题作为信念的认同。

德米特里同样从埃斯基涅斯（Aeschines）那儿引用了一例："有悖于自己，你们召唤他（狄摩西尼上场作辩）；有悖于法律，你们召唤他；有悖于整个民主，你们召唤他。"为了说明效果，德米特里又给出了不用递进式表达的相同思想："有悖于自己与法律与民主，你们召唤他。"此版本缺少他在讨论的三个形式要素：每个小句首词相同（epanaphora）、每个小句尾词同音（homoeoteleuton）、不用连词（asyndeton）。因此，这里没有明显的形式特征供人认同。（作为递进形式的一个无可争议的例子，让我们回想一下在福楼拜的一封信中常为人所引的一句话："他们继续前行，有些人徒步，有些人骑着马，有些人乘坐大象。"[①]此处视觉形象的渐进加强了音长的渐增效果。）

昆体良的《论言说者的教育（*Institutio Oratoria*）》第八、九两卷里讨论的许多"转义辞格"和"非转义辞格"中，（撇开内容）引发纯形式认同的程度，一些辞格强于另一些。对整个问题详加讨论并非我们此时的目的。我们只需讲到足以确立原则，并能说明为什么以某种修辞格表达一个命题时会引发"同一"即可。此种同一首先是诱导听众参与形式这一具有普遍吸引力的所在，然后是让带有倾向性的观点乘形式认同的顺风船。

[①] ［原文为：They proceeded some on foot, some on horse, some on the backs of elephants. ］

语言即象征行动

第三篇　词语滤镜①

1. 引导注意力

　　我们可以先着重区分一下对待语言本质的两种不同方式："科学主义"（scientistic）与"戏剧主义"（dramatistic）。科学主义方式始于命名或定义。抑或语言的界定和描述功能可视为衍生性的；而其本质功能可当作为了表态（attitudinal）或劝勉（hortatory）②：表态功能如抱怨、恐惧、感激等各种态度的表达，劝勉功能如命令或请求或，广言之，语言是一种在

---

① ［该文收录于伯克的代表作《语言即象征行动》（*Language as Symbolic Action*，1966）。本篇取自 Patricia Bizzell 和 Bruce Herzberg 合编的 *The Rhetorical Tradition Readings from Classical Times to the Present* (Boston: Bedford Books of St. Martins Press, 1990: 1034—1041)。"Terministic Screens" 中译名已存在多个："辞屏""术语规范""术语视角""术语视屏""规范网"。经反复斟酌，我们将其译为"词语滤镜"，根据有三：（1）文中第一部分倒数第二段伯克将其与摄影技术中的滤色镜所做的类比；（2）"Screen" 的众多词义中有"聚焦镜"和"滤网"两义，根据本篇中的所指，可将其译为"滤镜"；（3）伯克此文并非仅指术语中的相关情况，并且文中专指术语时用的是 "terminology" 或 "nomenclature"，因此，"terministic" 可广义地理解为"词语的"。］

② ［此处的"表态"与"劝勉"采用了刘亚猛《西方修辞学史》（2008：337）中的译法，本篇中还有其他几处参考了该书中的相关表述，不再一一指出。在此谨以致谢！］

维系社会的合作与竞争中发展出的表达手段（instrument）。我的措辞是"发展出的"（developed），不是"起源于的"（originating）。在我看来，语言的终极起源似乎和宇宙的起源本身同样神秘。我认为，人们须直接视语言为"给定的"（the given）；而一旦恰好具有该特定能力的动物出现于世，各种部族方言无疑会以其作为维系部族生活方式的手段而发展起来（即人类学家马林诺夫斯基所称"情景语境"中的象征主义实用功能）。此种种考虑皆牵涉我所谓的"戏剧主义"，它强调将语言看作某种"行动"（action），即象征行动。

"科学主义"（语言用作界定）与"戏剧主义"（语言用作行动），这两种对待语言的方式并非相互排斥。因为二法各有其用途，作此区分并无厚此薄彼之意。定义本身就是一种象征行为，如同我建议作此区分是象征行为一样。但尽管在此开始之际，二者重叠可观，之后两条道的分叉亦可观，足以将我们的注意力引向差异颇巨的观察类型。显示方向差异的最快方法也许如下述程式化用语："科学主义"主要通过强调诸如"这是什么，或这不是什么"这样的命题来构筑其语言大厦。"戏剧主义"则倚重如"汝该如此，或汝不该如此"的劝勉表达。两者的区别在以下方面也较为明显。科学主义语言观的终极体现是那些与符号逻辑相联系的种种思考，戏剧主义语言观的则在对随手可及的故事、剧作、诗歌、演讲或广告修辞、神话、神学和哲学的经典模式思索之中。

语言作为"象征行动"的戏剧观，同样也应用于那些最不具感情色彩但又必具说服性质的科学术语之中。我们将由此得出：

即使任何给定的术语是对现实的一种反映（reflection），由其作为术语的性质而言，它必定是对现实做出的选择（selection）；正由此故，它必定也是对现实的偏离（deflection）。

帕斯卡在第七封致外省人书信①中讽刺了当时的耶稣会会士们称

---

① ［法国思想家和神学家帕斯卡（Blaise Pascal, 1623—1662）的《致外省人书》（*Provincial Letters*）完整的共有18封，写于1656年1月23日至1657年3月24日期间，是帕斯卡以笔名（Louis de Montalte）为其友安托万·阿尔诺（Antoine Arnauld），一位主张奉行严格道德要求的詹森主义者（Jansenist），所作的系列辩护。］

作"引导意图"的手段。例如,为了讽刺性地说明人们可以怎样"引导意图",他用了一个属于此类的滑稽例子:决斗虽为教会所禁止,然而仍十分流行。帕斯卡具讽刺意味地展现了,通过"引导意图",人们如何既能参加决斗又不会违反教会的禁令。因此,代之以公然有意地去参加,决斗者只是散步到决斗将要进行的地点,而他们携带枪支也只是作为自我保护的预防措施,以防偶遇武装的敌人。如此"引导意图"之下,他们就能举行决斗,但未违反教会反对决斗的禁令。因为散步是无可指责的;为防止遭遇决意杀人的敌手,自我防卫而射击也非常正当。

我不吝笔墨举此引导意图的讽刺例子,是希望在讨论"词语滤镜"引导注意力的方法时可以节省笔墨。此处,我所想的这种偏离只关涉这样一个事实,即任何术语必然引导人们的注意力进入某些渠道而非其他。从某种意义上讲,这种引导注意力的可能性明显得令人痛苦。例如,物理教科书引导注意力所趋入的方向,与法律或心理学的明显不同。但这种词语诱导的某些含义并非如此显明。

我说起"词语滤镜"时,心中会特别想到曾经看过的一些照片。它们是相同物体的不同照片,差别在于拍摄时使用了不同颜色的滤镜。如此"写实"的照片,仅靠使用不同的滤色镜头对事件进行纪实,竟也在质感甚至形体上表现出显著的差异。

同样地,一个人做梦,然后他将梦讲给弗洛伊德派分析者、荣格派、阿德勒派①或其他学派的从业人员听。在各个案例中,我们可以说,"相同的"梦受制于不同颜色的滤镜,因而给所感受、记录和解释的事件性质带来了相应的差异。(通常,病人很快就能学会提供最适合他们分析者擅用其术语的那种梦。)

……②

---

① 西格蒙德·弗洛伊德(Sigmund Freud, 1856—1939),奥地利精神分析学家,精神分析学的创始人;卡尔·荣格(Carl Jung, 1875—1961),瑞士心理学家、精神科医生,分析心理学的创始者;阿尔弗雷德·阿德勒(Alfred Adler, 1870—1937),奥地利心理学家、个体心理学派创始人。

② [文章篇幅很长,共由五部分组成,我们将最关键的第一部分和具有典型例子的第四部分译出,省略了三个部分,即:(二)术语中隐含的观察结果(OBSERVATIONS IMPLICIT IN TERMS);(三)举例(EXAMPLES);(五)努力避免简单的相对主义(OUR ATTEMPT TO AVOID MERE RELATIVISM)。]

4. 再举数例

那么，我们是怎么想的呢？

我们必须使用词语滤镜，因为不用词语我们无法表达：我们不管使用什么词语，它们都必然形成一种相应的滤镜；而任何一种这样的滤镜必然引导注意力至某一领域而非其他。在该领域内，可能存在不同的滤镜，各以其自身的方式来引导注意力并勾勒了给定术语所隐含的观察范围。所有术语都必然隐含了对连续性原则与非连续性原则的选择。

连续性与非连续性还有另外两种变化应该提及。首先要注意它在政治事务中的运作方式。在国家大选期间，局势的重点突出地放在公民的分歧上。但是，经常出现的情形是，在冲突各方加入一种共同的事业抵抗外敌时，此类分歧（或非连续性）竟会愈合（别处的分歧因此促成了国内连续性原则的重建）。显然，两种情形都创造条件寻找其独特的代罪羔羊，以作为联合各方对付共同敌人的策略。

关于更微妙的一种变化（此处我大致预计要用作下一章的一个特定主题），我们可以引用哈丁①的观察结果，刊于《隐喻与象征》（*Metaphor and Symbol*），是不同作者撰著的文学与心理学象征主义论文集。哈丁虽承认弗洛伊德术语非常适用于唤起人们关注某些因为压抑而未被完全意识到的想法，但他问道：难道不能也存在一些模糊想法，仅因为我们不熟悉某一情形，而未能将它们充分考虑吗？因此，隔着一段距离观察对象时，我们通常不会"压抑"（repress）对其特征的了解。我们不能识别它，只是因为我们必须走得更近些，或者使用仪器，然后才能清楚地了解它究竟是什么。以无意识压抑想法为特点的术语，难道不会自然地引导我们的注意力偏离那些未受压抑而只是距离遥远的象征吗？

---

① ［哈丁（D. W. Harding，1906—1993）为英国20世纪知名心理学家和文学批评家，曾在利物浦大学、曼彻斯特大学等多所高校任教。］

　　再谈一点将结束我们这部分的讨论。最近，我读到一篇论文，其中，一位社会学家指责其他社会学家在讨论人类动机时将他们的术语"过度社会化"。（文章名为《人类在现代社会学中的过度社会化状况》，作者丹尼斯·朗（Dennis H. Wrong），载于1961年4月刊《美国社会学评论》。）

　　此争议将我们带到了我在讨论诗歌特有的词语和普通语言词语之差别时出现的词语情景中的一种变体。但是，丹尼斯·朗此文观点的应用范围事实上比他自己宣称的更广。因此，所有的科学术语都是为此一或彼一特定观察领域而专设，在各自学科中担当特定作用；那么，从学术上讲，可能出现由某一此类专门术语提供充分的定义来服务于讨论广泛意义上的人吗？各领域的术语，都可能就人类动机的描述，给以或此或彼方面的启发。但是，广义的人的定义在形式上只可能存在于哲学类的动机术语表述中（就哲学作为思考人类普遍性的适当领域而言）。任何以特定学科术语进行的人的定义，必将"过度社会学化"，或"过度生物学化"，或"过度心理学化"，或"过度物理学化"或"过度诗学化"，或"过度什么化"，取决于何种专业的词语滤镜被延伸到覆盖自身领域以外的其他更广阔的范围。或者，如果我们努力通过借鉴数种术语来修正一种术语的过度之处，有什么严格的科学规则（以科学专门化的现代意义而论）能够让我们引为支持的证据？如此的折中处方自身不也涉及了某种广义的哲学吗？

　　……

阅读推荐

1. 邓志勇. 修辞理论与修辞哲学: 关于修辞学泰斗肯尼思·伯克的研究[M]. 上海: 学林出版社, 2011.

　　此书为我国伯克研究的首部专著, 对"同一"/"认同"与"五位一体"/"戏剧五元"等修辞理论进行了比较研究和哲学性探讨。

2. 胡曙中. 美国新修辞学研究[M]. 上海: 上海外语教育出版社, 1999.

　　此著是我国最早研究西方新修辞学的专论, 书中第三章第二节系统论述了伯克以"同一"为核心的动机修辞学。

3. 鞠玉梅. 社会认知修辞学: 理论与实践[M]. 北京: 北京大学出版社, 2010.

　　此书对"同一观""戏剧观"都有详细阐述和实例分析。另可参考作者《通过"辞屏"概念透视伯克的语言哲学观》(《现代外语》2010/2); 该文由对"辞屏"/"词语滤镜"内涵的解析, 揭示了伯克有关人、语言、思维、现实之关系的语言哲学思想。

4. 肯尼斯·博克等. 常昌富, 顾宝桐译. 当代西方修辞学: 演讲与话语批评[C]. 北京: 中国社会科学出版社, 1998.

　　此译文集收录了伯克阐发其同情认同、对立认同和模糊认同的《修辞情景》(1973)一文, 是理解伯克认同理论的重要参考。

5. 刘亚猛. 西方修辞学史[M]. 北京: 外语教学与研究出版社, 2008.

　　作者以对伯克修辞思想的系统评述作为全书的终结, 对"戏剧五元""辞屏""认同"等理论都做了精辟、独到的阐释。

6. Burke, Kenneth. *On Human Nature*［C］. Berkeley: University of California Press, 2003.

此文集汇集了伯克1967年至1984年间撰写和发表的部分重要论文,对深入理解"词语滤镜""戏剧五元""认同"等概念具有重要参考价值。

7. Cheney, George. "The Rhetoric of Identification and the Study of Organizational Communication"［J］. *Quarterly Journal of Speech* 69. May (1983): 143—158.

此文是西方研究伯克"认同"观及其应用的力作,引用率较高。

8. Foss, Sonja K., Karen A. Foss, and Robert Trapp. *Contemporary Perspectives on Rhetoric*［M］. Long Grove: Waveland Press, 2014.

书中第七章是对伯克的专论,对其主要概念有系统阐述,还介绍了西方学界对伯克的评价。

9. Jasinski, James. *Sourcebook on Rhetoric: Key Concepts in Contemporary Rhetorical Studies*［Z］. Thousand Oaks: Sage Publications, 2001.

此部权威当代修辞学术语词典中,"Dramatism"(戏剧主义)、"Identification"(认同)词条具有重要参考价值。

10. Wolin, Ross. *The Rhetorical Imagination of Kenneth Burke*［M］. Columbia: University of South Carolina Press, 2001.

此书是对伯克几部重要著作的系统解读,不仅有助于理解其核心概念还可增进对伯克修辞学整个体系的认识。

［美国］理查德·韦弗
Richard Weaver

"论题"/"论式"

作者与选文简介

　　理查德·韦弗(Richard Weaver, 1910—1963)是美国新修辞学的一位杰出代表,尤以伦理修辞学见称。韦弗出生于东南部北卡罗来纳州的阿什维尔城,父亲早逝,家境较为清贫。1932年他于肯塔基大学获英语和哲学双学士,预示了日后其修辞学研究的辩证法倾向。韦弗后于南方名校范德比尔特大学,跟随著名教授约翰·兰塞姆(John Crowe Ransom)于1934年完成硕士阶段的研习。工作数年后,他来到更南方的路易斯安那州立大学,在享有声望的理论家克林斯·布鲁克斯(Cleanth Brooks)和罗伯特·沃伦(Robert Penn Warren)指导下,完成有关美国南方文化研究的博士论文,并于1943年获得学位。第二年他加入芝加哥大学,此后兢兢业业任教于该校直至因心脏病突发而离世。就其一生的轨迹来看,韦弗的主要岁月是在南方度过的;我们因此可以推断,传统农耕文化的浸染为其政治上的保守主义和以价值观为核心的修辞伦理学奠定了根基。

　　在较为短暂的学术生涯中,韦弗为世人留下了不少深邃的著作:《思想会有结果》(*Ideas Have Consequences*, 1948)、《修辞伦理学》(*The Ethics of Rhetoric*, 1953)、《修辞与构思》(*Rhetoric and Composition*, 1957)、**《语言即说教》**(***Language Is Sermonic***, 1963),以及去世后出版的《对秩序的看法》(*Visions of Order*, 1964),《没有偏见的生活》(*Life Without Prejudice*, 1965)等。这些著述集中体现了韦弗崇尚以价值观为取向的修辞伦理、修辞教育、修辞学与辩证法互依等影响深远的柏拉图主义思想与理念,即便在当今他的许多见解也并未过时,仍能击中时弊,醒人耳目。

　　《语言即说教》是韦弗最著名的代表作,被视为其修辞理论的精要总结。该文源自他1963年（去世那一年）在俄克拉荷马大学所作的一次演讲，后收录于当年出版的一个修辞学文集中。以下所译为完整的全文，所涉内容大致可分为三个部分。文章首先对比了以人文性为旨趣的修辞学与以逻辑方法为核心的科学之间的鲜明差异。继而以修辞学中的"论题"（Topos / Topic）选择为例，证明了修辞者依据价值观和受众所处情境两个维度，对定义、相似性、因果、引证四大论题或论证模式所做的慎重选择，即是人文性的具体表现。由此，文章最后阐明作为与修辞同源的语言也总是伴有倾向性或劝说动机，"每一次言说，无论是口头还是笔头，都透露着一种态度，而态度暗示着行动"。文中还反复出现了韦弗对"修辞"所做的伦理性界定："修辞从其功能全局来看，是一门体现愿望顺序的强调艺术"；简言之，"修辞总体上是一门强调的艺术"（rhetoric comprehensively considered is an art of emphasis）。

此篇长文的核心是韦弗按伦理原则排列的一个"论题"等级系统。"论题"在西方修辞学中属于内容策略部分，归属于五大经典范畴之首的"修辞发明"（Invention）。"论题"又可分为专用论题和通用论题，亚里士多德在《修辞学》第一卷第二章中做了明确区分；并于第二卷第二十三章中列举了28个通用论题。据悉，韦弗是根据亚氏的专著《论题》选择了具有普遍适用性的四个主要通用论题，并认为言说者对于某一种论题的依赖或偏重即体现了他的价值观或信念特征。他甚至持有如下格言，"一个人的论辩法要比他公开声称的原则更真实地表明其信念。更能表明一个人的政治哲学是典型的思维方法，这种方法必定在他所喜欢的论辩种类中被表达出来。最能表现一个人的修辞是在他为了用来赢得他人赞同而选择的论题上"（胡曙中 1999：312）。在该文中，他将四大论题依据伦理原则从高到低依次排为：定义；相似性；因果；引证。尽管这一论题等级体系不乏争议，但韦弗引导我们从论题或论据种类的视角来捕捉与评价言说者的世界观或意识形态，无疑是十分独到而有价值的。

韦弗的修辞伦理思想，除了体现在《语言即说教》外，还清晰地表露在《修辞伦理学》（1953）一书中。该文集的诸多文章均可视为其修辞价值观的例释，如《埃德蒙·伯克与情境论据》《亚伯拉罕·林肯与定义论据》《当代修辞中的终极语词》《语法范畴的修辞特征》等。韦弗的理论还包括"修辞学与辩证法""知识与真理""修辞学与教育学"之关系的考察，其中不乏深刻而高远的见地，在当代西方修辞学中自成一家。然而，与同时代的肯尼思·伯克和钱姆·佩雷尔曼相比，理查德·韦弗的修辞理论尚未引起我国学界的关注，迄今鲜有其理论的译介、研究和应用。

语言即说教[①]

　　我们这个时代见证了一度声名显赫、普受尊崇的许多学科日落西山，但我相信，在这个方面，没有哪个学科所受痛苦之剧超过修辞学。回顾一个世纪以前，修辞学曾被视为当时大学所教的最重要的人文学科。回望此景，比对今日所流行的大不相同的情形，人们被迫直面学科评价上所发生的巨大变化。在那些日子里，在尚不久远的19世纪，要做修辞学教授，你得是个人物才行。人们认为此项教学任务需要丰富多样的学识，并公认它直击所有方面中最重要的地方，劝说人们采取正确的态度，作出正确的反应。这项任务不会布置给沉闷乏味的教授。那种教师在以传授知识为主要目标的课程上可能做着一份平庸的工作，但修辞学教师必须是个兼具才学与想象的人，能根据需要举证说明即便是散文中的词语也能举翼飞翔。我想提醒大家，我们老牌大学中尚有一些幸存下来的修辞学教授职位之衔。另外，为呈现全景，我还要补充一点，文学当时被看作是几乎人人可教的科目。讲讲作者生平、时代特点，除勤奋之外无需才学。那曾一直被视为相当平淡乏味的工作，而修辞学教师在人们的期待中是有名望的人。如今，毋庸讳言，情况已完全颠倒。如今是文

---

① ［《语言即说教》是韦弗去世前推出的代表作，被视为其修辞理论的精彩总结。该文最初发表于 *Dimensions of Rhetorical Scholarship*, ed. Roger E. Nebergall（1963）。本篇选自 Bizzell, Patricia, and Bruce Herzberg, eds. *The Rhetorical Tradition Readings from Classical Times to the Present*. Boston: Bedford Books of St. Martins Press, 1990. 1044—1054.］

学教师通过长时间的培训，被认为掌握了学识密术，因其专业被置于显赫的高坛。他们对莎士比亚、济慈或乔依斯了如指掌，对已经成形的诸派批评理论如数家珍，这些都为他们在学术上赢得好评。说句公道话，我们必须承认批评技巧和方法之丰富，已使教授文学成为要求更高的职业，虽然有人认为它的收益已趋递减，成了一个难有回报的职业。可这仍然不足以解释修辞学的降级一事。此变化发展已深，考察我们诸所大学对此学科的处置情况，目前已然令人沮丧。除了一些可敬的例外情况，它只能被送到几乎任何一个愿意接受的人手上。回想修辞大师埃德蒙·伯克①的话，此"教职中水平不高、缺乏学识、教学机械、刻板的成员们"，保管着曾经只托付给领军人物的一切。新手、兼职教师、研究生、教师家属以及各种边缘人物，现在成了教授这门艺术的职员，可这是一门曾被视为要求从业者天赋异禀、成熟老练的艺术。（我们必须注意到，与此同时这门课程已经被允许降低门槛——从以哲学风格处理表达问题，降至将差生提高到堪用层次。）确实，修辞学也是风水轮流转；曾经在天上，现在在地上；因其处境窘迫，人们开始怀疑它还能凭什么条件生存下去。

但是，我们在此面对的不是风水轮流转，而是影响人类心灵的某种东西。影响人心的变化并非不可预测，而是在某一点上有其可辨认的原因。在此例中，我们不得不应对最有力的文化原因——人对人的概念在认识上的改变。近年来，我们对人类实质的概念发生了变化；它让人们决定从一个新的角度考察人类，因为这个决定，新的评价基础已然开始奠定，从而改变了公众对修辞学的印象。此变化了的人类概念用一个词来描述是最合适的："科学的"。该术语指将科学假设应用于并不完全由自然现象构成的对象中。其中大部分都是老生常谈，但为了更好地理解这种变化的影响，我们需要回顾一下19世纪科学或实证主义思维方式的巨大胜利引发的一种信念——没有什么在此法范围之外。科学及其后继的应用科学做出了许多贡献，来改变并据称改进世界的物质条件，以

---

① ［埃德蒙·伯克（Edmund Burke, 1729—1797），爱尔兰政治家、哲学家、演说家，他曾在英国下议院担任了数年辉格党的议员。］

至于有着相同进程的下一步已经就绪。宗教启示和哲学思辨,似乎仍然为人类留有谜题,为什么不该将承诺会带来更好前景的科学策略转而用于人类自身呢?渐渐地,越来越多的人开始相信有效的思维就是科学的思维,而且不囿于具体话题。

如今,科学调查的方法,正如托马斯·赫胥黎①在一次为他赢得修辞学家之誉贡献颇大的讲演中提醒我们所说,不过是逻辑的方法而已。将归纳法、演绎法及因果推论应用于自然现象,其结果使科学正在改变社会面貌,革新产业模式。由此不难推论应该有更多的人成为科学家,进而简单地推衍出人类最好做个逻辑机器,或者至少做个严肃古板的、非情绪化的思考者。此外,随此概念而来的是这样一种思想:如果人们没有做人文意义上的人的话,情况会更如所愿。当然,这种思想是不常被表达的。在科学成功的阴影里,他的人文主义逐渐堕落,受人非难。究竟什么是人文主义的组成成分,分析起来可不是一件简单的事情。理性当然是不可缺少的部分,然而人性还包含感性,或言之,能感受、知痛苦、晓愉悦、享美感的能力,还有一点仅作建议,就是对无限之事的渴望。这最后一点是他的宗教热情,他渴望在这样一个充满挫折的世界里,能感觉活得有意义、有归属感。人文的属性至少有这些。哦,人之为人已有数千年历史,然此人文性让人有何成就? 期待科学乌托邦的人们会认为,除了那独特的有望让他得到救赎的理性品质之外,他的人文性是他前进道路上的拖累,人文属性就是缺点。

无论看起来有多稀奇古怪,这个观念认为人类应该忘掉他的人文性,使自己成为那些逻辑推论的高手,因为对世界更科学准确的理解有赖于逻辑推论。随着此观念的传播,人类的情感和主观成分成了主要遭受批评的对象,理由如上明示。情感与逻辑或科学不相为伍;后者必然

---

① [托马斯·亨利·赫胥黎(Thomas Henry Huxley, 1825—1895),英国博物学家、教育家,达尔文进化论最杰出的代表。严复曾将其《进化论与伦理学》的一部分,译成中文,出版了《天演论》(1898),"适者生存"及"优胜劣汰"等为其中的警句。赫胥黎还创立了英国学术界十分著名的家庭,包括他的孙子奥尔德斯·赫胥黎(作家)、朱利安·赫胥黎爵士(联合国教科文组织首任主席)、安德鲁·赫胥黎爵士(生理学家,诺贝尔奖得主)。]

客观，忠实于公共领域中明白、外在的东西，而且与理性过程保持一致。一旦情感之船被准许闲插一橹，就会让其航行偏离正道。所以，情感是一种累赘。

在此狭隘推理的推动下，修辞学自然从价值备受怀疑的境况沦落到遭受断然指责的更低下的地步。关于修辞学的最明显的事实是它的对象为整个人类。它首先把论据呈现给人类的理性部分，因为修辞论述如果是真诚构思的，总是会以推理为基础。逻辑论证可以说是为任何以劝说为目的的讲演或文章所作的策划。然而，修辞学非常显著的一个特点是，它超过此界，诉诸人类素质的其他部分，特别是人类作为感伤动物（即作为有感受、有痛苦的动物）的本性。以劝说为目的的讲演收效甚微，除非它考虑到了人们对自己的希望、恐惧及所处特定环境会做出怎样的主观反应。亚里士多德在他的《修辞学》一书中用很大的篇幅讲述了人们对不同环境、不同行为的感受方式①，这一事实证明，即便是在理论大师的眼中，这些考虑也是十分显著和突出的。

但是，还有进一步的事实，它比上述内容更加确定地证明，修辞的听众是具有人性的人。以触动别人为目的的每一次讲演，针对的都是独特环境中的特定听众。（除无线电广播之外，我们无法说给"全世界的人"听。它们针对的是一个特定的时间点内的听众。）这里只是要指出修辞学是作用于历史的人的，或者说是作用于受限于历史的人的。它是人类所处境况的一个部分，因为我们生活于特定时间、特定空间。它们必然产生特别甚至独一的修辞紧迫感，说话人应该识别并作判断。因此，正如从修辞学的观点看，人类并不只是个思考的机器或者理性的座所，同样也不是脱离时空的抽象存在。如果科学处理的是抽象、普遍之属，修辞学则几近另一端，主要处理特别、具体之类。要想否认这一点，那就是一厢情愿之至。只要人类生于历史，他必感受并回应历史的种种压力。所有这些理由综合显示，为什么修辞学应该被视为人文学科中的人文之最。它所针对的不仅仅是我们理性的那一部分，它可以对理性途径做出

---

① ［亚氏在此书第二卷中花了大量篇幅讨论了各种主要情感和各种年龄类型的人所具有的性情特征。］

补充。修辞学针对的是处境各不相同的个人，考虑的是科学为满足自己的目的而有意省略的内容。因此，在一个典型人文的内容遭受不信任、不尊重的时代，没有必要好奇修辞学会成为一个主要攻击目标。如果怀有情感算弱点，而且，卷入历史情境也算弱点的话，修辞学就可以理解为弱点处置高手。人类处于这种状况，宗教、哲学和文学已经讲述数千年了。从科学乌托邦的角度批评人类，可谓新起点。

人类作为应该使用理性的造物，其形象的不完整性可以换个角度来展示。众所周知，逻辑是个无主题的主题。也就是说，逻辑是一套规则和策略，同等地适用于任何类型的数据。作为推理形式的科学，它是解释和使用各有其自身内容的各个领域内诸主题的途径。例如，科学、历史或文学的事实可适用于归纳性的概括。类似的事实可以填入三段论。逻辑只是提供机制，用于组织其他知识领域的数据。即从此理可以推知，如果一个人真能将他自己变成一个纯粹的逻辑机器或思维机器，他就与任何知识体系都没有了特别联系。一切都将如谚语所说，入磨成粉。他将无倾向、不偏心、离专好。他对任何事情都一样地漠然。他将成为无心无情的造物，他与世界的各种现实之间的关系，就如同思维技巧与其应用对象的数据一般。他将成为可怕的思维机器人，因为机器人没有东西供它思考。

修辞学永远不会被简化为象征学这一事实，也证实了纯粹依靠逻辑会造成人的形象的非完整性。逻辑正越来越变成"象征逻辑"；这是它的发展倾向。但是，修辞学总是以血肉丰满的言辞来到我们身边，那是因为它必须应对的是这个世界，它的含混、它的顽固、和它的力量。①

每个人都承认存在形式逻辑学。许多知名的权威人士写到修辞学，让人以为它在同样意义上形式化到了同等程度。形式修辞学将变成一套就任何事说服任何人的规则和策略。如果希望得到某种特定的回应，他会使用某种特定的策略或如修辞学的敌人所斥的"诡计"。修辞学提

---

① 我还要加上一句。多年前，芝加哥大学数学系员工和英文系员工打赌，说自己能用数学语言重写《独立宣言》。此事他们后来可能改了主意，因为我们从来没有见过那个数学翻译的版本。

供的这套说服方式，被类比作逻辑学所规定的思维形式。如此构思的修辞学，拥有堪与逻辑学匹敌的适应性和精湛性。

但是，如此的类比忽略了一件事，因为在某一点上我们碰到一个显著的差别。修辞学与这个世界间有一种逻辑学没有的关系，这迫使修辞学家，在关注听众的特点与处境之外，还要注意现实情况。在我们考察传统"论题"（topic）的本质时，就能看到这一点的真实性。论题首先由亚里士多德提出并阐述，后来受到了西塞罗和昆体良的关注，其后又由后继的作者们就劝说这个话题作了发展。它是一系列的"地点"（place）或"区域"（region），从中可以找到具有说服性的论证内容。西塞罗定义论题为"论据的所在"。在功能上，它们是以产生影响为目的的演说内容的来源。亚里士多德列举了相当数量的论题①，但以我们眼前的目的，它们只需作一个非常宽泛的分类。在阅读和解释现实世界时，我们要用四个非常通用的论题。用哲学语言来表达，前三个通常为存在、原因和关系（being, cause, and relationship）；第四个是证据与权威（testimony and authority），因其为外部来源而与前三分列开来。

解释事物的一种方法是定义本质——描述其存在的固定特点。定义是一种抓住本质的尝试。当说到事物的本质时，我们谈论的是我们希望能继续存在下去的东西。定义处置的正好是根本的、不变的属性。

解释事物的另一种方法是将它放到因果关系当中。解释的过程就是确定它为导致某一结果的原因或由某一原因导致的结果。听众的态度将会受到他们对我们的因果分析是否同意的影响。

第三种解释方法是通过考察事物间的异同关系。相比于某个我们了解更详尽细节的事物，我们说二者相似，或者说在重要的方面又有所不同。从这样的比较中，有关事物自身的结论就可得出了。这是非常多见的论证方式，由此或然性得以建立；而且，因为在我们生活的许多问题上，或然性是我们不得不面对的，它必须被视为劝说的可用方式。

第四种类别，也就是因其外部来源而与其他类别分列的那一种，它并不直接处理证据，而是根据证词或权威的可靠性来接受证据。如果我

---

① ［亚氏在《修辞学》第二卷第23章中共列举了28个通用论题或论式。］

们并不处于细究考察的位置，但能获得在其位者的证词，那证词可以成为我们论据的实质性内容。我们可以将它置入三段论之中，就像置入被定义的词一样。来自权威望重者方面的一般陈述，亦情同此理。如果一个提议有重量级权威如《圣经》的支持，或者能与如雷贯耳的名声相联系的话，人们有望因为他们对这些来源的敬重而回应它。这样，来自外部的证据即可用于影响人们的态度或行为。

现在我们看明白了，在这些例子中，听者不只是被请来理解一个有效的推理形式，而是要对现实的某种呈现方式做出反应。他是被请来同意说话者对本然世界的解释的。如果给出的定义是正确的，他有望承认它，并（至少在心里）说"是的，事实如此"。如果对因果关系的说明是对的，他有望同意 X 是这一结果的原因或如此结果由 X 引起。况且，根据原因的好坏或结果的好坏，他可能保留或去除原因或做出其他反应。如果他对两个事物间的相似性印象深刻，结果他更可能接受的策略是以对待其相似物的方式对待某物，那就说明他已经受到比较关系的影响。最终，如果他面对自己敬重的证词或权威，即使程度上是次要的，他也会把它当作一种可靠的、有关现实的信息。用这四种方法，说话人已经说服他用自己看世界的方式来看这个世界了。

然而，在此我必须预见有人会反对。反驳说："你所列举的是极其形式化的论题类别。我看不出它们的应用范围和应用方式与逻辑的形式类别有什么不同。毕竟，任何事物都可以用定义等方法进行解释。你还没有成功地让修辞学成为有实质内容的研究。"

作为回答，我必须转向应该称为修辞学职责的东西。修辞从其功能全局来看，是一门体现愿望顺序的强调艺术。①修辞具有劝告功能；它有责任根据现实中的利害层次关系和与之相关的独特情势向人提出建议。

---

① ［此句可视为韦弗具有伦理意味的"修辞"定义，原文为：Rhetoric seen in the whole conspectus of its function is an art of emphasis embodying an order of desire. 其后在谈及论题选择的第二考虑维度时，他以简要形式又重申了此定义："综合而论，修辞是一门强调的艺术"（rhetoric comprehensively considered is an art of emphasis）。其核心词为"强调"，可与佩雷尔曼的"在场"（presence）相联系。］

因此，诚实的修辞者心中有两件事情：看清这些事物在理想和伦理方面应该何去何从，考虑他的听者们所处的特殊情况。他在这两方面都负有责任。

我将首先说说他对利益顺序或现实的层次关系的把握，是如何决定他所使用的话题的。

当我们把修辞看作文明社会的一种艺术时，（而且，此社会必须是个自由社会，因为在专制统治下修辞学的范围及其使用会受到限制，）我们明白修辞学家要劝说那些他能说服的人们听从他的说法，会面临说服手段的选择。如果他是辩证的，他必然想到要问，是否存在一种标准让劝说之源得到分级。简言之，是否有一种优先顺序，可以让人在采用此一种而非彼一种说服方式时，在道德标准的尺度上显得更高贵？这当然是独立于具体情境的，但也更为根本的问题。我们认为某些修辞事例"不真实""不合理"或"较低劣"，这种感觉正说明了说服风格有可能用得更好或更差。如何衡量更好的风格？显然，要回答这个问题就不能离开对人类本性和命运的认识。修辞学不可避免地会侵犯道德与政治；而且，如果它是我们努力改善人们品格与命运的一种方法，我们就不得不思考与价值体系相关的修辞方法和来源了。

进一步聚焦这一问题，如果有人请别人与他一同思考或行动，他什么时候以最高现实的名义请求，也就是说，他什么时候诉诸最高级别的论题？

自然，说话人回答这个问题时，他将表达自己的哲学，更为准确地说，是他自己的玄学。我个人的回答会是，他将此事基于定义或事物的本质时，他就是在做最高级别的诉诸。我承认这回到了坚持认为最高现实是存在（being）不是形成/实现（becoming）的原始玄学。它是准宗教玄学，如果你愿意这么想，因为它将在西方文明中通常以有神论语言表达的静态（stasis①）、不变、永恒持久等特征归属于最高现实性。完美的东西并不变化；变化的东西不完美。因此，如果能够确定不变的本质或

---

① ［此处应按该词的原意来理解，而不是前面在西塞罗《论雄辩家》中专门论及的"争议点"。］

特征,并根据这些来讲话,这样做的时候,他就是在用最真实的东西进行说服。换个角度来看,这只是要让人们明白什么才是最永恒的存在,或者什么超越了这个充满变化和意外的世界。本质的王国是高于现象之流的王国,而定义就是关于本质和类属的。

我可能把这个观点表达得有些深奥,目的是要置之于哲学背景之下,但是,我所指的情况很常见,只要一个简单的例子就能说明白。如果说话人将人定义为一种造物,拥有不可剥夺的自由权,由此他得出某个人或某个群体拥有自由权的论点,他就是根据定义进行论辩。自由是他的主题的不变特质;因此可以断定什么特质隶属于人这一种类。约定性的定义具有理想化的特点,这解释了把它们置于层次结构的顶端的原因。如果人类的真正进步是迈向真理性的知识,由此可知,它诉诸人类最高能力——理解绝对存在的能力。

我将试着提出的下一个级别(仅次于定义)的论题,是关系或相似性及其子集。我的一贯印象是,类比、隐喻以及比喻表达法的广阔资源,会受到性情诗意和想象丰富者的青睐。对某主题的现有知识只能进行或然性证明时,我们会使用类比或对照。类比是从已知事物向未知事物的单步推理;因此,并没有普遍适用的前提以做出论断。然而,每一个类比的背后潜伏着一个广义概念。广义概念在类比中不会如此明确,因为那样会将论证改变成带有中项的演绎推理。类比的使用者在暗示一种无法于此刻呈现的本质。或者,他可能因为策略的原因而采用这种非直接方法;类比并非不常导致概括,但是,他采用这一方法可能是因为他尊重他的受众,希望他们运用自己的洞察进行判断。

我刚才提及这种论证颇受性情诗意或非刻板者的另眼相看。这一点还暗示了另一种可能性,我斗胆提出,如果你们认为它几近异想天开,就要请求你们网开一面。要说明的是,宇宙本身就是一个庞大的类比系统,因此,我们对它最深刻的直觉也是以比较的方式形成的。申明某一事物像另一事物,等于开始谈论创造的统一性。每一事物与其他事物总是以某种方式而相像,因此我们有了一架相似性之梯,逐渐上升至最终的统一性——与神性中的统一性类似的东西;而且,人们对于这种论证方式有一种得体的缄默,一种随着已知事物而来的对未知事物的认识。

人们公认未知可能是已知的延续，因此人类对自己走南闯北的世界只是部分认识，而其所有部分都是真实的。这就是诗意与神秘的写照，我只是抛砖，但进一步的勾勒有待更有能力者呈玉。

因果在这个序列中属于更低一级的论据来源，虽然作为受限于历史的人我们都得使用它。在此，我必须回想该结构的纯哲学根据，并指出它运作于现象王国（the realm of becoming）。因能生果，果从因生。为了把这一论据来源同其使用者联系起来，我必须注意它最常从典型实用主义思维方式的人那里听到。今天，找到一篇全然不提及原理或定义，只有源自结果的一系列论据的长篇报刊文章或者整篇政治讲演，不是件不寻常的事。我们可以公正地认定它们为耸人听闻型的劝说方式。那些偏好基于结果的论据者，因为诱惑会过分利用听众的恐惧感，强调某种后果的可怕性质或者夸大某种原因的影响力。现代广告业中这种滥用随处可见。同样，还存在一种诉诸谨慎思考的诱惑，它只出现在以事情正在发生或迫在眉睫为特点的文章中。

因果中再低一级的下属论据是诉诸情境（circumstance），这是所有论据话题中哲学性最低的一种。情境作为一种可用的来源，适用时机为我们不知道还有任何其他可诉诸的方式，这时我们会说："我们山穷水尽了。"在所有的论据中，它对人的洞察力要求最低。有一个例子我们如今常常听到："我们必须让自己适应这个快速变化的世界。"这是一个纯粹的情境论据，它甚至都不假模假样地提供一下因果解释。如果它提供了，第一部分会告诉我们，为什么我们要让自己适应快速变化的世界；第二部分会讲这样做的结果。不过，我们常常听到的表述是两样都不做。这种论据非常缺乏对事物的理解，或希腊人称之为dianoia（相当于英语的understanding）。它简单地引用一个残酷的情境，说："加快步伐。"事实上，这意味着理性作了投降。也许它表达了一种直觉的感受：在此情境下，推理是无力的。或者你快点改变，或者你被压垮。但可以肯定的是，在一个遭受无端痛苦和毁灭威胁的世界中，只尝试这样的论证，简直就是在建议孤注一掷。

一般来说，因果是低层次的一种论据来源，因为它处理的范围是现象界，而现象是很容易转换成感觉的。感观的激动总是冒险过度激发我们强烈反对的感伤癖与粗暴癖。

基于证词与权威的论据，使用外部来源，必须用一种不同的方式来评判。实际上，它们是通过别人的眼睛看到的其他来源。它们在论证等级中的位置涉及权威的地位这一更为普遍的问题。如今，有一个广为流传的观念——凡权威皆专断。（"凡权威皆专制"是其根本思想。）因此，通过名人或者公告的威信影响任何人，会被认为是不适当的。每个人都应是他自己在所有事情上的称职裁判，这本身只是个设想。但因为那是明显不可能的，而且一直都是越来越不可能，因此，随着这个世界上各种专业知识的日益累积，同时又没有哪个人能够完全掌握，基于权威的论据肯定不会消失。合理的准则是基于权威的论据实际上就是权威。我们应该希望的是对待权威要有一个全新的、有鉴别力的态度，同时我想要看到一些来源被公认为具有道德权威。这一希望还有待于一个更稳定的价值秩序以及对个人品质重新认识的恢复。从最普遍的意义上讲，权威论据所作区分只要趋近真实的关系，就是合乎道德的。

因此，我们可以总结说，除了一些特殊情况，演讲者的修辞责任是趋向理想。如果接受了这种或者任何其他的论题分级方法，就必须承认修辞不仅是形式上的，而且是现实的。它不是用筹码玩游戏；它的动力来自对实际情况的深刻把握。其论题内容是有关存在的而非假设的。它包括的内容不只是证明，因为它涉及选择。它的主张中有本体论观点。

现在我回到第二个责任，它是由修辞学家关注明确问题的事实带来的。这些问题是有历史的，而历史总是具体的。这意味着，说话人或作者必须对其听众的需要、接受或者反应有修辞感知力。他要考虑到人类的综合存在和易受情绪左右的现实。他要评估听众所处特定环境带来的压力。在对修辞这门艺术吹毛求疵的人眼中，他是个寻找可资利用的弱点的人。

但是，此处我们必须重申该原则：修辞总体上是一门强调的艺术。具体的情境让他面临论证方式的另一重选择标准。由于听众的接受能力千差万别，他该选择哪个话题进行强调？如何强调？如果他得出定义是说服力之所在的结论，他就设法用最有力的方式说明事物的本质。如果他感觉到因果说明给人留下印象的机会最大，他就努力彰显这种联系，让他的听众看到其中的必然性。其他论证方式亦然，通过强调或放大得到听众的赞成。

随着这个强调过程，古人意识到修辞语篇的两个特点，它们能通过话题的现实性和紧迫性给听众留下深刻印象。在希腊语中，它们是energia 和 enargia，两者都可译为"现实性"，尽管第一个词与行为的活泼性或活跃性相关，而第二个关涉场景的生动性。说话人如今大肆利用现实性，以便使他的叙述或描写在听众的心目中显现。

这种做法本身已经导致众多误解，最好加以清除。我们知道对修辞学的批评中，有一条是说修辞人士通过玩弄听众的感觉和想象利用听众。他过分强调话题的重要性，填塞细节，并运用过多的意象与修饰语刺激人的感官等。批评家们经常断言，他的场景再现恣意过度，对此听众应该做理性思考。既然这种批评有其严肃的基础，我打算在回应这种批评之前先举一例证。这篇文章取自丹尼尔·韦伯斯特^①在约翰·弗朗西斯·耐普^②审讯中为原告所作的著名演说。由于韦伯斯特根据情境论据（circumstantial evidence）进行了建构，因而为陪审团再现了谋杀现场。

> 行动时所表现出的坚定、沉着，堪与计划制定时的恶毒匹敌。证据中的详细情节把现场清晰地展现在我们面前。命中注定的受害人以及他屋檐下的一切都已陷入酣睡。一个健康的老人，对他来说睡眠是甜甜的，夜晚的第一段酣睡将他置于睡眠柔软而有力的怀抱。暗杀者从预先备好的一个窗户进入无人占用的套房。他悄无声息地走过月光下寂静的大厅，沿楼梯盘旋而上，来到卧室门前。他用柔韧而持续的力量移动门锁，门静静地开了，他走了进去，仔细打量面前将要被谋害的老人。房间向月光敞着，显得异乎寻常。无

---

① ［丹尼尔·韦伯斯特（Daniel Webster, 1782—1852），美国著名政治家、法学家和雄辩律师，长期担任参议员，并曾三次出任国务卿，对美国的政治、经济和外交贡献卓著。1957年，他被评为"最伟大的五位参议员"之一。］

② ［此为发生在1830年麻省塞勒姆的约翰·弗朗西斯·耐普（John Francis Knapp）和约瑟夫·詹金斯·耐普（Joseph Jenkinss Knapp）案，被视为美国有史以来200个要案审判之一。］

辜的熟睡者脸背着凶手,月光洒在上了年岁的太阳穴那斑白的发绺上,露出了可攻击的位置。致命的一击终于发出!受害人不动也不挣扎,就从酣眠之生跨入了安息之死!暗杀者的目的就是置其于死地;他不断地挥动匕首,尽管大头短棒已将其击毙。他甚至举起老人的手臂,以便自己对准那心脏,然后将手臂放回到刀伤之上!为了做到万无一失,他探了手腕试了脉搏,感觉了一下,确认它不再跳动!事儿办成了。事儿做完了。他开始撤退,折回步子走到窗前,像他进来时那样从窗户走了出去,然后逃走了。他干完了谋杀。没人看见,也没人听到。秘密只有他一人知晓,很安全!

如此细节丰富的现场描绘,韦伯斯特做得栩栩如生,"栩栩如生"就是"逼近真实"。有些人完全反对这种戏剧化;它对人的情绪触动太大。无疑,无论修辞学家什么时候以这种方式再现事件,他都是在作用于我们的情感部分,但只要我们是在斟酌好坏,就总会涉及这个部分。关于这一话题,惠特利主教(Bishop Whately)所著的《修辞学原理》①一书中有个明智的提醒:"情感兴奋强烈时,不一定就是过度强烈;它们可能只是发展到局势充分允许的状态,或者可能还留了些余地。"让我们想一下韦伯斯特所表演的情境。毕竟,凶案有些甚至有很大可能性是如此进行的,而且被告纳普是罪有应得。设想一下,听众保持冷漠,无动于衷。保护生命是受害人一方的考虑和社会的利益。我们不应该忘记韦伯斯特的"再现"就是为此服务的。我们对公平、正义、高贵及其反面的态度不是一套冷血的盘算,而是一种赞成与反对的看法。正如惠特利指出的,说话人引发同情可能只是引到合适的高度并将其导入正确的方向。

在此重申一下我的总观点:使用"夸大法"的修辞学家并不因此而误导听众,因为我们都是人,能力、悟性和想象力都很有限。我们需要别人指明问题,从我们的利益出发解读事情。修辞学家的任务,在于确定

---

① [理查德·惠特利(Richard Whately, 1787—1863),英国启蒙时期的神学家、逻辑学家和修辞学家。1826年他出版了广受赞誉的《逻辑学要素》(*Elements of Logic*),1828年其姐妹篇《修辞学要素》(*Elements of Rhetoric*)一书面世。1831年他被任命为都柏林大主教。]

问题的哪个方面最急迫，然后用语言的力量证明自己的观点。说话人如果就某一案例的某些方面长篇大论，他未必是在欺骗我，正如警察或医生会通过指出本质或后果来建议反对某一做法。他应该知道得比我多。

非常值得怀疑的是，对修辞学的这一指责，不仅来源于让人成为纯理性动物的扭曲形象，还来自缺乏辨别力的平等主义教条。平等主义观念源远流长，有时体现为一种感觉（我将其称为"多愁善感的平民主义"），认为没有谁比谁更好、更聪明，因此一个人承诺、教导或训诫别人，会被认为是越俎代庖了。这一判断颇为荒谬，而且完全不科学，因为我们的差异是多重的、可证实的。然而，这种思想已得到普及，通过的是我们宣传机构的狡猾手段以及煽动性政治的荒谬技巧。按照常识的回答是，任何个人给朋友提建议或在会议上畅所欲言时，就是在进行一种引导，高尚的品德、渊博的知识或者敏锐的洞察力可为其提供正当的理由。

引导为人类所必需，这证明了通过语言让人的观点具有说服力的修辞学源自人类的本性。它不是对任何社会发展、社会体制、流行时尚或时下恶习的过去阶段的回顾。所有因素都考虑过后，可以发现人们天生就是修辞学家，尽管有些生为小家，另一些生为大家，有些人通过学习和训练培养了天生的禀赋，而有些人则视之如不见。人类如此，是因为生于历史，并赋予了热情与责任感。在人类所处的环境与希望成为现实的环境之间，总是有些不一致的地方，尽管它们可能微不足道。因此，人类的生活以迈向目标为特点。多半是修辞学的力量影响并支配了这种举动。

出于同样的理由，修辞学与语言同源。自从我首次听到这个被人郑重提到的想法，即人类的表达可能呈中性这一观点，我的感觉就是不可能，甚至荒唐。这些年来，我对此主题所作的研究，更加证实了这种感觉，并让我相信人们有时崇尚的不带倾向的表达，是建筑在对语言本质最初的误解之上。

必须了解的情形是每一次言说，无论是口头还是笔头，都透露着一种态度，而态度暗示着行动。"汝言泄汝意"，如果我们当它作"你的言语透露你的倾向"的话，这句话实如格言般正确。从你选择所说的内容，再从你决定说出的量，等等，一路下来直到语言运用的细节和语调。所有的修辞都是动机修辞，正如肯尼思·伯克在其书题中所显示的。在此动机尺度的底端，一个人所做的只是发出声音，表达丰富的内容；而如果是在另一端，一个人坐下来创作一部《纯粹理性批判》①，他就有反驳其他哲学家有关存在构成的描述和用自己的观点进行替换的动机，他所考虑的利益可能是普利的——话虽如此，他的行为仍然出自改变事物的意愿。

这是否意味着，没有可能对任何事情都保持客观呢？是否意味着，一个人讲两点之间的距离直线最短，就是"带有修辞意味的"呢？是没有可能，但并非在通常意义上。客观性有不同的程度，不同的学科又有为各自的目的，以各自最有效的方式，表达各自的定律和内容的规定。但即使是这一表达，也可以看作包括在修辞意图之中。换句话说，任何言辞都能执行修辞功能，突显修辞方面。再换句话说，如果从广义上看，我们就能发现其修辞维度。科学家颇有兴趣展示物理世界某些周期性特征的公式化表述，尽管他自己的动机感，可能已经消失在一种普遍的感受之中，认为科学是好事，因为它有助于人类不断进步。②

简言之，只要人会对目的做出反应，他的语言表达就将成为倾向的载体。现代语义学家们要重整语言时，动身出脚即错，错在古怪地假定语言可以而且应该从外面废位。他们是活动于语言学领域的实证学派。然而，如果有任何事物，要坚持公然藐视实证主义关联，那就是这个生而主观、为我们熟知又荷负价值观的我们称为语言的载体。语言是一个归置系统（system of imputation），通过它各种价值观与规范得以在头脑

---

① ［即康德的三大批判之一，英文名为 *Critique of the Pure Reason*；另两批判为：《判断力批判》和《实践理性批判》。］

② 刚才提到"修辞家"（rhetorician）和"修辞者"（rhetorical speaker / rhetor），这可能已引起困惑，在此我来澄清一下这两个术语。用"修辞家"，我指的是慎思明辨的修辞者——他理解劝说性表达的本质、目的以及要求，并多少有意识地按照这门艺术公认的规则进行使用；而"修辞者"是指听凭经验或一闪灵光——他所知不多，无法让修辞发明、布局安排和风格设计为己服务。因此，我所指的修辞家是受过修辞学教育的说话人；修辞者指的是未受专门训练的业余人员。

中首先建立，然后被输入到各事各物。这不是一种不负责任的归置；它并不意味着，比如说，没有两个人能看着同一只钟面而报出同样的时间。特点或属性必须蕴含于事物之中，但它们并非以其在头脑中建立的方式存在于事物中。对此我认为我们能从中世纪实在论—唯名论大辩论中了解很多，而当代语义学对此也略有补充。[①]语言是人们通过想象创造出来以服务于自己的目的，但它可能有客观参照——只是如何参照我们现在尚无法说明，有待于我们对形而上学和认识论有更全面的掌握。

语言归置系统涉及谓语（predicates）的使用，如我们说"食糖是甜的"或者"生意是好的"。然而，现代实证论和相对论实际上走到了否定所有概念谓项（conceptual predication）有效性的地步。在芝加哥，我偶尔有意随便地表达一个宽泛的概念（general concept），以此刺激一个班级，于是我通常会被某个在最好的相对论传统中长大的成员严正提醒："你不能那样概括而论。"相同的观点也可以在名人处碰到。奥利弗·霍姆斯[②]大法官喜欢说人类的主要目的是构建一般命题（general propositions），而一般命题是一文不值的。关于这些一般命题的第一点，该法官说得对，他的意思是人们理解现实时离不开分门别类；而第二点他说错了，因为尽管是个大法官，他不可能像哲学家一样考虑周详。实证论和相对论如果使我们对自己的概念和谓词更加谨慎，或可视为故唱反调，然而它们的立场从根本上来说是站不住脚的。反对一般命题的战斗从一开始就输了，因为正如人肯定是使用象征的动物（而且象征超越了被象征的事物），同样他也是进行分类的动物。道德在于对谓词的应用中。

如此具有断言性的（predicative）语言也因此是说教的。我们全部是说教者，无论是以个人还是公众身份出现。我们一旦开口说话，就在推动别人以我们的方式看这个世界，或者至少是其中的一部分。这样

---

① 实在论认为一般属性真实存在，而唯名论主张一般属性只是用语言概括的范畴而已。

② ［奥利弗·霍姆斯（Oliver Wendell Holmes, 1841—1935），实用主义法学创始人，长期担任美国联邦最高法院大法官。］

陷入一张相互交流与相互影响的大网,我们像修辞家一样说话,不论出自好意还是恶意,都在互相影响。因此,我必须同意昆体良的看法,认为真正的雄辩家是个擅说的好人——性格良善、崇尚道德。此外,若再加上丰富的修辞发明和语言技巧,他就完全有资格行使传统赋予他的引导权了。

如果要拯救修辞学于我在演讲开头所慨叹的忽视和恶名,就必须恢复这些基本事实,直到它们已然成为我们主动意识的一部分。一言以蔽之,人类现在不是、不曾是、也不该是一个失去人性的思考机器。他的感觉就是他的内部活动,紧密联系着过去所称的他的灵魂。因此,诉诸他的感觉并不一定是种侮辱;这可能是对他尊敬的一种方式,承认他存在的丰富性。即使在那些诉求成为一种策略的情境中,它也只是承认了人——所有的人——都是受制于历史的。

修辞必须正式视为运作于文学与政治的交汇点,或者文学价值与政治紧迫感的结合点。修辞家使用文学陈述的推动力量,在听众中诱发一种广义上的政治性态度或决定。也许,这解释了为什么成功的修辞使用者有时在双方阵营中两不讨好。对文学人群而言,他太"实际"(practical);而对更加讲求实际的政治人群而言,他又太"花哨"(flowery)。但是,他着手做的事情没什么不合法的,就如利用不受时间限制的美学原理建造一座公共建筑一样。最后,我们永远也不要忘记,价值秩序可以作为修辞的最终约束(sanction)。没有价值体系,就没有人能够过有方向、有目的的生活。因为修辞学使我们面对包含价值的选择,修辞家对我们而言就是一个布道者,如果他把我们的热情导向提升的目的,他就是高尚的;如果他利用我们的热情迷惑我们、拉低我们,他就是卑鄙的。因为所有言辞都在它们的某一个方向上影响我们,保持方向正确就很重要,而且这个世俗布道者最好是他这一行的大师。

阅读推荐

1. 从莱庭, 徐鲁亚. 西方修辞学 [M]. 上海: 上海外语教育出版社, 2007.

   书中第一章第九、十两节有关"新修辞学"部分简要介绍了韦弗的《修辞伦理学》, 并联系了 Marshall McLuhan、Harold Lasswell、Wayne Brockriede、Karl Wallace 等的修辞学价值观。

2. 胡曙中. 美国新修辞学研究 [M]. 上海: 上海外语教育出版社, 1999.

   书中第三章第三节"Richard M. Weaver 论价值修辞学", 根据韦弗研究专家 Richard Johannesen 等的权威论述, 对韦弗的修辞理论与实践做了系统述评。

3. 温科学. 20 世纪西方修辞学理论研究 [M]. 北京: 中国社会科学出版社, 2006.

   书中第三章第五节"韦弗的'新柏拉图主义'修辞学"较为系统、翔实地评述、介绍了韦弗的主要修辞理论。

4. 姚喜明等. 西方修辞学简史 [M]. 上海: 上海大学出版社, 2009.

   书中第七章"20 世纪西方修辞学的嬗变: 从复兴到繁荣"论及九位修辞学家, 其中对韦弗的人文思想与修辞理论作了综合简明的概括。

5. Burke, Kenneth. *A Rhetoric of Motives* [M]. Berkeley: University of California Press, 1969.

   书中第三部分"秩序"中的首篇"Positive, Dialectical, and Ultimate Terms"可作为韦弗"终极词语"概念的主要参考。

6. Corbett, Edward P. J., and Robert J. Connors. *Classical Rhetoric for the Modern Student*[M]. New York: Oxford University Press, 1999.

　　书中第二章详细论述了"论题"[Topics / Topoi]的一种现代分类并提供了数个应用实例,是韦弗"论题"观的重要参考。

7. Crowley, Sharon, and Debra Hawhee. *Ancient Rhetorics for Contemporary Students*[M]. Boston: Pearson Education, Inc., 2012.

　　书中第四章结合亚里士多德等古典修辞学理论,深入浅出地讨论了"论题"及其在当代美国社会的应用。

8. Enos, Theresa. *Encyclopedia of Rhetoric and Composition*[Z]. New York: Garland Publishing, INC., 1996.

　　书中有资深修辞学者Janice Lauer撰写的"论题"[Topics]词条和具有代表性的参考文献。

9. Foss, Sonja K., Karen A. Foss, and Robert Trapp. *Contemporary Perspectives on Rhetoric*[M]. Long Grove: Waveland Press, 2014.

　　书中第六章对韦弗的修辞思想作了全面系统的述评,并提供了西方学界对韦弗理论的不同反应,具有重要的参考价值。

10. Hauser, Gerard A. *Introduction to Rhetorical Theory*[M]. Long Grove: Waveland Press, 2002.

　　书中第五章"寻找观点"提供了由John Wilson和Carroll Arnold在1983年推出的适合当代表达需要的16种常用论题,并给予了示例说明。

［比利时］钱姆·佩雷尔曼
Chaim Perelman

"受众""在场""布局"

作者与选文简介

钱姆·佩雷尔曼（Chaim Perelman, 1912—1984）是比利时法律哲学家，同时也是与肯尼思·伯克齐名的最富影响力的西方修辞学家。他出生于波兰华沙，少年时随家人迁往比利时，后于布鲁塞尔自由大学分别获得法学（1934）和哲学（1938）双博士学位，并长期任该校教授，负责逻辑学、伦理学和形而上学课程，直至病逝。修辞学虽非佩雷尔曼的专业领域，但其"新修辞学"研究却享誉世界。他的著作不时引用亚里士多德《修辞学》、奥古斯丁《论基督教教义》、乔治·坎贝尔的《修辞原理》等经典，显示出他深谙西方修辞学传统，故能成功运用修辞学视角去探讨法学、哲学领域中的非形式逻辑问题，并通过建构论辩修辞学丰富和发展了修辞学理论。

佩雷尔曼系统而富有原创性的论辩学，主要体现在《新修辞学：论论辩》（1958 法 /1969 英，与 L. O-Tyteca 合作）、《新修辞学与人文科学》（1979 英）以及《修辞学王国》（1977 法 /1982 英）三部著作中。第一部可谓其成名作和代表作，详细阐述了论辩修辞学体系中的三大组成部分："论辩的框架""论辩的出发点"和"论辩的技巧"，其中对"论辩""受众"等诸多核心概念进行了深度剖析。第二部是文集，共收录了他早先发表过的论文 16 篇，涉及修辞学与多个人文学科的关系。他的《修辞学王国》（*The Realm of Rhetoric*）则可以视为《新修辞学：论论辩》的缩写，共有 14 章；考虑其简明性和总结性特点，以下三篇即译自该书第二、第四、第十三章，分别阐述三个核心概念："受众"（Audience）、"在场"（Presence）和"布局 / 顺序"（Arrangement / Order）。

《论辩·言者·受众》（"Argumentation, Speaker, and Audience"）篇目名称中的三个概念密切关联，可以用文中的一句话来概括："**论辩**理论能给出的唯一通行的建议，是让**言者**视其**受众**情况而做调整。"全文约三分之二的篇幅却都是关于"受众"的阐述。首先，佩雷尔曼对这一概念作了以下界定："如果为发展论辩理论想以一种有用的方式来定义**受众**，那么我们必须视之为言者藉由自己的论辩想要影响的人群集合。"此定义说明实际的受众往往并不等同于所接触到的观众、听众或读者。随后他又将受众分为两大类型，个人类型和集体类型，前者主要指个别对话者，也可以指反思中的自己；而后者又可分为普世受众（universal audience）和特定受众。"普世受众"指的是"所有具有理性和理解力的人群"，而在西方的修辞实践中言说者往往会通过诉诸"普世受众"来策略地赢得论辩。尽管此概念也招致了当代一些修辞学者的质疑，但它对"受众"研究和应用的深化具有重要的启示作用。

《选择·在场·呈现》（"Choice, Presence, and Presentation"）篇也涉及三个相互关联的概念，而核心则为"在场"。文中的这句话可以清晰说明三者的关系："在言说中**选择**挑出某些事物来**呈现**，会将受众的注意力引向它们，并因此给了这些事物一个**在场**的机会，以防它们被忽略掉。"可见，选择的目的就是为了让一些信息"在场"，而如何呈现这些信息又直接影响其"在场"的效果。佩雷尔曼此篇的重点是向我们提供可使"在场"增效的诸多呈现技巧。他共提到了八种具体的方法：铺展（Amplification 先总后分）、聚合（Aggregation 先分后总）、同义（Synonymy 同一义的变换表达）、重复（Repetition 同一个词的重复）、变化时间（Enallage of time 以现在时态表示将来）、生动叙述（Hypotyposis 栩栩如生地描述）、疑问（Interrogation 言者知道答案的修辞问句）和预词（Prolepsis 提前回答预想到的反驳）。

《语篇论据的顺序》（"The Order of Arguments in a Discourse"）首先回顾了修辞学传统中关于五艺之一的"布局"（Dispositio）所涉及的两大方面：演说中内容的组织与论据的顺序安排。然后该篇聚焦于多个论据的安排问题。在介绍了已有三种顺序：渐强式（最重要的论据置于最后）、渐弱式（最重要的论据置于最前）和聂斯脱利式（两头重、中间轻），及其存在的缺陷后，佩雷尔曼指出论据出现的先后取决于受众，"只要演说的目的是说服受众，论辩的顺序就要顺应其目的：每一个论据必须出现在可以产生最大影响的时刻。"此外，他还质疑了顺序安排的科学观和美学观，认为这些方法都是"远离了适当的修辞顺序，即最适合某一特定受众的顺序。"可见，对于佩雷尔曼而言，"布局"问题如同论辩中的许多其他问题一样，若要妥善处理，关键在于修辞者对受众的了解与契合。

修辞学王国^①

第二章　论辩·言者·受众

论辩与注重形式正确的证明,是什么将它们区别开来的?

首先,正确的证明遵守形式化系统中已经明示的规则;反之,论辩则从自然语言中流淌而出。因此,尽管证明中所用的符号应该完全摆脱歧义,论辩必须依赖的语言却含有无法预先解决的歧义。它意味着——这正是我想强调的要点——证明和论辩在公理(axioms)的地位与推理的基础方面大相径庭。

数学证明中的公理是不作为辩论论题的。数学家们或者视它们为真,或为自明,或视其为简单的假设;而且,在应用中,他们通常也不会费心受众是否会接受它们。亚里士多德在其《论题》(*Topics*)^②一书中早就注意到,只在有必要为选择的公理作辩护时才需要动用论辩手法。

论辩的目的不是从已知的前提推论结果;它是要引起或增强受方成员对呈给他们认可之观点的信奉。这种信奉不会空穴来风;它以说话人

---

① [《修辞学王国》法文初版于1977年,1982年圣母大学出版社(University of
　　Notre Dame Press)出版了由 William Kluback 翻译的英文本,以下三章(第二、
　　四、十三章)均出自此版本。该书是佩雷尔曼晚期的代表作,讨论了论辩的各主
　　要方面,是对其名著《新修辞学:论论辩》(1958)的简述和补充。所选的第二章
　　主要阐述了"论辩"和"受众"两个核心概念。]

② *Topics*, 101a & b.

与听众双方心智的接触为先决条件。话要有人听，正如书要有人读，这样才能产生作用。即使是私下深思熟虑，心智的相遇仍是不可或缺的，同一人分担了提出与接受理由的双方。一些格言即源于此："勿听心中恶魔言"（Don't listen to the devil in you），"心中恶念，一笑了之"（Laugh at the dark question）。

每个承认这种交汇重要性的社团都设法组织双方的接触，甚至将其设为规定性。周日弥撒让牧师与教区居民一周能有一次会面；义务教育保证教师能有学生到学；宪法规定的年度议会集会将政府置于国民中选举出的代表面前；而法律程序则保证原告能进行正常诉讼，即使被告竭力反抗。

宗教仪式、教育计划、议会传统以及程序规范，以或多或少的精确性将交流的内容固定了下来。离开这些常规内容会被视为非法或失当，或傲慢行为，或沦为笑柄甚至丑闻。

我仍然记得，尽管已过了三十年，有位发言人因未根据场合来表达造成了令人痛心的影响。他当时面对众人需为一逝去的朋友致悼词，但误用此场合攻击了人群中的一位成员。此类不当情形还发生在一位校长身上，他受委托教育儿童遵从社区的价值观，却滥用职位传播可耻的思想和价值观。

外交关系的建立或破裂，是为推进交流而做的准备，预示着乐意与对方讨论或者无法接受对方作为发言人。甚至在提出争议中的权益问题之前，有必要先弄清楚我们是希望通过协商，即通过诉诸辩论，还是通过诉诸武力来解决争端。

辩论意在影响受众，通过话语来修正对方的信念或意向，并试图要获得心智的交汇，而非通过限制等手段将其意愿强加于人。因此，要成为一个观点受到珍视的言者，不是件微不足道的事情。同样，在特定场合，作为一个团体、机构或者国家的代言人，为受众所倾听，也绝非小事。

可见，每场辩论都是以心智的接触为先决条件的，而社会或政治制度可以促进或阻止这种接触。想一想极权主义国家对交流途径的垄断，还有用来保护或阻止这种心智接触的所有手段，就足以明白了。言论与新闻自由是重要的民主成果，但即使在一个自由社会，也不是每个人在任何情况下都能说话,并都能为人倾听的。即便是对话交流最热诚的信奉者,也不愿意就任何话题同任何人进行讨论。这一点亚里士多德已经注意到了。他认为,一些话题不仅不该同任何人进行讨论,甚至根本不该用来讨论:

> 那些还茫然不清是否该尊敬神明和热爱父母的人,需要受到惩罚;而那些还搞不清楚雪是否为白色的人,需要自己去感知。①

有些问题不值得讨论,而另一些问题又不能讨论,因为仅思考它们就会亵渎神明或有悖于道德。以死亡相威胁,雅典法令严禁讨论修改动用城市储备基金的计划。②还有帕斯卡(Blaise Pascal)在陈述相信上帝存在与灵魂不朽的原因之前,不惜数页篇幅,努力劝告我们;此举极其重要,不容轻忽。③

由此,我们应当注意论辩不仅仅以获取纯粹知识上的信奉为目标,而是经常旨在促发行动,或者至少是激起一种行动的意愿,并且关键激起的意愿要足够强大,能够越过所有可能的障碍。圣奥古斯丁在《论基督教教义》一书中对此有精到的论述:

> 如果教授的内容只需了解或相信便可,承认它们是真实的就行。但是,如果所传授的必须加以实施且以此为传授之因,那么除非所学得以贯彻实施,否则对所宣之理的认可即是白费,那番取悦听众的雄辩亦成徒然。所以,教会演说家在呼吁某事必行之时,应该不仅宣明道理、吸引听众,而且要让人信服他会获胜。④

因此,奥古斯丁写道:

---

① *Topics* 105a.

② Demosthenes *First Olynthiac* 19.

③ Pascal *Pensées*, trans. W. F. Trotter (New York: Modern Library, 1941), 417.[帕斯卡尔《思想录》,何兆武已将其译成中文,1985年由商务印书馆出版。]

④ St. Augustine, *On Christian Doctrine*, 4, 13, trans. D. W. Robertson, Jr. (New York: Liberal Arts Press, 1958), p. 138.

> 正如让听者保有其听者的礼遇才能使其快乐，打动他采取行动才算使其信服。正如你说话甜美，他会愉悦，使他信服，必要让他爱你所诺、惧你所吓、恨你所谴、拥你所赞、悲你所悲；乐你宣为所乐、怜你演讲中置于其前的可悯之人、避你警为所避之徒。①

在向信众致辞，促使其结束自相残杀的战争时，奥古斯丁不会满足于听众对他演说的赞赏；他要一直讲演到他们流泪，表明已愿意改变态度为止。

这些例子证明，我们在论辩中发表观点时，这些观点有时旨在产生一种纯粹认知性的结果——一种承认其为真的意向——而有时又旨在激起即刻或最终的行动。论辩者针对的并非我们称为"官能"（faculties）的知、情、意等；他们针对的是整个的人，但其论说会应情景之异而寻求不同效果，并且所用的方法，将既契合讲话的目的又适合要影响的听众。辩护民事或刑事案件的律师，会依他或她要说服的法庭的不同而采用不同风格与类型的论证。一种论辩理论能给出的唯一通行的建议，是让说话人视其受众情况而做调整。

什么是论辩要围绕的受众？有时候答案很明显。在法庭辩护的律师，必须说服组成法庭的陪审团与法官。然而，一个向议会致辞的政治家，情况又如何呢？即便他的发言获得广播宣传，他的受众会是每一个听到他的人吗？接受记者采访的人，他的作答针对的究竟是采访者，还是报纸读者，还是国内或国际的公众舆论呢？我们立刻意识到不应将受众与在场能听到，甚或有机会能读到说话者词句的人等同起来；而且，我们可以想象，说话人可能忽略一部分听众，如参与听证会的警察，或者在只求巩固议会大多数成员的政治演说中，忽略反对党的一些成员。

受众不一定由说话人明显致辞的对象组成。在英国议会，议员们应该向议长发言，而事实上，他们是向自己的党派成员发言，有时会藉此寻求影响国内和国际舆论。我在一家乡村咖啡馆见过这样一句铭文："好

---

① St. Augustine, *On Christian Doctrine*, 4, 13, trans. D. W. Robertson, Jr. (New York: Liberal Arts Press, 1958), pp. 136—137.［圣奥古斯丁《论基督教教义》已由石敏敏译成中文，收录于《论灵魂及其起源》文集，2007年于中国社会科学出版社出版。］

狗狗，不上凳。"这并不表示，所有允许入馆的狗都能读懂法文。如果为发展论辩理论，想以一种有用的方式来定义受众，那么我们必须视之为言者通过自己的论辩想要影响的人群集合。

这是一种什么样的集合（gathering）呢？这种集合极其多变。它可以是说话人自己，私下反思如何应对微妙的局势。或者它可以是整个人类，或者至少是所有那些有理解力、有理性的人，即我称为"普世受众"（universal audience）①的那些人，而"普世受众"自身又可以由无数类的特别受众群组成。

对那些最个人主义同时又是最理性主义的人而言，自我审思提供了由衷而诚实的推理模式，在此不隐藏什么，也不欺骗谁，只是战胜自己的种种疑惑。帕斯卡将"你对自己的赞同，你自己理性的不灭之声"②，视作为真理的最佳标准。同样，笛卡尔在《沉思录》（*Meditations*）的序言中对读者说道："我将在这些沉思录中，首先展现那些我赖以获得明确而可靠知识的思想，目的是要清楚，我是否能用说服自己的那些理由（思想），来同样地说服他人。"③

对于像叔本华（Schopenhauer）和穆勒（J. S. Mill）这样的作者，尽管辩证法是同另一个人争议的技巧，修辞学是公众演说的技巧，逻辑则等同于个人自己思考中所运用的规则。④谢涅（Chaignet）在《修辞学及其历史》一书中认为，"劝说"（persuasion）和"坚信"（conviction）的区别关键在于劝说是为了影响他人，而人总是让自己坚信什么。⑤但那是心理分

---

① ［此译名采用自刘亚猛《西方修辞学史》（2008：328）。］

② *Pensées*, 260. See *The New Rhetoric*, p. 40.

③ Descartes, *Meditations on First Philosophy*, trans. Laurence J. Lafleur (Indianapolis: Bobbs-Merrill, 1960), p. 11.［笛卡尔（René Decartes, 1569—1650），出生于法国西部，其问世于1639年的代表作《第一哲学沉思集》，探讨了上帝是否存在，感官是否可靠以及怎样寻求真理、避免错误等问题。1986年商务印书馆出版了庞景仁的中译本。］

④ See *The New Rhetoric*, p. 41.

⑤ Anthelme Edouard Chaignet, *La Rhétorique et son histoire* (Paris: E. Bouillon et E. Vieweg, 1888), p. 93.

析出现之前的情形，心理分析可以让我们相信：我们会欺骗自己，我们自己给出的理由常常只是合理化［粉饰］的结果。此观点更早的时候出现于叔本华的著作中，对他来说，"理智"（intellect）只是伪装了我们行为的真实动机，而动机自身可以是完全非理性的。①

因为说话人可以使用问与答的方式，来检验自己对别人的信念与态度形成的想法，交谈中由一个对话者（interlocutor）组成的受众，似乎比公众场合由一群人组成的受众，有着无可争辩的优势。渐渐地，随着对话或辩论的发展，说话人开始越来越了解对方，因为他有理由假定对方不会有意误导他。交流思想的目的，是让参与者能相互加深理解。此种情形之下达成的协调，保证了论辩更加紧密相扣。正因此理，芝诺（Zeno）将作为对话技巧的辩证法比作一只握紧的拳头，而修辞学在他看来类似一只张开的手。②

上述区别并非没有意义，它无疑是与更好地了解交谈对象联系在一起的，至少与辩论的主题（subject）有关。如果说话人展开自己的辩论，而毫不顾忌自己唯一交流者的反应，那是无益的，因为对方必然会从被动倾听的角色，转变成主动参与的角色。如果有人传道而不费心考虑听众的反应，很快就会被人当作狂热分子、内心恶魔的猎物，而不是当作与他人分享自己信念的理性之人。因此，苏格拉底式的问答技巧，在此种情形中适合于一个人或一小群人前使用，而长篇演说适合用于大群的听众，这一点并非没有道理。但是，不必将辩论技巧的不同，视为性质的不同，因为论辩技巧主要取决于环境，并且只关注受众对展开的论证能有所信奉。

然而，当我们针对诸如物理、历史或法律领域的专家受众，就某一专门主题进行论述时，问答式的论辩技巧，则几乎没有什么价值，因为每一领域都有一些命题和方法，所有专家理应承认而极少置疑。一个人不能任意质疑这些命题和方法而不暴露他自己不够资格，因为如此行事将与

---

①   Arthur Schopenhauer, "On Ethics," *Parerga and Paralipomena: Short Philosophical Essays,* trans. E. F. J. Payne (Oxford: Clarendon Press, 1974), II, 234. See *The New Rhetoric*, p. 42.

②   Quintilian *Institutio oratorio* 2.20.7.

科学信念的稳定性背道而驰。[①]这些信念越是处于特定学科的中心位置，背弃他们就越为严重；而他们的投降越有可能引发一场科学革命，执掌学科阵地的人们就越是顽固坚持信念。[②]有时他们也会向创新思想家的论点让步，但那也是在整整一代人的辩论结果水落石出之后。

因此，有些命题和方法，应该为专业受众群中的所有成员所认同，直到建立起一种新的秩序。去确认专业听众对领域常识的认同，就纯属多余。相反，只有在缺少一组公认的真理和命题时，求助于问答辩证法，才显得不可或缺。

向有专业知识的群体致辞的专家，以及在教堂布道的牧师，很清楚他们的阐述可以基于什么命题，而与之相比，哲学家所处的境地，却极其艰难。原则上，他的讲述面对的是所有人，是那些愿意倾听、有能力理解他的辩论的普世受众。与学者、牧师不同的是，哲学家并没有一组为所有受众接受的哲学命题。相反，他搜索事实、真相和普世价值观以迫使所有开明人士做出认同，即使并非所有普世受众都明确地拥护它们，因为那是不可能的。因此，哲学家诉诸常识或共识，诉诸直觉或不证自明，假定每个普世受众是他所暗指的社团的一部分，分享着相同的直觉和不言自明的真理。对之加以简单否认，不足以证明个人的异议，因为如果哲学家的论述似乎总体上是可接受的且具有说服力，那么顽抗者将不得不证明自己反对普遍接受的观点并非发疯，而是因为有很好的理由支持自己的反对或至少是怀疑。因此，即使言说不是面向一个人或一小群人，而是面向理性的诉求——即面向普世受众—— 一场涉及所有争议

---

① See Michael Polanyi, *Personal Knowledge* (London: Routledge and Kegan Paul, 1958), pp. 292—294.[《个人知识》是波兰尼耗费十余年心血的一部哲学巨作，提出了相对于显性知识的默会知识（Tacit Knowledge），即只可意会的知识，该书已由许泽民译为中文，贵州人民出版社2000年出版。]

② See Thomas Kuhn, *The Structure of Scientific Revolutions* (Chicago: University of Chicago Press, 1970).[库恩的《科学革命的结构》引导了科学哲学界的一场认识论的大变革，其影响不仅在于自然科学领域，而且延伸到社会学、文化人类学、文学史等社会科学领域。该书提出的"范式转换"在学术界家喻户晓。北京大学出版社2003/2012年出了金吾伦与胡新和的汉译本。]

观点的对话，似乎仍是不可避免的。这就是为什么作为争论技巧的辩证法，对哲学论辩非常重要，这一点我们可以在苏格拉底的对话和受其启发的哲学家身上见到。

面向一些人与适合所有人的话语之间的差别，可以让我们更好地理解，劝说性（persuasive）话语是如何区别于令人信服的（convincing）话语的。不应认为劝说针对的，是想象、情感或者人不假思索的反应，而信服诉诸的是理性①；不应主观对客观般将两者对立②，我们可以用一种更技术和更精确的方式来描绘其特性，即面向特定受众的话语旨在劝说，而面向普世受众的话语，则意欲使人信服。

如此建立起来的差别，不依赖于听众的数量，而有赖于说话人的意图：他想要得到的是部分，还是所有，通情达理者的信奉？也许说话人把他的听众设想成普世受众的唯一化身——甚至是在私下商议时。③令人信服的话语，其前提是通用的，亦即原则上所有的普世受众成员都能接受。顺着这一思路，我们马上意识到，由于哲学在传统上关乎真知和理性，人们只有通过考虑，哲学与普世受众的关系以及哲学家理解这一关系的方式，才能最充分地把握这一学科的原创性。

亚里士多德是以其《修辞学》而非《论题》围绕受众概念的，因为只有根据听众的特点，他才能考察演说家可以引发的激情与情绪。④因此，受雅典习俗的启发，他依据为听众保留的角色，区分了三种演说类别：

> 听者必定要么仅为观众，要么成为裁判，而作为裁判，判定的或是过去的事或是将来的事。例如，议会成员是未来事务的裁判；审判官是过去事情的裁判；而纯粹的观众则判断说话人的能力。所

---

① See Pascal, *Pensées*, 252.

② See Immanuel Kant, *Critique of Pure Reason*, trans. N. K. Smith (New York: St. Martins Press, 1961), pp. 626—627.［康德的《纯粹理性批判》为其三大批判著作之一，有多个中译本，最新译本为邓晓芒译，台湾联经出版公司2004年出版。］

③ See *The New Rhetoric*, pp. 26—45.

④ *Rhetoric* 1389—1391.

以，必然有三种修辞演说，审议类（deliberative）、庭辩类（forensic）和典礼类（epideictic）。[①]

议政类别中，演说者建议或劝止某一行动，并且他最后推荐看似最为有用的措施。庭辩类别中，他控告或辩护，以便对案例进行公正判决。宣德类别中，他褒扬或谴责，其演说涉及可敬或可鄙的问题。[②]

如果亚里士多德受到政治集会的启发而描述了议政类别，那么他是受到奥林匹克运动会期间演说竞赛的启发而明确了宣德类别。在那些比赛中，听众即是观众，如果说他们有什么任务要完成，那主要就是选择其演说应该夺奖的胜利者：

> 此种（宣德类）演说被视同戏剧场景或体育竞赛，其目的似乎是突出表演者。因为这些专门特征，罗马修辞学家们将宣德类的研习交由语法学家负责，而他们训练门徒的就是被视为与实战雄辩相关的那两种演说（议政类和庭辩类）。对理论家而言，宣德类演说是雄辩术的一种退化形式，其目的无非为了取悦，因而它必然关注修饰和论述那些确定或至少是无可争议的事实。所以宣德类演说在他们看来与文学的联系似乎比与论辩的联系更加紧密。[③]

然而，在我看来，宣德类别对言说特别重要，因为其作用在于强化对价值观的信奉，缺少了这种信奉，旨在激发行动的话语，就寻找不到感动或触发听众的杠杆。可能甚至发生以下情形：一次殡葬仪式，本来是安排让人哀悼政治受害人的，却会蜕变为一次暴乱，要求惩罚凶手。分析莎士比亚《尤利乌斯·恺撒》（*Julius Caesar*）中安东尼的那段著名演说，我们就会发现演说的类别之分其实是多么武断，因为在宣德演说（比如殡葬演说）中，说话人想要围绕某些价值观来团结大众，并利用由此产生的情绪，来激发那些在演说前原本只想围在遗体旁悼念的人，引发他们采取行动，甚至进行反叛。

---

① *Rhetoric* (trans. Freese) 1358b, 2—7.

② *Rhetoric* 1358b, 28.

③ *The New Rhetoric*, p. 48.

宣德演说通常隶属于有教化意义的类别，因为它想引起一种情感或意向以便在适当时机行动，而不是立刻行动。我们会不理解这一类别的性质或重要性，如果认为它的目的只是为说话人赢得荣耀。荣耀虽然可以从这种演说产生，但我们却不应将演说的结果与目的相混淆。目的永远都是围绕一些价值观来强化共识，这些价值观言者希望见其流行并引领未来行动。正是以这种方式，所有的实践哲学从宣德类演说中产生。

第四章　选择·在场·呈现^①

现代概念中的证明，追寻着越来越严格的要求，已经逐渐将论证看作关乎一种所有要素都明显形式化的系统，它由此与一般思想隔离开来。正是此形式化及隔离尝试，让系统带上了机械化特征，使计算机能正确地执行规定的操作，而不需要人类思想的介入。但是，论辩是思想过程的一部分，其中的要素多种多样，相互依赖。

人们已经尝试，使物理与法律等非形式化的学科分支，更加系统化也更加严格。这些努力已经成功地将抽象公式联系到具体情景，目前尚未遇到，与公式预测结果相矛盾的实验，或者超越预先建立的抽象方案的无法预料的情景。为了让系统顺应场景，给所用的公式增加弹性，我们不得不求助于论辩，并因此将此系统重新插入我们知识与愿望的整体框架之内——以便在我们原本希望隔离开来的领域和整个信念体系之间重新建立联系。此整体性具备复杂与变动的特征，相当于一种事理常情的或具有哲学复杂度的全面视野。

正是从这一整体性中，从已为受众接受的观点中，论辩者必须抽取

---

① ［此章围绕"在场"（Presence），即如何在表达中选择与突出关键信息，可联系心理学中的图形—背景（Figure-ground）理论与认知语言学中的突显（Prominence）理论。］

其前提。他无可避免地要做出选择。

每一论证都意味着对事实与价值观已做出预先选择，用给定语言做出具体描述，强调程度也随着所赋予的重要性而变化。要素的选择、描述与呈现模式的选择、价值或重要性的判断——所有这些要素，在人们更清楚地看到别的选择、别的呈现、别的价值判断能够与它们抗衡时，更加无可非议地被看作是展现了自己倾向。起初看似客观与公正的选择与呈现，在遇到另一方的证据时，就显得带着偏向，无论有意与否。多元主义会使批评意识更加敏锐。①通过他人的不断介入，我们才能更好地区分主观与客观。②

……

言说中选出（choosing）某些事物作呈现（presentation），会将受众的注意力引向它们，并因此给了它们一个在场（presence）的机会，防止它们被全然忽略。③孟子讲过的一则中国故事说明了在场的影响："一位国王目睹一头行将献祭的牛，心生怜悯，下令以羊易之。他坦承如此行事，是因为他见牛不见羊。"④

在场直接影响我们的感觉。事物的呈现——安东尼挥舞恺撒的带血长袍、被告的受害人的孩子——能有效地打动观众或陪审团。但是，有效的在场也会导致问题的产生，因为它不仅可能让观众分心，而且可

---

① See Perelman, "A Propos de lobjectivité de l'information," *Pulics et techniques de la diffusion collective* (Éditions de l'Université de Bruxelles, 1970), pp. 81—88.

② ［以下三个段落讲述的是，康德所作的说服（persuasion）与确信（conviction）的区别，所涉《纯粹理性批判》的英译及相关阐述颇为费解，故略去，但无害于文章的理解。］

③ ［此处可视为对"在场"的界定，但更直接、全面的定义出现于他的《新修辞学：论论辩》中：Presence, "the displaying of certain elements on which the speaker wishes to center attention in order that they may occupy the foreground of the hearer's consciousness"（Perelman & Tyteca 1969: 142），温科学在《20世纪西方修辞学理论研究》中将该"在场"定义译为："某些因素的显现，演说者希望把注意力集中在上面，以便可能占据听众意识的前景。"（2006: 191）］

④ Cited in Pauthier, *Confucius et Mencius* (Paris: Charpentier, 1952), I, § 7. See *The New Rhetoric*, p. 116.［出自《孟子·梁惠王章句上》。］

能引导观众奔向并非说者期望的方向。因此，不能总是听从某些修辞老师强调引用物理现实（physical realities）打动观众的建议。

此外，要让与现在有时空距离的事情产生现实感，创造在场感的呈现技巧就是最关键的。因此，重要的是有效的在场感不能止步于我们的意识之中。借助语言的效果及召唤力，即可建立起一种过渡，从作为劝说艺术的修辞向作为文学表达技巧的修辞的过渡。如果根据培根的说法，修辞是一门"应用理性于想象以更好地打动情感"的艺术，它确实如此，因为修辞抵抗环境对我们感觉的支配：

> 感性只关注现在；理性关注未来。因此，现在投入的想象越多，理性就常常受到征服；但随后雄辩与劝说之力让未来、遥远之事恍如目前，于是，理性战胜想象。①

乔治·坎贝尔受到大卫·休谟（David Hume）的联想主义影响，在他的《修辞原理》（*Philosophy of Rhetoric*）（1776）中为时间、地点、联系以及个人兴趣等情况投入了大量笔墨，事件藉此影响我们并为我们的意识提供在场感。说话人应该受到赞扬，如果他通过自己的呈现才能，吸引我们注意到一些事件；若非他的干预，这些事件就会被忽略，而现在它们已经受到了我们的关注。对我们来说在场的事物在我们心中占据首位，对我们很重要。奇怪的是，丧失了重要性的事物会变得抽象，几乎不存在。诸如斯蒂芬·斯彭德（Stephen Spender）和亚瑟·库斯勒（Arthur Koestler）等一些作家②，已经观察到人们感知现实的方式以及知觉受到他们的个人情感和政治信仰的影响。斯彭德做了如下评论：

---

① Francis Bacon, *Advancement of Learning* (London: Oxford University Press, 1944), I, 156—157.[《学术的进展》出版于1605年，共两卷，第一卷主要论述"学问和知识的功效，兼及增广知识的价值和荣耀"；第二卷调查学问的发展情况。该书已由刘运同译成中文，上海人民出版社2007年出版。]

② [斯蒂芬·斯彭德爵士（S. H. Spender, 1909—1995），英国现代著名诗人、作家，其《诗集》（1933）引起评论界的关注；亚瑟·库斯勒（Arthur Koestler, 1905—1983），匈牙利裔英籍作家，关注政治和哲学问题，《中午的黑暗》（1941）是他最知名的作品。]

几乎所有的人都对现实有一种极其断续的把握。只有一些说明他们自己兴趣和思想的事物，对他们才是现实的；其余的尽管同样现实，对他们却很抽象……你的朋友是同盟因而是人类……你的对手只是无聊、无理、无用的说法，他们的生命是你想用铅弹消除的虚假陈述。①

通过种种呈现技巧，某些要素在意识中的在场感以及我们赋予它们的重要性之间的联系得以建立；这让我们看到，修辞学成了创造这种在场感的艺术。理查德·韦弗（Richard Weaver）在一篇被视为美国修辞学理论经典的论文中讲道："此处我们必须重申该原则，即：修辞总体上是一门强调的艺术。"②

言说者不同于逻辑学家，不必列数他推理的每一环节；对人人皆知的前提他可以仅作暗示，因此，亚里士多德将修辞推论（enthymeme）界定为"修辞三段论"（rhetorical syllogism）。③无疑，仔细阐述某些要素有益于创造在场感；随着给予注意的延长，它们在受众意识中的在场感得到加强。④只有通过详述某一对象，才能创造期望的情绪。⑤

为达到这一效果，修辞教师推荐了以下几种技巧：重复、细节积累、特定段落的强调。一个主题开始可能会作综合表述，然后可能列举其组成部分。弗莱希耶（Fléchier）在他为亨利·奥弗涅（Henri de la Tour d'Auvergne），蒂雷纳子爵，所作的葬礼演说中描述了对这位元帅亡故的反应⑥：

① Arther Koestler et al., *The God That Failed*, ed. Richard H. Crossman (London: Hamilton, 1950), pp. 253—254. See *The New Rhetoric*, pp. 118—119.
② Richard M. Weaver, "Language Is Sermonic," *Contemporary Theories of Rhetoric*, ed. R. Johannesen (New York: Harper & Row, 1971), p. 173.［参见韦弗的《语言即说教》译文。］
③ *Rhetoric* 1357a.［参见亚氏《修辞学》第一卷中的选文。］
④ *The New Rhetoric*, p. 144.
⑤ See Vico, *Delle instituzioni oratortie, Opere*, Vol. VII (Naples, 1865), p. 87.
⑥ ［Esprit Fléchier（1632—1710），法国牧师与作者；蒂雷纳子爵（Vicomte de Turenne, 1611—1675），又译为杜伦尼，六大法国大元帅之一。］

叹息、哀歌、赞颂遍布城乡！一个人眼见自己的谷物安然丰收，怀念他、赞美他……另一个人愿他永远安息……一处有人为安其魂奉上弥撒……另一处有人为怀念他举办葬礼、颂扬功德……因此举国上下皆为痛失其守护者而哀哭。①

这一发展主题的技巧已在修辞学理论中得名"铺陈"（amplification）。我们此处所涉及的是一个为创造在场感而将整体分为部分的修辞格。下文中我们会将其作为一种"论辩式"（argumentative schema）再加讨论。②

而在另一修辞格"聚合"（aggregation）中，我们先列举局部后以综合结尾。维科（Vico）举了一例："你的眼为厚颜而生，你的脸为无耻而生，你的舌为伪誓而生，你的手为掠夺而生，你的腹为饕餮而生……你的足为逃跑而生——总之，你是彻头彻尾的歹人。"③

同样，在同义法（synonymy）或转换法（metabolē）中，同一思想以不同的词重复，似乎在纠正自己的想法。高乃依（Corneille）的《熙德（*The Cid*）》中有一行"走来、跑来、飞来向我们报仇吧"（Go, run, fly and avenge us）④，堪称典例。

同词重复只是表达强调，转换法（metabolē）加重此强调并突出其中某一个侧面。类似效果的获取途径有时间的语法形式替代（enallage），如通过现在式替换将来式，我们实现了显著的在场感："开口立毙。"（If you speak, you are dead.）"

修辞格的这些例子，向我们指出了这些格与论辩理论之间的联系。

事实上，为了达到说服效果，人们通常会使用偏离常规的表达。因此，根据《献给赫伦尼厄斯的修辞学》，生动叙述（hypotyposis

---

① Fléchier, *Oraison funèbre de Henri de La Tour d'Auvergne, vicomte de Turenne*; cited in *The New Rhetoric*, p. 145.

② ［佩雷尔曼在此书第十二章"论辩的充实与论据的力量"中再次涉及"铺陈"手法。］

③ Vico, *Delle instituzioni oratorie*, p. 81, cited in *The New Rhetoric*, p. 176.

④ Corneille, *The Cid*, 1, 6; cited in *The New Rhetoric*, p. 176.［高乃依（1606—1684）的《熙德》，作于1636年，为法国第一部古典主义名剧，取材于西班牙历史上的英雄熙德，公演时轰动了巴黎。］

［demonstration］）作为修辞格，"呈现事物的方式，让人觉得逐渐展开的
事件历历在目。"①

　　要产生一个修辞格，面前就必须有一个非常规的表达和一种可由特
别结构辨别的形式。因此，只要重复不是因对话方不能理解而使用，就
成为修辞格；疑问，如果因说者已经知晓问题的答案而提出，则纯粹以修
辞为目的，因而构成修辞格。同样，预辩法（prolepsis）在说者呈现他意
欲回应的反对意见时，是一个很有用的修辞格。

　　一个修辞格如果使用后导致观点变化，而且在其带来的新情境中，
并不显得反常，那么该辞格就具有论辩性。但如果话语不能赢得听众支
持，此格将被视为一种装饰，过于追求文采，作为劝说方式没有效果。因
此，固定的隐喻说法引不起注意，甚至成为陈词滥调。然而，像柏格森
（Bergson）的"绵延"（duration）这样的理论概念遭到萨特反对，被其降级
至普通修辞格的地位，以此表明这只是一种简单的文采修饰。②

　　一种语境下正常的东西换个语境则不然。节日服装配节日情景并
不显唐突。据传，朗吉努斯曾说过：

　　　　一个全然隐匿、不被看破的修辞格最为出色。然而，崇高
　　（sublimity）和真情（pathos）是隐匿辞格的最佳手段，因为技巧裹上
　　伟大而耀眼的东西，就会拥有它本来缺少的一切，转而摆脱欺骗的
　　嫌疑。③

　　如果我们认为，修辞格是附加在话语内容之上的装饰，我们就只看
到了文采性修辞技巧——华丽、空洞、可笑的虚饰。但既然并不存在一
种单一、充分的方式描述现状，其他任何方式就不能被视为歪曲或变异；

① *Rhetoria ad Herennium* 4, 68; cited in *The New Rhetoric*, p. 167.
② See Satre, *Being and Nothingness*, trans. H. E. Barnes (New York: Philosophical Library, 1956), p. 135.［萨特（Jean Paul Sartre, 1905—1980）的《存在与虚无》，三联书店2014年出有陈宣良等译的修订译本。］
③ Longinus *On the Sublime* 15. See *The New Rhetoric*, p. 171.［古罗马时期的朗吉努斯《论崇高》已有中译，收录于《论崇高 论诗学 论诗艺》，光明日报出版社2009年出版。］

话语形式和内容的分离无法像古典想法中认为的那样以一种简单的方式实现。什么是常规表达方式、什么只具有文学性和装饰性效果，不可能一劳永逸地规定下来。人们以为未受注意的表达很平常，而它的观察无法脱离话语的语言和文化兼具的语境。许多似乎只是人们描述现实的语句，一旦译成另一种语言，就会变得学究气、做作。同样，一种中性风格可能源于精心安排的修辞。例如，纪德（André Gide）[①]为阐明一种令人震惊和不同寻常的价值判断，曾努力使用一种不让读者吃惊的平实风格。[②]

我们必须强调，平常普通的语言是社团共识的体现，如同传统观念和通用论题（commonplaces）一样。事实呈现方式的共识或至少不加保留的呈现风格，可以促进听众在问题的实质上达成一致。我们将会发现朴素的语言如何可以表示立场，而这些立场却险遭无视，如果修辞分析仅仅限于修辞格[③]的话。

第十三章　语篇论据的顺序[④]

演说中内容的组织和论据的顺序问题——在古代得名"布局"（dispositio），在文艺复兴时期得名"方法"（method），修辞学与辩证法已做了论述。诸多的不同部分已作划分——开场白、陈述、证明、反驳、（主要论点的）重述、结束语——似乎所有的演说，不论其目的、听众和所用时

---

① ［安德烈·纪德（André Paul Guillaume Gide, 1869—1951），法国小说家、诗人、文学评论家，1947年获诺贝尔文学奖，代表作《伪币制造者》等。］
② See *The New Rhetoric*, p. 152.
③ ［此处修辞格应指装饰性辞格，非论辩性辞格。］
④ ［此章中，佩雷尔曼强调了语篇中论据呈现顺序的重要性及不同方式，对论说语篇各主要组成部分的功能、安排策略等做了深入考察，是对亚里士多德以来"布局"（Arrangement）这一核心范畴的继承和发展。］

间,都有着相同的结构。亚里士多德曾经说过传统的划分只适合这种或那种演说。对他而言,只存在两种绝对必要的部分:人们提议辩护的论点陈述以及证明的方法。[1]按照这种解释,顺序实质上仅限于论据的布局方面。

让我们即刻注意,顺序在一个纯粹形式化的证明中毫无重要性可言;这样的证明就是通过正确推理将具有公理性假设的真值命题转变为定理。然而,在想要赢得听众支持的论辩中,顺序则非常重要。事实上,论据的呈现顺序改变了他们接受的状态。

尽管开场白问题原则上与讨论中的论点可能并不相关,却是演说中所有修辞大师都去处理的部分。对亚里士多德而言,某些开场白类似音乐的序曲,但在大多数情况下它们的主要作用是功能性的:通过在观众内创造或培养一种兴趣或善意的气氛,把观众吸引到演说者一边。时间紧迫和演说人为听众熟悉时,开场白就可以略去。省略它影响到完整性,但不影响演说的顺序。另外,如今开场白的目的常常由主持人对演说人的介绍达成。

开场白可以是关于演说人、听众、主题的相关性或重要性,甚至是关于对手的。亚里士多德在这方面注意到关于演说人或其对手的开场白,是想为了搁置对演说人不利的偏见或者是为了给对手制造不利。[2]但是,他的这番话是很有意义的:说到要消除对演说人的偏见,就不得不在开场白就处理好此问题,因为如果听众认为演说人怀有敌意或令人反感,他们就不会心甘情愿地倾听;但说到征服对手的时候,论据必须置于演讲末尾,好让法官能在结论中清楚地记得它们。我们明白对亚里士多德而言,展开的部分与论据的位置是功能性的:取决于所追求的目的以及达成目的的最有效途径。

正因如此,陈述,即事实的说明,在法定诉讼程序中是不可或缺的。陈述在议政演说中,因过去的事实已完全知晓而未来无法描述,常常免除。在或褒或贬的仪典(epideictic)演说中,事实的陈述依事实是否为公

---

[1] *Rhetoric* 1414a—b.

[2] *Rhetoric* 1415a, 25—34.

众熟悉而显得重要或多余。审讯中,公诉人会努力让那些不能被判案者失察的事实带上在场感。被告的律师几乎不会详述事实,除非他反对对手的说法,而会强调事实是合理的或情有可原的。

论证自身应该放在它要支撑的论点之后还是之前?西塞罗建议采用不同的程序,应对两种不同的论说目的:是说服听众,还是激发他们。前一种情况下,没什么会阻碍在一开始就发布要证明的论点;后一种情形中,为了让听众做好准备,有必要论证先行,而将论点放在末尾。[①]

论据(arguments)应该以什么顺序呈现呢?人们已经依论据的强度推荐了三种顺序:渐强式顺序、渐弱式顺序以及涅斯托尔式(Nestorian[②])顺序。涅式顺序始于并终于最有力的论据,其余论据置于中间。

渐强式顺序的麻烦是起于最弱论据会失去听众,让演说者形象暗淡,威信受损,降低听众给予的注意。渐弱式顺序以最弱论据结尾,会给听众留下不好印象,成为他们最不愿记住的事情。因此,古典修辞学家大多推荐聂斯脱利式顺序。

这一顺序的麻烦是它认为论据的力度是恒定不变的,并不理会论据呈现的环境。但实际情形并非如此。论据的强度取决于论据被接受的方式。如果对手的论辩已经影响了听众,那演说者就要清除影响、进行反驳,然后呈现自己的论据。反之,当自己发言在先,那反驳对手最终论据的部分从来不会早于对自己论点的辩护;甚至有理由根本置之不理,以免让对手的论据因提及而强化其分量或在场效果。

我们不该忘记,受众会随着演说的逐渐展开而不断变化,以至于影响演说的效果。根据某些事实或事实的特定解释是否为人所知,有些论据会产生不同的影响力。只要演说的目的是说服受众,论辩的顺序就要顺应其目的:每一个论据必须出现在可以产生最大影响的时刻。但是,

---

① Cicero *Partitiones ortoriae* 46.

② [涅斯托尔(Nestor)是荷马史诗《伊利亚特》中经常出现的智谋长者。第四卷中提到他的排兵布阵法:将有马车的骑兵部署在前面,勇敢的步兵排在最后,而将胆怯者赶到中间。]

能说服一群听众的未必能说服另一群,因此每次都必须为适应听众而重新做出努力。

那么,存在一个独立于受众之外的不变的顺序吗?已经有人做过类似的探讨,他们或者赞美自然、理性的顺序,或者把演说视为艺术作品。在这两种情形下,他们都在寻找一种基于科学或美学考虑的客观顺序。

有一种方式可以忽视听众的重要性,那就是仅仅专注于一类听众,他们的支持是真理的保证。对柏拉图来说,哲学修辞学是能说服众神的[①]、基于真理的修辞学。笛卡尔的《方法论》(*Discourse on Method*)也是如此,该篇将阿格里科拉(Agricola)和拉姆斯(Ramus)[②]的理性主义努力推向极端;他们质疑是否不存在一种迫使人们认可的独特顺序,因为这种顺序是基于事物本性的,而合乎理性的话语必须遵循这一顺序。他们将自然主义的方法(method of doctrine or nature),即"自然明显的部分应该先行"[③]与涉及观点的审慎方法(method of prudence)相对照。

笛卡尔不是用更显然者反对次显然者,而是以"几何学方法"为模型,坚决反对传统修辞学和辩证法,因为它们满足于或然性(probability)。瞄准意见之外的确定性(certainty),他在《方法论》第一部分中写道:"反思博学之士对同一话题持有不同意见,尽管其中只有一个能够成为真理,我渐渐地把任何只是像真理的观点几乎看作是谬误。"[④]他由此得出其方法的第一条规则:"不接受任何事物为真,除非自己确定它显然如此。"然后是第二条:"将我要考查的每一个难题,按需要分割成尽可能多的小块,以便更好地解决它。"第三条规则显然契合我们所关注的问题,即如何"以有条不紊的方式进行思考,始于最简单、最容易了解的事物,逐渐发展直到最复杂的知识,甚至假设在彼此间没

① *Phaedrus*, 273e.[《斐德若篇》是柏拉图有关修辞学的代表作。参见朱光潜译《柏拉图文艺对话录》(1988),人民文学出版社。]
② [阿格里科拉(Georgius Agricola, 1494—1555),德国历史学家和矿物学家。拉姆斯(Petrus Ramus, 1515—1572),法国教育改革家、逻辑学家、修辞学家。]
③ Pierre de la Ramée, *Dialectique*, p. 145.
④ *Discourse on Method*, p. 42.

有自然先后顺序的认识对象中存在一种顺序"①。其上，他增加了最后一条规则："论证中的所有环节尽数列举，逐个严密彻查，让自己确信无一遗漏。"②

如果笛卡尔希望将这些规则的应用限制在数学话语上，就没有理由对这些规则过于挑剔。但是，他将受几何学者启发的规则转变为普遍适用的类型，试着混合典型的哲学想象与数学分析，他迈出的大胆的这一步使他的哲学充满争议。下面这段话表达了他对一种真正理性哲学的希望。

这些长长的推理链条全都非常简单、非常容易，几何学家们习惯用之于解决他们最困难的证明；这些链条给了我机会，设想人类所有可能认识的对象都以与之相同的方式联系在一起，并设想如果我们不接受任何事实上不真的事物为真，并且坚持以正确的顺序从一步推到另一步，那么就没有什么遥远得无法企及，也没有什么隐秘得无法揭开。③

对笛卡尔来说，哲学的目标是发现万事万物中的真理，其基础在于不证自明的真理（the self-evident truth），即"我们视为非常清晰明辨的事物"。④他的方法本来应该催生出一种全新的哲学，一门让我们从一条自明的真理走向另一条的真正科学。但是，由于他还没有通过这种方法达到确知万物的真理及顺序，他写道："为了我在有理由中止自己的判断时，我仍然能够坚定不移地行动，也为了尽最大可能幸福地生活，我为自己设计了由三四条准则组成的临时道德规范。"⑤这些准则更多地源于理由（the reasonable）而非具有自明特征的理性（the rational），而且这些准则模糊不清，让他犹豫不决究竟准则是三条还是四条。如果说前三条关于节制、坚定不移和掌控自己（而非掌控世界）的准则具备普适性，那

---

① ［关于笛卡尔方法论的三条规则的理解和翻译，参考了郑文彬译《方法论·情志论》（译林出版社，2012）。］
② *Discourse on Method*, p. 50.［指笛卡尔的《方法论》一书，以下三个注及上页的注④所指为同一本书。］
③ 同上，p. 50.
④ 同上，p. 62.
⑤ 同上，p. 53.

第四条倾毕生精力培养理性、推进真理知识，却不具备相同的承载性或普适性，因为他无法推荐每个人都过学者或哲人的生活。^①

尽管修辞学家们谈论话语之外的一种自然顺序，他们实质上是在考虑适合叙述的时间顺序，一种依赖习俗和传统的顺序，遵循它以免引来注意。不过，笛卡尔则采用了一种受几何学家启发的独特顺序，一种从简单走向复杂的顺序。因此，方法论问题不再是顺应听众的修辞学问题，而是变成了符合事物性质的科学问题。

按此观点，修辞学（在拉姆斯看来）不再瞄准说服（convince）而是取悦（please）；最多也就是，修辞学通过词语和呈现的魔力让人们更容易接受那些独立于说服艺术之外的真理。从此观点发展出一种趋势，其基础早已见于柏拉图对修辞学的构想：一个语篇本质上可视为艺术品，视为"一个生物，有自己的身躯及头足"^②。同样，在此情形下，即使语篇的顺序并没有基于本体论，而是基于关注满足创造这种作品要求的美学，人们依然远离了适当的修辞顺序，即最适合某一特定受众的顺序。

把顺序问题简化为科学或美学的方法，就将内容问题与形式问题进行了分离，这等于抛开了应该由修辞学来解决的特有难题：根据受众调整话语（顺序）。把真理问题同关系到（受众）信奉的问题隔开，无异于将修辞学视为交流的简单技巧而已。这种观点曾导致修辞学的衰退以及作为说服策略的古代修辞学后来蜕变成纯粹装饰性，最多是文学性的辞格修辞学。

---

① ［关于这些准则的详情，参见郑文彬译《方法论》第三部分。］

② Plato *Phaedrus* (trans. Jowett) 264c.

阅读推荐

1. 胡曙中.美国新修辞学研究［M］.上海：上海外语教育出版社,1999.

   此书第三章第五节"Chaim Perelman论论辩修辞学"围绕佩雷尔曼理论对修辞产生知识的认识论观所做的贡献。参见袁影相关论文《西方现当代修辞认识观探研》(《修辞学习》2005/2)。

2. 刘亚猛.追求象征的力量［M］.北京：读书·生活·新知三联书店,2004.

   书中第三章"受众与修辞实践中的权力关系"对佩雷尔曼、伯克、埃墨伦等众多修辞学者的受众理论,结合当代修辞实践,进行了综合辨析与生发。此外,刘亚猛教授《西方修辞学史》(2008)末章结合对"新修辞"运动的考察,系统而深入地评述了帕尔曼/佩雷尔曼的论辩理论。

3. 吕玉赞.新修辞学的论证技术——佩雷尔曼《修辞学王国》评介［J］.法律方法,2010(第十卷).

   文章详细介绍了《修辞学王国》中的第7—11章有关论证方法的内容,而本文集选取的是该书中第2、4、13章有关"受众""在场"和"呈现顺序",因此,这篇书评可以起到很好的补充作用。

4. 涂家金.对立认同与重生修辞：涉华危机报道修辞批评［J］.重庆理工大学学报,2011,(2)：84—89.

   此文所用的分析方法融合了伯克、佩雷尔曼修辞学以及功能语言学中的评价理论,而以佩雷尔曼的"在场"(Presence)概念为枢纽。另可参见作者主要运用该术语(但译为"活现")作为分析视角的《中美撞机事件修辞析》(《中国民航飞行学院学报》2007/5)。

5. 温科学. 20世纪西方修辞学理论研究［M］. 北京：中国社会科学出版社, 2006.

　　书中第三章第三节"佩雷尔曼的'新修辞学'与论辩理论"，除了对佩雷尔曼理论进行综述外，还有专门针对"听众/受众"（Audience）和"在场"概念的阐述。

6. Foss, Sonja K., Karen A. Foss, and Robert Trapp. *Contemporary Perspectives on Rhetoric*［M］. Long Grove: Waveland Press, 2014.

　　书中对当代十位修辞学大家进行了系统介绍和评论，佩雷尔曼是其中之一，位于第四章，是理解论辩修辞学的重要参考。

7. Gross, Alan G., and Ray D. Dearin. *Chaim Perelman*. Albany: State University of New York Press, 2003.

　　两位作者均为美国资深修辞学家，佩雷尔曼研究专家。该书由十章组成，相关篇章有"修辞受众理论"（"A Theory of the Rhetorical Audience"）、"作为增效的在场"（"Presence as Synergy"）、"作为劝说的布局"（"Arrangement as Persuasion"）。

8. Jasinski, James. *Sourcebook on Rhetoric: Key Concepts in Contemporary Rhetorical Studies*［Z］. Thousand Oaks: Sage Publications, 2001.

　　本词典中有"Arrangement"（布局）、"Audience"（受众）和"Presence"（在场）词条，可供参考。

9. Moran, Michael G., and Michelle Ballif, eds. *Twentieth-century Rhetorics and Rhetoricians*［C］. Westport: Greenwood Press, 2000.

　　书中收录了佩雷尔曼研究专家Ray D. Dearin的后续系统论述，另可参见其早期影响深远的论文：The Philosophical Basis of Chaim Perelman's Theory of Rhetoric (*Quarterly Journal of Speech*, Oct. 1969)。

10. Perelman, CH., and L. Olbrechts-Tyteca. *The New Rhetoric: A Treatise*

on Argumentation [M]. trans. by John Wilkinson and Purcell Weaver. Notre Dame: University of Notre Dame Press, 1969.

此书是佩雷尔曼早期也是最著名的代表作（法文初版于1958年出版），《修辞学王国》中涉及的概念在此书中都有详细论述，可作参照阅读。另参见其《新修辞学与人文科学》（*The New Rhetoric and the Humanities*，1979）。

［美国］乔治·肯尼迪

George A. Kennedy

"比较修辞学"

作者与选文简介

乔治·肯尼迪(George Kennedy, 1928—2022),是当代西方最著名的古典修辞史学者。家族中有多人供职于康涅狄格州众议院,儿童时就深受影响,对政治演说及其修辞效果萌发了兴趣,后于普林斯顿大学和哈佛大学(1954年获博士学位)研习古典修辞学。1966年他加盟北卡罗来纳大学,受聘为古典学系主任多年,在该校教授修辞学等课程近30年直至荣休。肯尼迪博士获得众多殊荣,曾担任多个协会的要职,如美国语文学学会与国际修辞学史协会主席,被授予杰弗逊教学科研成就奖,并且在卡特总统与里根总统任职期间长期服务于国家人文学科委员会(National Humanities Council),其影响波及与修辞学相邻的诸多人文领域,成为当代美国乃至世界人文学术界的一位卓越领军人物。学者肯尼迪同时也是一位极具魅力的演说家,尤以典礼演说著称。

肯尼迪教授著述丰厚,一生为多个修辞学分支领域创设了路标或奠定了基石。贡献最为卓著的领域无疑是古典修辞学,代表作是他历时数十年完成的多卷本修辞史研究——《希腊的说服艺术》(*The Art of Persuasion in Greece*, 1963)、《罗马世界的修辞艺术》(*The Art of Rhetoric in the Roman World*, 1972)、《基督教皇帝执政下的希腊修辞》(*Greek Rhetoric under Christian Emperors*, 1983),及其退休前在对此三部加以修订整合基础上完成的《古典修辞学新史》(*A New History of Classical Rhetoric*, 1994)。肯尼迪对宗教修辞学领域亦有开辟之功,《新约的修辞批评阐释》(*New Testament Interpretation through Rhetorical Criticism*, 1984)有力地推动了西方《圣经》修辞研究的深入。不过,比较修辞学是他学术生涯后期倾注主要心力的方向,下面所选的**《比较修辞学:历史与跨文化导论》**(*Comparative Rhetoric: An Historical and Cross-cultural*

Introduction，1998）已成为该领域的后继者所不能不参照的一个关键路标。

　　《比较修辞学》一书由两大部分组成：前五章描述无文字的社会团体内（包括动物世界）修辞实践的情况；后四章则比较了拥有文字系统的主要古代社会——美索不达米亚、埃及、巴勒斯坦、中国、印度以及希腊和罗马——的修辞实践。以下所译《序言》首先阐明了"比较修辞学"的定义，即"针对现时或至今仍存在于世界各个不同社会之中的修辞传统所作的跨文化研究"。之后论述了以形成通用修辞理论（General Theory of Rhetoric）为核心的四大目标："其一，用比较法确定某一修辞传统与其他传统间的异同"；"其二，在第一点的基础上，尝试制订适用于所有社会的通用修辞理论"；"其三，提出并检验可用于跨文化交流中描述修辞实践的理论结构和术语系统"；"其四，将比较研究之所得成果应用于当代跨文化交流"。《序言》继而着重探讨了作者的"修辞"观，以及可用于描述各文化中修辞现象的术语体系。

　　肯尼迪认为："修辞实质上是心智与情感能量的一种形式。"（Rhetoric, in essence, is a form of mental and emotional energy.）此界定本身可谓独一无二，更为独特的是他特别强调修辞不只是人的特征，动物同样具有，全书首章即展示了动物世界中的各种修辞现象。本编认为肯尼迪的修辞定义从广义上来说不无道理，其序言中所作的论证亦不乏说服力，而在此广义修辞概念之下，动物的修辞性就不难接受了。在序言的最后部分，肯尼迪教授讨论了比较修辞学者最为关心的问题，即能否建立一套适于描述和交流各文化修辞现象的通用术语。他尝试以西方修辞学中的审议性（Deliberative）、庭辩性（Judicial）、典礼性（Epideictic）三种话语和修辞发明、布局、文体、宣讲、记忆五大范畴及其所属的次范畴，作为出发点和基本参照，来比较或融合其他文化中的相关修辞概念。这一努力难免招致西方中心论之疑，但作为谙熟古希腊、古罗马修辞史的学者，以此为始发路径实属自然。

比较修辞学：历史与跨文化导论

序言：修辞的比较研究[①]

比较修辞学是针对现时或至今仍存在于世界各个不同社会之中的修辞传统所作的跨文化研究。它至少有四个目标：

其一，用比较法确定某一修辞传统与其他传统间的异同。例如，中国的传统修辞实践与欧洲的修辞实践有何异同？在自然和人文科学领域，比较法常常证明为一种有利于揭示研究对象在自身语境中难以即刻显明的特征。

其二，在第一点的基础上，尝试制订适用于所有社会的通用修辞理论。它应是有关与生俱来的或"深层"的修辞能力，为我们所共同享用，但其形态因文化而异。

其三，提出并检验可用于跨文化交流中描述修辞实践的理论结构和术语系统。

其四，将比较研究所得成果应用于当代跨文化交流。这第四项目标显然超出了我目前的研究范畴，但我希望更宏大的历史视角可能有助于

---

① ［本篇选自 George A. Kennedy 的 *Comparative Rhetoric: An Historical and Cross-Cultural Introduction*. New York: Oxford University Press, 1998: 1—8。全书由两部分组成："无文字社会的修辞"和"古代文字社会的修辞"。第二部分除了阐述希腊罗马修辞外，还设专章论述了中国、印度、埃及等文明古国的修辞。］

理解其他文化是如何看待话语常规的。

本书分为两大部分。前五章中我将描述不使用文字的社会团体内修辞实践的情况。这些章节在讨论话题的顺序安排上将视证据的性质而有所不同。读者会惊异地发现我竟以动物交流与人类修辞的类比开篇。但是，动物使用声音和身体符号获得想要的一切或避开危险，因此动物交流研究向我们诉说了修辞的自然基础。第二章基于有幸留存至今的不使用文字的（nonliterate）社会实践，一窥人类言语和语言早期阶段可能出现的修辞因素，由此为动物交流和人类修辞之间提供一节连接性链环。然后第一部分续以澳大利亚土著居民中的传统修辞实践，那是一个猎人—采集者社会，几乎没有科技，已被从其他区域的文化发展中隔离了成千上万年，因此可以有助于很好地认识与我们大相径庭的世界中的修辞。接下来的一章篇幅稍长，所作考察更加广泛且具更强的组织性，其对象是非洲、南北美洲以及南太平洋地区其他各种口语文化中的修辞特征；而末章（第五章）专述我的读者们很可能最方便接触到的传统口语文化——北美印第安人的修辞。

第二部分我将转向孕育出文字系统的主要古代文化——美索不达米亚、埃及、巴勒斯坦、中国、印度以及希腊——的修辞实践。文字对于写作与修辞的概念化具有重大影响。

要研究范围如此之广的材料，此书可谓前无古人。我希望我的读者把我所说的话视为初步性尝试，以引入一个广阔而迷人的主题，这样的描述无疑将需要未来重拾话题的人进行修正。无论是我还是任何我所知晓的人，无一具备足够资格，能对如此众多不同文化的修辞实践逐个给出权威的描述，原因主要是没有人能拥有全世界如此多种语言和社会的必备知识。我广泛借鉴语言学家、人类学家、社会生物学家以及非西方社会专家的研究，虽然他们大多数从未使用过"修辞"一词，但对我而言，该词就是他们经常讨论的东西。尽管我希望这些领域的读者，尤其是人类学家，可能觉得有些讨论让他们感兴趣，我还是把我的主要受众定位于对世界存有好奇心的普通读者以及古典学、英语文学与写作、哲学和传播学教师，他们会对修辞现象非常感兴趣，并欢迎能有新途径去理解它。

对于本章开头列出的比较修辞学的目标，需要预先考虑两个重要问题：在本书的语境中我用"修辞"表示什么意思？用什么术语描述通用修辞学的结构以及非西方社会中的修辞理论？

有人也许会说："修辞"是西方特有的现象，是一种用于向公众教授演说与写作的结构化系统，发轫于古希腊，广泛教授于古罗马、中世纪、文艺复兴以及早期现代学校之中，而且稍做改变后仍然沿用至今。其他文化中没有完全类似的现象，尽管在阿兹特克（Aztec①）学校和使用文字的文化中尚有部分相似情况。然而，这只是"修辞"的一种含义，一个子集，更广义的修辞也可以追溯到西方修辞意识的源头。"Rhetoric"（修辞）及其各种欧洲语言变体，其实起源于希腊词rhêtorikê，最早出现于柏拉图的对话录《高尔吉亚》（Gorgias）。②此处它略带贬义，用于指公众演说者或政治家的技巧。"修辞"在古典时期的一个常用简要定义为"说服的艺术"或者亚里士多德的完整表述（《修辞学》第一卷第二章），"在每一情形下发现可用的劝说方式的能力。"亚里士多德将修辞研究的起源一直追溯到柏拉图使用该词一个世纪之前，并常常从荷马诗歌、希腊戏剧以及更早的散文作家处引用修辞用法的例证。因此，修辞在希腊的存在早于作为特定研究领域之名称的"修辞"。这种更为广义的"修辞"是指一种普遍的现象，甚至也能发现于动物之中，因为无论何处的个体都寻求一种劝说他人采取或终止某种行为，坚持或放弃某种信念。就我所知，传统的不使用文字的文化，尚未演化出一个抽象词语来描述劝说"艺术"；他们通常用更具体的词语来表达。几乎所有的文化都有一个词语表示"演说者"（orator），以特殊技巧进行公众演说的人；多数文化拥有

---

① ［阿兹特克人是墨西哥人数最多的一支印第安人，1325年他们于现在墨西哥城的中心建立了特诺奇提特兰城。阿兹特克文明是美洲古代三大文明之一，主要分布在墨西哥中部和南部，形成于14世纪初，1521年为西班牙人所毁灭。］

② ［此为柏拉图最为著名的两篇有关修辞的对话之一。对话人为苏格拉底、高尔吉亚及两个年轻人；话题围绕修辞艺术的范围、对象、功能等。高尔吉亚的对答与亚里士多德在《修辞学》中的相关表述十分接近，可能后者受到了他的影响。但此篇中苏格拉底的一些见解常被视为柏拉图对修辞的贬低；他对修辞更为客观的表述体现在之后的《斐德若篇》（Phaedrus）。］

数个术语表示不同的言说情景或不同种类的传统文学。一些文化甚至拥有相当于"隐喻""比较"或话语其他特征的词语。某些类似于我们称为"修辞"的概念化表述与讨论，还出现于希腊之外的其他使用文字的早期文化之中：例如在古埃及与古代中国，甚至已经出现某种类似于善说善写手册的东西，这一点我将在后续的章节解释。

虽然修辞在希腊和罗马主要是作为一项劝说性演说技巧与写作技巧进行传授的，但普遍发现修辞技巧同样也用于想象性的作品中，这些作品并非明显地旨在劝说受众采取行动或接受理念，劝说可能只是潜在的，其创作的目的是制造美感，让受众得到愉悦，或者演示说话人或作者的想象与语言技巧。修辞作为"劝说艺术"（art of persuasion）的定义可能因此轻易扩展为"有效表达的艺术"（art of effective expression）。

但是，我会把修辞的定义再加拓展，让其超越作品表达的艺术、技能或手法的抽象概念，而在自然中努力为其找到位置。我认为修辞不只是仅存在于说者、受众、作家、批评家及教师头脑中的一个方便概念。它具有一种尚未为人们理解的实质性或现实性（an essence or reality）。在本书中，我主张修辞实质上是心智与情感能量的一种形式。①这一点在单个个体，包括动物或人，面临某种可能受话语（utterance）影响的重大威胁或机会时体现最为明显。此时心中会产生一种情感反应，可能是害怕、愤怒、欲望、饥饿、遗憾、好奇、爱意——有情生命所具有的某种基本情感。这些基本情感的可能来源亦即修辞的来源，就是自我保护的本能，而此本能又源自保存基因链（the genetic line）的自然之推动。下一章②将谈到，自然倾向于交流而非体力作为耗能最少的方式。修辞因此是一种能量"节约"能力（"conservative" faculty）。

于是，个体心中的情感反应，不论有意无意，都会触发表达——通过言语及动作——目的是要影响局势。表达需要物理能量并传达修辞能量。修辞能量的最简单形式可于音量、音高和重复之中听到；例如，"救

---

① ［此为肯尼迪独特的"修辞"定义，原文为：I shall argue in this book that rhetoric, in essence, is a form of mental and emotional energy.］
② ［应指书中的第一章。］

命！救命！救命！"（help！Help！HELP！）在复杂的人类交流中，修辞能量的传递还可以通过逻辑推理、人品与情感诉求、隐喻以及用于强调或鼓励受众交流的修辞格。我对修辞的理解也是有先例可循的，如18世纪英国修辞学家们所教授的"活力"（vivacity）概念，以及第七章将讨论的中国哲学中某些观念①，皆有相似之处。

　　言说者通常会觉知作为影响对象的受众（audience）。此受众可能是自己、上帝、某种自然的力量或物体、一只动物、一人或多人。②如果受众是个有感情的生命，就会产生交流，从而会发生某种影响。然而，信息的能量可能并不足以达成目的。说话人也许太过疲劳或虚弱，无力让此信息带足能量，使其在嘈杂的环境中被听到，进而唤醒接受者的兴趣。如果能量足以延伸到听众身边，听者的心中就会产生某种反应。信息的认知内容可以被解码；信息能量可能触发某种反应，是同情还是敌意则视听者个人利益而定。听者可能被说服而采取行动或采纳信念，并可能会以另一信息做出回应。

　　本书中，我主张修辞是一种自然现象，因为其势力潜藏于所有能够发出信号的生命形态，非人类动物中以有限的形式将其付诸实践，修辞为从动物的交流向人类的言语与语言的演化做出了贡献。在人类历史中修辞随着文化其他方面的进化而演化为更复杂的文化形式。所谓文化的其他方面，包括政治体制，如酋邦、议会和法院；宗教实践，如神话创造、仪式和巫术；以及创造象征的各种艺术体现。文化在演化过程中的一个主要阶段，是书写系统的发明，本书亦由此分为两个部分。文字极大地推进了对话语的有意识的创造、分析和批评，进而促进了概念化、抽象思维和复杂推理。元修辞学（metarhetoric），或修辞理论，是一种书写的产物，自然首先发现于早期使用文字的社会。

　　修辞可以区别于传播（communication），而传播没有修辞冲动的驱

---

① ［第七章为"古代中国的修辞"，在谈到《孟子》中的"公孙丑上"篇时将孟子的"浩然之气"与其修辞定义中的能量形式做了联系。］

② ［对比此前佩雷尔曼著名的受众界定，不难发现肯尼迪的要广泛得多，还包含了动物、物体等，这可能是修辞史上最为广义的受众定义了，体现了他的宗教情怀。］

使则不会发生。任何表达中都不存在"零度"修辞，因为没有修辞冲动就没有表达行为。我认为，传播是信息传递的通用术语，它通常包括信息接收者对原陈述进行反应而产生的新思想，进而促使信息发送者修改陈述，使其更为清晰有力，或能应对异议。信息的含义或效果由此协商而定。交际中修辞的程度有种种变化。"窗子关了"是一种信息传播。它的修辞能量取决于其表达的方式和上下文语境。例如，它可能是对担心雨水打进房间的信息接收者所做的温和宽慰，或者是一位计划偷爬入室的窃贼受挫后发出的感叹。然而，"关窗！"——即便不了解上下文，也可感知其似乎携带了更高程度的修辞能量——说话者在下命令。这句话需要取得某种权威性才能说出。接收者的反应限于执行命令；不能或拒绝执行命令，因而否认了说话者的权威；或者要求平等协商此事。接收者可能会说："你自己关。"或"为什么？这里闷气呀。"后一句话就是传统修辞理论中称为"修辞推论"或修辞三段论的一个例子，因为它暗含了一个大前提（"屋里需要新鲜空气"）并通过该理由得出结论。第一个说话者也可以通过添加一个理由而构建一个修辞三段论（例如"关窗吧，因为桌上的文件被吹掉了。"[①]）这样表达的生硬感得到削弱，权威性不那么明显，并暗含了希望接收者自己判断。我将以其修辞能量级别对这些话语的修辞进行描述。显然，这些话语会用不同程度的尖锐或平静声音来表达。因此，它们还包括表达时不同程度的物理能量消耗。从最广义上讲，修辞可以被认为是内在于表达（或艺术表现）中的能量，即促使说话者进行表达的心智或情感能量；是编码于信息中的能量级别；是接收者用心智能量解码并可能对信息做出反应所获得的能量。修辞

---

① ［修辞推论在亚里士多德《修辞学》第一卷的开头两章曾重点讨论过。此种三段论有两大特性：省略性和或然性。据仔细辨析，省略的命题可以是前提也可以是结论，参见袁影、蒋严《修辞三段论与寓义的语用推导》，载于《外语教学与研究》2010，（2）。此处的修辞三段论是由结论和小前提构成的，省略了常识性的大前提"风大应关窗"；而此前"这里闷气呀"实际上是个只有小前提的修辞三段论，省略了结论"不要关窗"和大前提"闷气不能关窗"/"屋里需要新鲜空气"。修辞推论是西方修辞学中的一个核心概念，对之有意识地加以应用，可以有效增进交流效果。］

活动由此发生。

所有比较修辞学学生面临的第二个问题，是用什么术语来描述非西方文化的修辞实践。我们现在所拥有的唯一完全成熟的修辞术语体系源自希腊—罗马修辞学。中国和印度在公元前的几个世纪中出现了大量修辞术语并最终发展成详细的文学批评系统。但是，这些术语对于西方读者而言并不熟悉，而勉强将其作为其他文化话语分析的基础会导致理解混乱。对我来说，比较修辞学为我们提供了一个特别的机会去检验西方修辞学中的概念在西方之外的适用性。我无意将西方修辞观强加在异域文化之上。相反，我倒希望鼓励通过调整（modify）西方概念来描述他方之事，发展起一个标准的跨文化修辞学术语体系。我将不时地用大家更熟悉的术语来讨论非西方的修辞——比如，人格诉求、典礼性（epideictic）及隐喻——但通常会表明必需的限制条件。有些西方术语相对而言不会带来麻烦：例如，人类社会都涉及某种形式的审议（deliberation），将"审议性修辞"（deliberative rhetoric）视为一个通用种类，似乎合情合理。

有些读者可能不熟悉古典修辞学的结构和术语，所以在此我将提供一个简要框架，并于每一情况下提出问题，审视其在描述西方传统之外的修辞时效用如何。在本书的结论部分，我将回到这些问题，并尝试作答。

传统西方修辞学可分为五个部分，有时称为"经典范畴"（canons），用以表示筹划、组织和宣讲演说的各个阶段：修辞发明、布局、文体、记忆及宣说。这些阶段划分对西方流派之外的修辞作品能够描述到什么程度？第六、第七章中，读者将了解到古埃及和古代中国的修辞"经典范畴"，它们与西方概念大相径庭。

传统西方修辞学确认了三种，而且仅有三种话语类型：庭辩性的（judicial）、审议性的（deliberative）和典礼性的（epideictic）。判断标准是受众的功能，亚里士多德认为（《修辞学》第一卷第三章）每个受众或者是裁判或者不是裁判。如果受众判断的是过去发生的事情，其类别就是法庭类（或如旧术语所称forensic）；如果判断的事情发生在将来，类别是政治类。如果受众并非裁判而只是听者或读者，不需要采取什么行动，那类别就是宣德类。作为通用修辞理论，这些类别的有效性如何？是否还存在此分类中未提供的修辞话语类别？

传统西方修辞学对劝说区分了"利用"（use）法律引证等的"非艺术"方式与进行"发明"（invent）的"艺术"方式。[①]而属于劝说的修辞艺术方式有三种，而且仅有三种：人格诉求，即说话人的人格可信度；逻辑诉求，使用的理性论证；及情感诉求，对受众情感的唤醒。这些分类在通用修辞理论中有效性如何？

逻辑诉求或论证在传统上被分为归纳法与演绎法。在西方修辞理论中，归纳推理使用"范例"。不过，范例或例子对命题的支撑是通过隐含一个来自经验的普遍性结论。演绎推理使用的是修辞三段论，称为"修辞推论"。这样的推理通常是或然的，而非必然，而且倾向于假定一个未表明的前提。[②]西方意义上的逻辑论证是否也是非西方话语的一个特色？例证和类比的使用应是通用的，可修辞推论呢？是否还存在其他论辩形式？

传统西方修辞学的学生会从"论题"（topoi）或"贮存地"（places）中寻找说话内容。论题中的一些称为"通用论题"（common topics），指的是诸如定义、问题分类及因果等论辩策略。其余的是适合眼下考虑内容的专用论题（specific topics），比如主战者与主和者可能说的话或者褒扬、贬低他人可能讲的话。[③]论题也是非西方话语的特色吗？若是，那它们在多大程度上与西方的相似或相异呢？

人格诉求、逻辑诉求、情感诉求和论题归于"修辞发明"大范畴之

---

① ［此处来自亚氏《修辞学》第一卷第二章中的相关论述："诸多说服方式中，有些属于严格意义上的修辞艺术，有些则不然。后者我指的是并非由说话人提供而是从一开始就在场的那些，如证人、拷问而得的证据、书面契约等。前者我指的是我们自己可以通过修辞原理构建的一切。非修辞性的方式只要加以利用即可，而修辞性的说服方式是需要创发的。"］

② ［修辞推论的省略有多种形式，可以省略前提，也可以省略结论，省略的命题数可以是一个也可以是两个。参见袁影《修辞批评新模式构建研究》（上海外语教育出版社，2012）中的相关讨论。］

③ ［关于通用论题与专用论题的详细情况参见亚氏《修辞学》第一卷第二章。］

下。而传统西方修辞学中的"布局"关注的是将作品分为承担具体功能的可辨部分："引言或介绍"（proemium）应该取得受众的注意、兴趣和好感；"叙述"（narration）应该为受众提供有助于理解论辩的背景和必要事实 "证明"（proof）应该明确所争议的问题[①]与中心论点，然后给出支持性的论据；也可能还要反驳对手的论点。最后部分是"结语"（epilogue），简要重述此前的要点，并激起受众的情感以接受信念或采取行动。西方与非西方话语又是如何遵循这一模式的呢？

传统西方修辞学的"文体"可分为措辞与组词造句。措辞包括运用隐喻、借代与提喻等"转义修辞格"，其中涉及一个词替代另一个或者表达没有普通词可用的概念；造句涉及首语重复或头韵等非转义辞格以及呼语或修辞问句等思想格（figures of thought）。造句还包括句子的组构，节奏问题及谚语或格言的使用。非西方话语中有哪些常用文体手段？我将特别对隐喻再加细论。此外，文体理论还区分适于不同场合或内容的文体各类型、层次或语域。最常用的文体传统分类是宏大（grand）、中和（middle）、简朴（plain）三种。[②]不同文体种类在其他文化中有所区别吗？若是，是如何恰当分类的？这应是一个特别重要的问题。

西方修辞理论中的"记忆"详细阐述了一套把要记住的东西视觉化的记忆术系统。"宣讲"指的是嗓音控制与姿势运用。[③]这些方面显然是公众演说的重要特色，对不使用文字的文化尤为重要。不过，我手上的此类证据不多，只能偶尔做些点评。

介绍已毕，现在我要开始讨论修辞的运用或十分类似于修辞的情况，以非人类的动物为考察对象。

---

① ［此处涉及的实际上就是内容修辞策略中的"争议点"（stasis），在西方修辞传统中通常有事实、定义、性质、行动四大争议点，各自还有下属的小争议点。参见西塞罗部分的第一篇选文。］

② ［三种文体在古罗马《献给赫伦尼厄斯的修辞学》中就已出现（英译为simple／plain、middle和grand），刘亚猛《西方修辞学史》（2008年，第91页）中贴切地译为"简朴""中和""宏大"，此处借用其译名。］

③ ［有关宣讲，肯尼迪只提到了两个要素；而根据西塞罗共有三个要素，另一个为以眼神交流为核心的面部表情。参见《论雄辩家》选文中的第二部分。］

阅读推荐

1. 陈汝东.新兴修辞传播学理论［M］.北京：北京大学出版社,2011.

　　书中第六章"比较修辞学"着重比较了东西方古典修辞学思想与修辞学秩序,论及日本修辞学家岛村抱月对中国现代修辞学的影响。

2. 胡曙中.英汉修辞比较研究［M］.上海：上海外语教育出版社,1993.

　　此书应是我国最早的中西比较修辞学专著,既有宏观层面的发展史、方法论等的比较,也有中观乃至微观层面的布局谋篇、语体风格、修辞手段等的比较研究。

3. 刘亚猛.言说与秩序：轴心时期中西语言思想的一个重要区别及其当代含义［J］.浙江大学学报,2010,（6）：97—104.

　　此文可视为对先秦与古希腊修辞思想的对比研究。刘亚猛教授还有多篇发表于国外的比较修辞学研究力作,参见汪建峰《当代西方比较修辞学界的中国修辞观》(《修辞学习》2009年第1期)。

4. 谭学纯,朱玲.广义修辞学［M］.合肥：安徽教育出版社,2008(第2版).

　　此书为中国当代修辞学的代表作,两位教授虽都是中文界的学者,但其研究中渗透了国际视野,该书第一章"广义修辞学的理论生长点"、第四章"话语权和表达策略"、第五章"修辞幻象"均鲜明地体现了中西修辞的比较阐释。

5. 温科学.中西比较修辞论：全球化视野下的思考［M］.北京：中国社会科学出版社,2009.

此书获国家社会科学基金项目支持,着力于对中西现代修辞学的演进、结构体系以及学科领域的拓展等进行系统比较和阐发。

6. Garrett, Mary M. Classical Chinese Conceptions of Argumentation and Persuasion［J］. *Argument and Advocacy* 29.3 (1993): 105—115.

作者为此领域著名研究者,发表多篇颇具影响的比较修辞学论文,另有如:"Pathos Reconsidered from the Perspective of Classical Chinese Rhetorical Theories"［*Quarterly Journal of Speech* 79.1 (1993)］,其合作论文 "Aristotelian Topoi as a Cross-Cultural Analytical Tool"［*Philosophy and Rhetoric* 26.2 (1993)］等。

7. Hum, Sue, and Arabella Lyon. Recent Advances in Comparative Rhetoric［A］. *The Sage Handbook of Rhetorical Studies*［C］. Ed. Lunsford, Andrea A., Kirt H. Wilson, and Rosa A. Eberly. Los Angeles: Sage Publications, Inc., 2009. 153—165.

文章从定义、研究方法、未来走向等方面概述了比较修辞学领域的最新发展,文中还特别论及了中国修辞学的相关研究成果。

8. Lü, Xing. *Rhetoric in Ancient China Fifth to Third Century B.C.E.: A Comparison with Classical Greek Rhetoric*［M］. Columbia: University of South Carolina Press, 1998.

此书为美籍华裔学者吕行的代表作,讨论了中国古代修辞中的六个关键术语——言、辞、谏、说、名、辩,重点在对名、辩的阐述,并与古希腊修辞中的相关理论进行了比较。此著已成为中西修辞比较的必读书。

9. Oliver, Robert T. *Communication and Culture in Ancient India and China*［M］. Syracuse: Syracuse University Press, 1971.

该书为西方比较修辞研究的奠基之作,总结了代表亚洲修辞的几大特征,虽然颇具争议,但已成为该领域后续研究不能不了解的一个学术路标。

10. Zhao, H. Rhetorical Invention in *Wen Xin Diao Long*［J］. *Rhetoric Society Quarterly* 24.3 (1994): 1—15.

《〈文心雕龙〉中的修辞发明》为加州州立大学Fullerton分校赵和平教授的重要研究,常为比较修辞学者引用。

［美国］索妮娅·福斯
Sonja K. Foss

"修辞批评"

作者与选文简介

索妮娅·福斯（Sonja K. Foss, 1950—   ）为美国科罗拉多大学荣休教授，主要从事修辞批评、修辞理论和女性主义修辞研究，是目前西方最为活跃的修辞学家之一。福斯教授与我国修辞学界及传媒学界交流广泛，2007年10月她曾来北京参加国际学术传媒研讨会；2013年4月她又应邀来上海大学、湖南科技大学、曲阜师范大学等高校讲学，做了有关其新理论"邀请修辞"（Invitational Rhetoric）的巡回学术讲座；2020年10月她还于山东大学主办的第二届西方修辞学高端论坛上做了线上主旨发言，反响热烈。福斯博士著述颇丰，曾多次获得修辞与传播研究突出贡献奖。影响尤为广泛的著作主要有：《当代修辞观》（*Contemporary Perspectives on Rhetoric*）、《女性主义修辞理论》（*Feminist Rhetorical Theories*）和《修辞批评探索与实践》（*Rhetorical Criticism: Exploration and Practice*）。

以下所选的《修辞批评探索与实践》（1989/1996/2004/2009/2018）应是福斯教授拥有最多读者的著作。初版以来该书多次修订再版，据她自己介绍，第二版就已在300多所高校中广泛使用；而对比第四、第五两个版本，编者发现福斯仍依据教学和研究的深入对内容（尤其范文）做了较大幅度的调整与更新。但较为稳定的是此部教材的开首两章，即《修辞批评的性质》和《修辞批评实践》。因此，我们仍保留原来依据第四版的译文。第一章主要围绕"修辞批评"（Rhetorical Criticism）概念的理解，福斯将其界定为："一种质的研究方法，用于系统考察和解释象征行为及作品，目的在于理解修辞过程。"此定义中的"系统考察和解释"是对"批评"的理解，而"象征行为及作品"是修辞的具体体现、修辞批评的对象，"理解修辞过程"则为修辞批评的焦点及功能所在。福斯的修辞批评定义总体来说含义全面并且本位鲜明。

　　第二章《修辞批评实践》主要围绕四个批评步骤：（1）选择一件作品；（2）分析作品；（3）构建研究问题；（4）撰写论文。最新版中补充了文献综述和批评效用，但仅为选择性。福斯指出，遵循此四步骤的前提是已经明确了所要运用的批评模式，因此选择作品（文字或非文字）的主要依据是要适合于用该模式来进行分析，然后运用模式中的范畴具体阐释作品，在此基础上提炼出明确而有价值的研究问题，最后围绕研究问题撰写评论文章。其中研究问题的提出应是修辞批评过程中最为关键的一步，有助于对治模式分析中的刻板、避免多范畴分析时的弥散、并可提升修辞批评的建设性和创新力。以上步骤主要是为一般修辞批评者，尤其是只熟悉个别批评模式的初学者而设计的。对于批评直觉敏锐、熟知众多批评模式或修辞范畴，并且具有构建新模式能力的修辞批评高手，则可以按福斯在末章"生成批评"（Generative Criticism）中所描述的方法灵活操作。也可以就所遇作品或现象的特点，选择本部文集中所涉及的古今任一核心修辞概念或融合数个概念来分析和评价其修辞策略。

　　作为修辞学科中一个独立的分支领域，修辞批评诞生于20世纪20年代，在百年的开拓中已取得了丰硕成果，被誉为"当代修辞学研究的中心"。北美许多大学已为本科生和研究生专门开设修辞批评课程，一些高校甚至明确将修辞批评研习与职业指导相结合，可见，此领域的社会影响力。修辞批评作为一个学术方向在我国约有二十余年的历程，但迄今发展迅速，成果不断，已出有蓝纯《修辞学：理论与实践》(2010)、柴改英《当代西方修辞批评研究》、袁影《修辞批评新模式构建研究》(2012)等相关论著。近几年还时有以修辞批评为方向的各类课题获得立项，如邓志勇的《当代美国修辞批评的理论与范式研究》(2010年国家社科项目)。无论在中国还是西方，修辞批评已成为一个与修辞理论研究平分秋色的重要学术领域。

修辞批评探索与实践

第一章　修辞批评特征[①]

　　我们生活在象征（symbols）的包围之中。我们的感知方式、所知、经历以及行为方式，都是我们在这个世界中创造和遭遇象征的结果。我们看电影、电视，听政治候选人演讲，注意告示牌和公交车上的广告，挑选家具和艺术品装饰套间和房屋，与朋友和家人交谈。做这些事情时，我们就置身一个过程，思考象征、发掘象征作用方式、揣摩象征影响我们的原因，并且会基于自己的发现选择以某些方式进行交流。这一过程即称为"修辞批评"（rhetorical criticism），本书有助于培养过程所需的技巧，并探索背后的理论。

修辞

　　修辞批评研究可始于对何谓修辞的理解。"修辞"一词的常见用法

[①] ［此章选自 Sonja K. Foss 的 *Rhetorical Criticism: Exploration & Practice*. Long Grove: Waveland Press, 2009: 3—8. 全书共由十一章组成，前两章分别围绕"修辞批评"的界定与操作步骤；第三至十一章依次介绍和实例分析了新亚里士多德主义批评、词群批评、幻象主题批评、类型批评、意识形态批评、隐喻批评、叙事批评、戏剧五元批评、生成性批评。九种修辞批评方法的指导具体明晰，可操作性强。］

大都含有贬义。该词常用以表示空洞、言过其实、缺乏实质的语言。政治候选人及政府官员常常要求其对手或别国首脑"采取行动而非修辞"。另外，修辞还用以表示充斥隐喻及其他辞格的那种文风华丽、修饰繁多的言说。然而，上述概念无一能反映修辞批评中的修辞含义，无一能表明作为始于公元前5世纪的独立学科，该词在其悠久发展史中是如何界定的。在这些语境中，"修辞"被定义为人类以交流为目的的象征运用。这一定义含有三个维度：（1）人作为修辞的创造者；（2）象征作为修辞的媒介；（3）交流作为修辞的目的。

- **修辞以人作为其创造者**

修辞涉及人类创造和使用的象征。有些人指出在用黑猩猩、大猩猩所作的研究中，它们经教授使用符号（signs）进行交流，由此他们对象征的使用是否人类区别于其他动物的特质，提出了争议。就我们所知，人类是仅有的通过使用象征创造各自现实中众多内容的动物。我们所做的每一次象征选择，导致我们或用此法或用彼法看待世界。我们改变所用象征来构造事件时，我们对事件的体验也被改变。与动物的体验相比，人类体验随着象征的改变而改变。因此，修辞仅限于作为消息（messages）发出人或创造者的人类修辞者。

- **修辞以象征作为媒介**

修辞定义中的第二个主要概念是修辞牵涉象征而非符号。象征乃由关系、联想与习俗表示或代表它物之物。象征因其与所代表之物的直接联系程度而有别于符号。烟是有火存在的符号，表示火与烟有直接关系。同样，秋天树叶变色是冬天将临的符号；颜色是降温的直接指示器。相反，象征是一种人为构建，它与其参照物之间只有间接联系。例如，"cup"（杯子）一词与盛放饮料的开口容器并无自然联系。它是由想指称这类对象的某人发明的象征；该对象本可以用"fish"（鱼）来指称。为指称一种特殊的容器而采用"杯子"一词，这一选择是任意的（arbitrary）。

下面的例子可以说明象征与符号的差别。试想有位不常锻炼身体的人，多年不打网球却答应开打。打完球，他告诉同伴，说自己已经发福,体力不支。此人是在用象征向同伴解释自己的感受,提出不适的原因,并有可能为自己表现不佳作辩解。此人还会经历心跳加快、脸色发红、呼吸急促,而身体上这些变化并非出于有意识的选择。与他的言辞一样,它们也和他的同伴做了交流,但它们是与身体状态直接相关的符号。因此,它们并不具修辞性。只在他有意识地使用象征传达某种特殊状态时才具修辞性。

符号与象征的交织关系是人类交流的典型特征。例如,森林中的一棵树不是象征。它并不代表其他东西;它只是一棵树。然而,假如有人选择树传达思想,它就变成了象征。它可作为红杉林被毁等的象征用于环保代言活动,或者作为耶稣诞生的象征用于圣诞树。人类以修辞方式使用种种非修辞对象,在此过程中将它们变成了象征。

虽然修辞常常需要刻意、有意地选择象征以方便与他人交流,那些并非由修辞者刻意造作的行为（actions）也能以象征的方式来解释。人类经常选择以修辞的方式解释一些事情,虽然修辞者自己之前并没打算使用象征。人们可以选择给一个行为或对象赋予象征性价值,尽管它之前并非信息的一个部分。经常的情况是,接收到的意义同信息创建者的本意大相径庭。当美国故意在朝鲜沿海部署一艘航空母舰时,它进行了一次修辞性行动,告示平壤不要继续开发核武器。双方都以象征的方式对此消息做了解读,对其中的意义无有疑惑。如果美国侦察机偶尔越界到朝鲜但不带有向朝鲜传达什么的意图,那么此飞行员就并未进行修辞性行动。然而,朝鲜可以选择以象征性方式理解此次行动,并采取针对美国的相应行动。任何行为,不论是否有意传达,皆可由经历或遭遇它的人们以修辞的方式进行理解。

象征可以采用的形式种类范围宽广。修辞也不局限于笔头与口头语言;事实上,口笔头语言只占我们修辞情境（environment）的一小部分。修辞包含非话语性或非言语性（nondiscursive or nonverbal）象征。演讲、文章、会话、诗歌、小说、故事、漫画书、网站、电视节目、电影、艺术、建筑、戏剧、音乐、舞蹈、广告、家具、汽车和服装,都是修辞的各种形式。

• 修辞以交流作为目的

修辞定义的第三成分是它以交流为目的。象征用于同他人或自己的交流。对许多人而言，"修辞"（rhetoric）一词与"交流"（communication）同义。用"修辞"还是"交流"来描述意义交换的过程，主要还是个人选择问题，它常常源于学者作为基础的探究（inquiry）传统。那些受训于社会科学观的象征使用者常常喜欢"交流"一词，而那些更具人文观点的象征使用者则倾向选择"修辞"一词。

修辞以多种方式运作而让人们相互交流。有时，我们运用修辞说服别人——促使他人在某方面做出改变。有时，修辞是用来邀人理解的——我们提出自己的观点并邀请别人进入我们的世界以方便他们更好地理解我们及我们的观点。有时，我们只是用修辞作为发现自己、了解自己的一种途径。我们可能边思考、感受，边向自己吐露，或者向日记吐露，于是，我们可以更好地了解自己，而且也许还会在生活中做出不同的选择。

修辞的另一项交流功能是它告诉我们现实是什么。现实并不恒定，而是随着我们用来谈论它的言词而变化。关于这个世界，我们信以为真实、为知识的内容，取决于我们选择标识、谈论事物的方式。这不是说事物并不存在——比如这本书只是你想象力的臆造品，而是说过滤现实用的象征影响到我们对书的看法，从而影响我们采取行动的方式。对遭遇到的事物选用何种框架和标签来表达，影响我们对经历的看法、影响我们生活其中的种种世界。某人是嗜酒如命还是道德败坏？一个孩子是调皮捣蛋还是患有多动症？意外遭遇的是斗争还是冒险？同事的行为是恼人还是反常？应对这些局面时所作的标签选择，在决定我们所关注的性质与结果中起着关键作用。

修辞批评

你下面用于从事修辞研究的［系统化］过程就是修辞批评。这是一种质的研究方法，用于系统考察和解释象征行为及作品，目的是理解修辞过程。此定义包含三个维度：（1）作为批评活动的系统分析；（2）作为分析对象的行为与作品；（3）作为批评目的的修辞过程理解。

- **作为批评活动的系统分析**

我们对象征的反应连续不断，遇到象征，我们就会琢磨它们的作用方式、作用时影响我们的原因。我们会说"我喜欢它"或"我不喜欢它"，以此作为对这些象征的反应。在修辞批评过程中，人们会以更有意识、更系统、更集中的方式参与这一自然过程。通过修辞批评的研究与实践，我们就能由调查象征本身而理解和解释我们为何喜欢或不喜欢某事物——我们就能对信息本身，而非我们的感受发言。于是，修辞批评能够更加老练并细致解释、调查和理解象征以及我们对其做出的反应。

- **作为批评对象的行为与作品**

修辞批评的研究对象是象征行为（acts）与作品（artifacts）。行为执行于修辞者意欲影响的对象面前——例如面对现场观众的讲演或音乐演出。因为行为通常转瞬即逝，分析困难，众多修辞批评者选择研究行为的作品——行为的文本、踪迹或触手可及的证据。一项修辞行为转录和印刷、贴到网站、记录在案、存于画布，它就成为具修辞意义的作品，与目睹此修辞行为者相比，能接触到更广泛的观众。行为与作品都是修辞批评的对象。但是，因为大多数批评者将摸得着的作品作为批评基础——例如演讲文本、建筑、雕塑、录制的歌曲——本书将用"作品"一词指称研究对象。使用此词并非要从调查中排除行为，而是要为谈论批评对象时提供一种持续而便捷的方法。①

---

① 此行为与作品的区分由 Kathleen G. Campbell 在下文中提出："Enactment as a Rhetorical Strategy / Form in Rhetorical Acts and Artifacts," Diss. University of Denver 1988, pp. 25—29.

• 作为批评目的的修辞过程理解

　　修辞批评过程常常始于对理解特定象征及其操作方式产生的兴趣。批评者也许对特定种类的象征用法或特定修辞作品感兴趣——比如华盛顿哥伦比亚特区的灾难博物馆或艾米·怀恩豪斯的音乐——进行批评以加深对作品的理解与欣赏。对餐馆、电视、剧院、电影和音乐进行批评的流行文化批评者就是这种种批评者——他们会对怎样理解自己评论的餐馆或CD的特定经验最感兴趣。但是，主要用来评论特定作品的批评不大会"经久不衰；其重要性与功能是即时即逝（immediate and ephemeral）。"[1]一旦历史性情景被遗忘或身为作品创造者的修辞者不再是大众所关注的中心，如果这种批评专注于特定作品的理解，则该批评不再起什么作用。

　　与流行文化批评者形成对比的是，修辞批评者并不只是研究作品的功能与特色。修辞批评者感兴趣的是，发现作品在修辞性质方面表现了什么——换言之，批评者进行修辞批评是为了对修辞理论做出贡献[2]；而理论是针对我们努力理解这个世界时所提问题做出的尝试性回答。它是用于解释一种过程或现象并有助于回答我们所提问题的一套通用线索、概括或原则。在日常生活中，我们都是理论家，在自己的经验和观察的基础上，面对我们的世界中发生的一切提出种种解释。例如，如果朋友一直未回你的电话、电子邮件或者短信，你会得出结论——甚至造就理论——说友谊到头了。关于友谊的状态，你已经扪心自问，收集了证

---

[1]　Karlyn Kohrs Campbell, "Criticism：Ephemeral and Enduring," *Speech Teacher*, 23 (January 1974), p. 11.

[2]　有关修辞批评可对理论建设做出贡献的详细讨论参见：Roderick P. Hart, "Forum: Theory-Building and Rhetorical Criticism: An Informal Statement of Opinion," *Central States Speech Journal*, 27 (Spring 1976), 70—77; Richard B. Gregg, "The Criticism of Symbolic Inducement: A Critical-Theoretical Connection," in *Speech Communication in the 20th Century*, ed. Thomas W. Benson (Carbondale: Southern Illinois University Press, 1985), pp. 42—43; and Campbell, "Criticism," pp. 11—14.

据（打过电话、发过电邮、输出短消息并查知尚无回复），得出尝试性结论
或看法，认为对方不愿再与自己做朋友。

在修辞批评中，批评者提出理论是为了解释修辞是如何运作的。批
评者就修辞过程或现象以及运作方式提出问题，并提供尝试性回答。答
案不必花哨、正式、复杂。它只是涉及对包含于修辞过程或现象的一些
基本概念的辨别，以及对它们的运作方式做出解释。应当承认，作为结
果的理论是基于有限证据之上，多数情况下是一项作品。但即便是对一
件作品的研究，也能让你从特定作品细节中退后一步，以更开阔的视野
加以审视，并从中得出相关的修辞策略。

修辞批评过程并非以对理论的贡献而告终。修辞批评理论能让我
们积累大量研究并因此改进我们的交流实践。修辞批评的最终成果是
促进我们作为交流者的能力的提高。作为修辞批评者，你含蓄地建议怎
样可以做到更有效地使用象征。在提出修辞运作方式的某些理论原则
时，你也就为我们提供了原则与纲领，以便我们以一种更能自我反省的
方式进行交流并构建最能达成自己目标的信息。①因为研究这些原则，我
们应该能够更加熟练、细致、老到地完成与朋友和家人的交谈、对家庭与
办公室的装修、对自己服装的选择，以及在学校与工作场所对自己观点
的呈现。

对修辞运作的了解，还能帮助我们成为更有经验获得信息的观众。
我们理解了构建信息时修辞者拥有的种种选择，以及它们为创造效果而
结合运作的方式，我们就能对别人构建行为与作品时所做的选择提出质
疑。我们就能减弱对现有修辞实践的接受倾向，减弱我们遇到信息时不
加辨别的反应。因此，我们就能变成介入更深、更主动的参与者，塑造我
们居住的世界。

---

① 有关修辞批评可增强交流的有效性讨论参见：Robert Cathcart, *Post Communication: Criticism and Evaluation* (Indianapolis: Bobbs-Merrill, 1966), pp. 3, 6—7, 12; and Edwin Black, *Rhetorical Criticism: A Study in Method* (Madison: University of Wisconsin Press, 1978), p. 9.

第二章　修辞批评实践①

　　第一章中的修辞与修辞批评的定义,为我们理解修辞批评提供了出发点。但是,对修辞批评的了解并不会自动转变为批评能力。本章为生成批评文章的过程提供了总括性纲要,章末还有关于批评文章评价标准的讨论。

　　因为本教科书对你们许多人而言是初次接触修辞批评,用特定方法开始修辞批评实践,可能会让你们觉得更自在一些。使用这些方法能让你们开始形成自己的批评技巧,学会批评的语言与基本步骤。于是,本章为你们提供了以某一修辞批评方法为起点的过程步骤。从第三章到第十章将展示各种主要的修辞批评方法。第十一章换了一种批评方式——生成批评——一种随着你作为批评者的技巧不断见长而可能采用的方法。使用这种方法,你可以根据作品自身的语料特征,创造出一种分析方法或框架。

　　你们的起点则是使用一种批评方法——不论是自选的还是教授为你们选定的。一旦着手一种特定的批评方法,就进入了修辞批评过程中的四个步骤:(1)选择作品;(2)分析作品;(3)构建研究问题;(4)撰写论文。

选择作品

　　你们的第一步是找到一件作品进行分析,该作品要适合你们所选的

_____

① 〔第二章选自该书第9—20页,福斯对"修辞批评"的操作步骤给予了详细清晰的说明。相关阐释可参见袁影《修辞批评新模式构建研究》(2012)中的第三章"修辞批评:对象、功能及过程步骤"。〕

方法。① 作品就是研究对象——供分析用的修辞行为、事件或产品。它可以是任何让你感兴趣的象征使用实例——比如一支歌、一首诗、一篇讲演、一件艺术品甚至一座建筑，并似乎能对修辞过程提出卓见。

作品适合一种方法，会在两个方面有所表现。首先，它必须包含作为本方法分析单元焦点的种种语料。分析单元将注意力聚焦于作品的某些特定方面而非其他方面。批评者不可能考察作品的所有方面，因此分析单元作为一种载体或镜头让你考察作品。它们是扫描工具，用来收集关于作品的特定种类的信息，以特定方式指导分析和缩小范围，显示某些部分而隐藏其他。分析单元包含各种策略、各种证据、价值观、措辞以及隐喻一样的对象。例如，若你使用叙事批评法，你将需要一部叙事文或故事或内含故事的作品。若你使用隐喻批评法，你将需要一部明显包含隐喻的作品。

你所选的必须是让你真正喜欢或真正讨厌的作品，某种让你困惑不解、让你无法解释的作品。我们一直对周围的作品做出如此反应——我们喜爱某一首歌，我们不明白作为歌手的她为什么有如此吸引力，我们惊诧被子上的艺术图案，我们不解某幢建筑传达着什么信息。让日常遭遇作品时的兴趣引导你选择作品。对作品的兴趣、热情和好奇心是写作批评文章的重要启动因素。

分析作品

批评过程的第二步是用方法中的步骤编码或分析作品。每种批评方法都有自己分析作品的程序，在这一步，你可以运用本方法提供的分析单元。如果你在运用隐喻分析法，你会对作品中的暗喻进行分析。如果你在运用词群法（cluster），你会在作品中识别关键词语，找到群集在它们周围的词语。在这一步骤中，你会对作品进行近距离、系统化分析，并

---

① ［此处的方法需作广义理解，既可以指福斯书中所涉及的新亚里士多德主义、词群批评、幻象主题批评、类型批评等已有的批评模式，也可以是用我们所学过的某个或几个修辞学核心概念来作为分析的视角。］

彻底熟悉你的方法突显的维度。

对作品做分析的一种简单方法,就是将你对作品的笔记列成清单,在你所作的"编码"(code)或观察结果之间留些空白。将所作的各种观察结果剪开,让一张独立的纸条上只留一段想法或观察。然后,将有关同一事物的纸条分在同一组,并将其叠放在一堆;将有关其他事物的纸条分在另一组,并将其叠放在另一堆。这些纸条堆中有什么要看你使用的批评方法——比如,可能是不同的幻想主题、不同的隐喻或不同的叙述元素。尝试不同的方法来组织这些纸堆。这些纸条允许你将观察结果,组而再组到不同类别,它们鼓励你用多重方法对作品的语料加以概念化。

构建研究问题

研究问题可以促使你通过作品分析去发掘修辞策略。它表示你的研究对于我们理解修辞过程的运行做出了什么贡献——换言之,是对修辞理论的贡献。尽管在论文中你可能选择以主题陈述而非真实问题的形式陈述你的研究问题,你希望能够表达研究问题在你心目中的内容,因为是它促使你明确你的分析目标。研究问题通常是一些诸如:"有歧义的作品是怎样说服人的?""有什么策略可以帮助人在受辱后重拾自信?""受排挤的群体用什么策略挑战处于优势地位的观点?"或者"政治领导人是如何将一个国家树立为敌人的?"

要构建研究问题,可以采用电视真人秀《危险》(*Jeopardy*①)中的原

---

① [*Jeopardy* 是美国好莱坞的一档已风靡 50 年的电视娱乐真人秀节目,独特之处在于问与答的方式:它以答案的形式提供材料,选手必须以问题的形式提供答案。如 CNN International 网站 2014 年 3 月 21 日更新的介绍此节目的网页标题与文章的形式都是 *Jeopardy* 式的,不仅贴切地介绍了内容,而且生动地表现了风格。
标题: A: This game show is celebrating 50 years. Q: What is 'Jeopardy!'? (答:这档娱乐节目正在庆祝 50 周年。问: 什么是"危险!"秀?)
首句: It's an enduring game show that engenders affection while challenging even the most erudite among us.
尾句: After 50 years, can anyone question that?]

则，针对你刚完成的分析所得答案提出一个问题。使用你的调查结果去发现什么是你分析的作品中最重要、最有用或者最深刻的部分，并且把该焦点转化为研究问题。例如，如果你的分析揭示：一部作品可以让一个颇有争议的话题变得似乎正常，你的研究问题可能像这样，"是什么修辞策略促成了有争议观点的正常化？"

　　研究问题通常涉及交流过程的四个基本组成部分——修辞者、受众、场景和信息。如果你在形成研究问题时有困难，认清你的研究归属的舞台，可能帮助你提出问题。

　　（1）修辞者。有些研究问题针对的是修辞者与其辩术之间的关系。集中于修辞者本身的问题可能关涉到修辞者的动机、修辞者的世界观或者修辞策略为修辞者起作用的方式。"提及牛仔在政治家的修辞中是怎样起作用的？"这是一个以修辞者为焦点的研究问题。

　　（2）受众。有些研究问题关注的是作品和受众间的关系。尽管修辞批评不允许你回答在听众身上引起的实际修辞效果问题，但你能问的问题可以是作品选择自己偏爱的听众类型或者作品促进听众价值观和信仰的作用方式。一个聚焦于听众的问题是："对电视真人秀的基础和目标而言，理想的观众是什么样的？"

　　（3）场景。其他研究问题关注的是作品与所处情境或语境之间关系。这样的问题可能关注场景对作品的影响、修辞者对作品中场景的定义或者作品是否足以处置一个特定场景的紧急情况。以场景为中心的研究问题是："政治领导人如何定义紧随国家危机之后的紧急情况？""这些定义对危机观点有什么影响？"

　　（4）信息。修辞批评的大多数研究问题关注信息。焦点在于使作品产生独特性的具体特征。这些问题可能关注构建论点的种类、所用比喻的类型、所用的关键词或者有助创造某种作品的修辞策略和特征的综合。聚焦信息的研究问题例如："有效的道歉具有什么特征？"或"对于那些与文化常规相违背的命题，修辞如何为其提供支持？"

　　当你构思你的研究问题时，应尽量避免批评生手在创建研究问题中有时会犯的三个错误。第一是把问题做得太宽泛、太普通。例如"关于战争的政治修辞是怎样运作的？"问题太宽泛、丧失焦点，无法通过一个甚至若干个作品的修辞分析做出回答。可以尝试通过关注作品中最让你感兴趣的那些具体特征来缩小问题的范围。然后,你可能把这个问题缩小到如下问题:"政治领导人使用什么修辞策略,让不得人心的战争显得正当有理?"

研究问题容易发生的第二个偏差是问题的措辞没有为任何亮点留下探索和解释的余地。以"Do"为其典型开头的正误(Yes-or-No)问题,即是一例:"政治领导人会证明不得人心的战争正当吗?"不仅这些问题只需简单的对错回答,而且它们的答案通常是显而易见的——当然政治领导人会努力使不得人心的战争显得理由正当。要确保你的研究问题充分利用你的分析所带来的有趣而有用的卓见,有一个简单的办法,即运用如下词语进行提问:如何?在什么方面?其中经历什么修辞过程?或其中用到什么修辞策略?

你提出研究问题时,还要避免一件事。不要将你特定的作品或语料包含在你的研究问题中。尽管某些批评方法(如意识形态法)有例外,但研究问题通常应该比你正在分析的作品范围更大。你应该能用任何数量的作品来回答这个问题,而非仅限于你所选择用于研究的唯一作品。通过将问题的元素变得更加抽象,把适合你一部作品分析的问题扩展为更通用的问题。你的问题不会如"在恐怖主义者9月11日袭击以后,乔治·沃克·布什怎样安抚民众?"而会是"政治领导人使用什么修辞策略在灾难事件后让公民消除顾虑?"你的问题不会如"国家步枪协会(National Rifle Association)怎样使它的观念让有抵触情绪的观众易于接受?"而会是"强化思想意识的组织如何构建信息以吸引通常有抵触情绪的观众?"

撰写论文

分析好作品以后,你可以开始写你的批评文章了。要把做分析与写文章看作两个独立的过程。不要将你做过的所有思考和经历的所有分析步骤全部写进你的文章之中。你写到纸上的内容应该是你分析的最终结果,这样你就可以拿出一篇内容连贯、证明充分的文章来汇报你的见解。一篇批评文章包括五个主要组成部分:(1)引言,其中讨论研究问题,它对修辞理论的贡献及其意义;(2)作品及其语境的描述;(3)对你所用分析方法的描述;(4)分析结果报告;(5)你的分析对修辞理论的贡献讨论。这些部分无须以独立章节讨论或者以标题明示,但是你会以某种方式将这些话题包括进你的文章。

• 引言

你的某篇论文引言的任务就是任何论文引言的任务。你要将读者引向标题,并且对你组织此文的目的做出清晰的陈述。在引言中,确认分析要回答的研究问题,尽管你不必将它作为一个实际的问题在文中陈述。它通常在你的文章中以目的或主题句的形式出现,可用如下词语"我将讨论""我将建议"或"我将探索"。如果你提出的研究问题是"对观众而言,电视真人秀有什么功能?"之类,你可以在论文中这样陈述:"本文将探讨电视真人秀的功能,以便观众能发现此类节目的吸引力所在。"

引言的一个主要目的是引发兴趣,使你的读者想要读你的文章,尽管他们一开始对你的作品并没有好奇心。用文章吸引读者的一个方法是暗示他们将学到对他们自身而言很重要、很有意义的东西。如果可能,思考一些与你的分析有关而且你的读者有体验的真实生活中的修辞过程。如果你在分析一篇由NRA成员向枪械控制支持者作的讲话,你可能会提供一些个例,其中有人试图说服那些对他们持敌对观点的人。如果你正在分析的一篇讲话中修辞者综合了两极分化的观点,那么你可以辩论说这一作品是修辞者在对立意见中创造共同点的典范。你可以建议,了解怎么做到这一点,对于有效处理不同派别之间的纷争非常重要。

引发兴趣的另一方法是提供信息,说明对此作品所做的其他分析不完整、不适当或提供的解释不令人满意。你还可以暗示你的研究之所以重要是因为它深化、详述、发展或者以某种方式增进了对某个修辞过程的已有了解。当你讨论为何你所贡献的认识重要时,你就是在处理研究中"那又如何"的问题。这个问题让你考虑读者为什么关心这一话题并继续读完文章。

- **作品描述**

　　如果你文章的读者要理解你作品的分析，他们必须熟悉作品本身。要让读者熟悉作品，就要在文章开头提供作品综述或摘要。给读者提供他们需要的信息以便他们理解作品、跟上分析思路。如果你正在分析一部电影，你就应该告诉他们这部电影是什么时候发行的、谁是导演，并且提供电影情节、主要角色和主要技术特征概要。如果你正在分析一篇讲话，作品描述中要包括修辞者提出的主要观点、修辞者发表讲话的重要特征、场合以及观众的反应。你还要为作品提供背景（context），并将其定位在它所属的社会、政治、经济布局之中。如果，例如，你正在分析一本哈利·波特小说或电影，那么请提供哈利·波特现象的简要说明——介绍小说作者是谁、丛书系列、卖出数量、电影票房总额以及一些宗教组织之间产生的争论。

　　你的作品描述，从某种程度上讲，是对作品的一种解释。你不可能将有关作品的一切信息都告诉读者，因此你必须做出决定在描述中突出什么特征。在此过程中，你想要描述并且因此强调了作品中的某些方面，它们对随后的分析非常重要，并且与之相关。不要将作品描述得过于详细。你将在呈现你分析的发现结果时，揭示作品内容的诸多细节，因此出现在随后分析中的细节没有必要包含在介绍部分。这只是提供作品宽泛概述的地方，因为你知道以后读者将会越来越熟悉你的作品。

　　在描述作品的过程中，还要提供理由，说明该作品为何对分析特别合适、有用，能为研究问题提供答案。许多不同的作品可以用于回答同样的研究问题，所以提供解释来说明，为何分析你的作品是个很好的选择，能解释你的研究问题所论证的特定修辞过程。有多种理由可用于为你的作品提供说明。也许此作品代表了具有文化意义的类似文本群集。也许你正在分析的作品赢得了许多珍贵的奖品或者在赚钱方面也是非常成功的。也许作品已经为许多人所了解或者产生了不寻常的反应。

也许作品中使用的修辞技巧值得探索。

● 方法描述

你需要涵盖的又一个话题能够帮助读者完全理解文章中将要发生什么——用于作品分析的方法描述。认清你正在使用的方法，解释谁创造了该方法（如果能够找到方法的始创人），界定它的关键概念，并且简要列出它的基本原则或步骤。例如，如果你正在使用批评的幻想主题法，你的描述可能包括它的创造者欧内斯特・鲍曼（Ernest Bormann）、它的基本词语（即幻想主题和修辞视野的定义）以及该方法假定（assumptions）的简要解释。

● 分析结果报告

你的分析结果报告构成文章的主体。这一部分将为读者展示你的作品分析结果。讲述你将批评方法运用于作品分析中有何发现，并从作品的语料中为你的发现提供支持。比如说如果你用戏剧五要素分析作为你的方法，你应识别作品中的行为、目的、施事者、手段及场景等术语。如果你用幻想主题法分析作品，那么该部分的组织结构将会围绕幻想主题的背景、角色与行为以及它们创造的修辞视野而展开。

当你解释调查结果时，引用相关文献以阐述和扩展你的想法。注意在你的分析部分要突出自己的想法，让其成为段落中的主要陈述，而不附和他人想法。你认为与你的分析相关的任何理论与概念，都应该用来支持、详述和扩展你的想法，而非让别人的想法淹没你自己。

如果你使用了在编码步骤中将观察结果分列在不同纸条上的技巧，你就得到了一个很容易的方法来撰写你的分析。将叠放成堆的纸条按顺序排列，纸条上是那些你要谈论的发现结果。当你准备写你分析中的某个部分时，只要拿与该部分话题相关的一沓纸条并将里面的顺序排好，依照你想讨论的想法与例证的顺序排布，并排除那些你不想包含在本篇文章中的内容。写作时，将纸条上话题经由过渡、预览、总结与解释连接起来。

使用该方法有利于你的论文写作。有关分析的各个部分，你有自由采用任何顺序——没必要一定以模式的第一部分开始。每一沓纸条包含了与本部分相关的所有想法；你不需要看着一部分内容想着怎样进行下一部分写作。这一写作系统的另一优点是，你不会遗失发展线索，因为此模式组织清晰，你想讨论的所有内容已经明确，并排列有序，随时待命。

● **对修辞理论的贡献**

你的文章以讨论你的分析对修辞理论的贡献结束。这种贡献就是你对研究问题的回答。在文章的这个部分，要远离你的特定作品或语料，而以更通用、更抽象的方式回答你的研究问题。要从你作品的特定语料超越出来，聚焦你所关心的修辞过程。要向你的读者说明，作品分析如何可以为你所关注的更大的问题提供答案，并讨论你在引言提及的研究意义。也许你也可以说明，你产生的新知识如何以某种方式改进人类交流。

你对修辞理论的贡献可能表现在下面两个方面：确认新概念，认清概念间的新关系。概念与关系是理论两个基本要素。概念是理论的主要成分、要素或变量。概念表明你所观察的以及你认为重要的内容。关系陈述是概念如何相互联系的解释。它们能够有助于确认变量及概念间的关系模式，并且说明概念是如何相互联系的。例如，有关信誉获得过程的修辞理论认为，要取得可信度，修辞者必须向观众展示智力、道德水准以及良好意愿。本理论概念有三：智力、道德水准以及良好意愿，而且假设所有三个概念在作品中相互作用，以帮助读者认为修辞者是可信的；这就是关系陈述。你的分析可以通过确认修辞过程中的重要概念或指出概念间的联系或两者兼备，从而对修辞理论做出贡献。

尽管你不能将你的分析结果推广到与你的作品相类似的其他作品或者推及具有相似修辞过程的作品，但是你对某一作品的研究同样可以做出贡献。大卫·扎雷夫斯基（David Zarefsky）把这种贡献称为一种"适合特别案例的理论"，并且认为对你的（特别案例的）作品分析，允许你提议一种"比其他理论更充分解释此作品的"理论。这样你就能基于作品中有限的证据，对修辞过程的某个方面提供一种初步、大体的理解。[①]

　　一想到自己可以而且应该在批评文章中为修辞理论做出贡献，这种想法会令修辞批评新手感到不舒服。你可能感到自己还不够专业，不足以提出新理论或不足以为增进我们对修辞运作机制做贡献，或者你可能感到要做出如此贡献，自己尚未够格。其实，以你看待世界的方式，你就是一位专家——用自己的观念察看世界。这一观念非你莫属。你在作品中能看到他人看不见的东西，而且为修辞理论作贡献就是一种方式，以分享你的独特观念并提供对作品的全新理解方式。另外，要记住你与别人分享的观念并非空穴来风——你对修辞理论所做的贡献是以严谨而系统的分析为基础的。

批评文章的评价标准

　　是什么让一篇批评文章好过另一篇？评判一篇文章的标准是什么？修辞批评是不同于量化研究的一种类型，因此不能用量化研究的标准来判定。在量化研究中，评估的基本标准是有效性——研究人员是否在测量他们声称他们正在测量的内容，与可靠性——使用相同或类似测量工具对相同对象集进行反复测量时所得的结果可复制性。与之相对的是，修辞批评的评估标准是说明理由、合理推论以及前后连贯。

　　修辞批评评判作品分析的标准根植于两点主要假设。第一个假设是客观现实并不存在。正如第一章所讨论的，我们这些学习修辞的人坚信，我们谈论现实所用的修辞构成了现实；它是由象征创造的。这样，你正在分析的作品并不能构成可知可证的现实。你不可能知道作品"真

---

① David Zarefsky, "The State of the Art in Public Address," in *Texts in Context Critical Dialogues on Significant Episodes in American Political Rhetoric*, ed. Michael C. Leff and Fred J. Kauffeld (Davis, CA: Hermagoras, 1989), pp. 22—23.

正"蕴含了什么,因为研究作品时所用的概念词汇不同,所反映的现实就会不同。

作为修辞批评标准基础的第二个假设与第一个假设联系紧密:一个批评家要了解作品,也只能通过个人的解释。你无法保持客观、公正并与事实保持距离,因为你已然在批评任务中携带了特定的价值观与经历,它们会在你看待与评述作品的方式中反映出来。这些假设说明你作为批评家的任务实际上只是对作品提供一种视角,即一种可能的看待方法。你所关注的并不是要发现对一个作品的真实、准确或合适的解释。因此,两个批评家可以分析同一作品,提出相同的研究问题,却得出不同的结论,但无碍两人所写批评文章双双出色。

- **论据充分**

判定一篇批评文章的主要标准是其证明(justification),即批评者所做的论证。[①]你必须能为你的观点进行辩护,或为你在发现报告中所做的结论提供缘由。我们判定论据的所有方法也适用于判断一篇批评文章的质量。你必须拿出一个主张(claim),即你努力辩护的论证结论。这一见解是针对"我们现在去向何方?"(Where are we going?)所作的回答。你必须提供证据支持你所做的主张,并且从作品中举出足够的证据对这一观点加以论证。此证据构成你论证的基础或根据(grounds),它们是取自作品的一些事实(data)。这些作为基础的论据回答的是"我们手握什么可作继续?"(What do we have to go on?)

要让受众看到作品如你宣称一样,最容易的方法就是对话语作品充分引用,对视觉作品多维度充分描述。你引用证据必须精确,所引证据应该能够代表作品全局。这一引用的充分与精确标准要求你之所说事

---

① 有关修辞批评中论证作用的出色讨论参见: Wayne Brockriede, "Rhetorical Criticism as Argument," *Quarterly Journal of Speech*, 60 (April 1974), 165—174.此外, Barbara A. Larson认为图尔明论辩模式(Stephen Toulmin's model of argument)可用于修辞批评中事实与观点的结合:"Method in Rhetorical Criticism: A Pedagogical Approach and Proposal," *Central States Speech Journal*, 27 (Winter 1976), 297—301.

实上存在于作品之中。①

● **推导合理**

　　判别论证的第二个标准就是合理推导，这同样适用于批评性论文。也就是说，你必须展示你是如何从作品中的事实推导你正在做出的结论的。写文章时，你必须让读者看到你据理陈述的主张如何能够从你的事实根据中推导而出。例如，如果你主张一座大楼上的直线暗示着刚性，你就要解释你是怎么从直线推导出刚性的——也许是因为它们"笔直而狭窄"的特点或者是视觉上缺少变化与偏离。

　　此处你所做的是，详细解说你观点中的理由。此理由（warrant）可以保证从根据/事实导向主张/结论，并回答："我们如何为从事实到主张的转化提供合理证明？"②尽管你的读者必须跟随你从事实走到主张，但是他们不一定要同意这些主张。他们不必得出与你一样的看法，同意你的文章是谨严、优秀的。每个批评者在这一过程中都会带有自己独特的框架和偏爱，所以解读作品要达到完全认同是不大可能的。然而，你的读者应该能看懂并欣赏你是怎么得出主张的。

● **前后连贯**

　　判定修辞批评文章的第三条标准是连贯性。你必须将各项研究发现

---

① ［此处所涉及的证明实际上相当于三段论中的小前提与结论之关系，而下面部分是关于大前提的作用。福斯在此借用了图尔明模式中的术语来加以表达，也可说明此模式在当代的流行。模式中除了事实（datum）、理由（warrant）、主张（claim）三个基本要素外，另有三个辅助要素：理由的依据（backing）、反证（rebuttal）、限制（qualifier），可以较为充分地展示或然性论证的过程。参见袁影、蒋严《修辞三段论与寓义的语用推导》（《外语教学与研究》2010第2期）。］

② 结论性主张、小前提事实、大前提理由是图尔明论辩模式中的基本要素，有关其模式的详细情况见：Stephen Toulmin, *The Uses of Argument* (Cambridge, UK: Cambridge University Press, 1958); Stephen Toulmin, Richard Rieke, and Alan Janik, *An Introduction to Reasoning* (New York: Macmillan, 1984); and Sonja K. Foss, Karen A. Foss, and Robert Trapp, *Contemporary Perspectives on Rhetoric*, 3rd ed. (Long Grove, IL: Waveland, 2002), ch.5.

以连贯一致的方式加以编排和呈现。一致性是指你的调查结果互不矛盾、具有内在一致性,而且指所分析作品中的主要方面都被包含在你所陈述研究结果的概要中——主要内容无一遗漏或未予解释。平行结构与标记也能为你的结果创造连贯性——标记应该在抽象和语言层面相互平行。

如果你的调查结果包括了三条主要策略,那么这些策略应该是同样的具体或抽象,同样的特殊或一般,并且其措辞应该在长度、语气以及词汇类型方面互相匹配。例如,让自己受苦、向人恳求以及修辞者为说服青少年听众而提出新计划,这三条修辞应用策略的标签抽象层次不同,所用语气及语言也形态各异。用于这些策略更为平衡的标记可以是痛苦的(suffering)、恳求的(pleading)和创新的(innovating)。

连贯也要求批评家对调查结果做出足够的分析,以期有创见、有意义。比如,作隐喻分析,你可以将修辞者在作品中所用的隐喻列举出来进行汇报。但是,要满足连贯的标准,你会做出额外的分析。你会对隐喻进行分类,并且在一个协调的框架内对这些分类提供解释。以连贯的方式陈述调查结果,通常会为你的语料提供深刻理解。

评价批评文章的标准直指修辞批评实为艺术而非科学的本质。在修辞批评中,批评家对作品的处理更像艺术家而非科学家。作为一个修辞批评家,你必须为整个修辞批评过程注入诸多创造性活力——所作文章不能枯燥乏味,帮助读者如你一般想象与体验作品,传递你对作品的兴趣以至热情,说服读者如你一般看到作品对修辞理论的贡献,并且强烈邀请读者以全新的视角看待世界的某方面。[1]

后续内容

后续的章节按计划是为作为修辞批评者的你提供的进一步指导。

---

[1] 有关修辞批评评判标准的详细讨论参见:Sonja K. Foss, "Criteria for Adequacy in Rhetorical Criticism," *Southern Speech Communication Journal*, 48 (Spring 1983), 283—295; and Philip Wander and Steven Jenkins, "Rhetoric, Society, and the Critical Response," *Quarterly Journal of Speech*, 58 (December 1972), 441—450.

这些章节所提供的形式化修辞批评方法，可以在实践中培养你在修辞批评艺术方面的技巧。为帮助你在批评过程中获得自在并学会做出优秀的批评论文，后续的章节将包含四个部分，分别提供不同机会，以探索各种方法及其为作品带来的创见。

每章从批评方法的理论概述开始，内容包括其起源、假设以及数个分析单元。每章的第二部分将详述方法应用于作品的过程和步骤。随后是应用方法的示范论文。有些示范论文由同你们一样正在学习批评的学生写成，还有一些由经验丰富的修辞批评家撰写。如果你是没有修辞批评经验的批评新手，你会发现学生写成的论文短而简单，更好下手，但是所有论文之所以入选，是因为它们建立的方法的应用模式特别明晰。每章结尾处额外列举的都是应用各章主题方法的论文清单。这些范文清单当然并非穷尽，难免挂一漏万；如此安排只是希望能够抛砖引玉，以助你找到其他应用方法的范例。

这七个章节按字母顺序组织：词群（cluster）、幻想主题（fantasy-theme）、类型（generic）、意识形态（ideological）、隐喻（metaphor）、叙事（narrative）以及戏剧五元（pentadic）批评。本章讨论过的修辞批评过程的步骤，将在这七章中重复使用，为批评提供一个稳定的基本框架，通用于各种方法、作品及研究问题。新亚里士多德批评（neo-Aristotelian criticism）和生成批评（generative criticism）两章未按字母顺序排列。新亚里士多德批评居首是因为它是传播领域的开山方法，堪为其他形式化方法呼应的对象。与其他方法的不同之处在于它为修辞批评确立了专门的目标，而此法却是当今修辞批评家极少使用的。生成批评章总结全书，它涉及的实施批评的过程不同于其他章节的所有过程。在生成法中，批评家以作品本身的语料为来源生成一种方法或一个解释模式。生成批评是一种高级批评方法，需在你实践过一些形式化的批评方法之后，再做尝试。

你即将开始一场令人兴奋的冒险行动，它将吸引并激发你的批评思维，并促使你发展更为精严的写作技巧。如果你同大多数修辞批评家一样，你将发现在实践批评方法、进行作品分析的过程中，自己会被吸引,心生好奇,且深受启发,而有时则会遭受挫折和阻碍。修辞批评的过程要求高、困难多,但也充满趣味。这一批评技巧将不但有助你分析别人所创造的世界,还将助你更有意识地选择自己所愿栖居的象征世界。

阅读推荐

1. 大卫·宁等. 常昌富, 顾宝桐译. 当代西方修辞学: 批评模式与方法
   [C]. 北京: 中国社会科学出版社, 1998.

   　　此译本提供了新亚里士多德主义、戏剧主义、社会学、后现代主
   义修辞批评模式及其下属分析法中的代表性文章。另可参见该套译
   丛中同年出版的《当代西方修辞学: 演讲与话语批评》, 内有现代修
   辞批评奠基人赫伯特·维切恩斯《演讲的文学批评》、艾德温·布莱
   克《修辞批评: 方法之研究》等相关选文。

2. 邓志勇. 叙事修辞批评: 理论、哲学假定和方法[J]. 当代修辞学,
   2012, (3): 68—76.

   　　作者独著或合著了多篇修辞批评论文。此篇围绕叙事修辞批
   评, 还有针对戏剧五元、幻想主题、社会运动修辞批评等的专项研
   究; 2010年他获得了"当代美国修辞批评的理论与范式研究"国家
   社会科学基金, 同名著作已由中国社会科学出版社于2015年出版。

3. 蓝纯. 修辞学: 理论与实践[M]. 北京: 外语教学与研究出版社,
   2010.

   　　本书是北京外国语大学修辞学课程的教材, 以修辞批评实践为
   特色, 主要运用西方古典修辞学概念对各种类型的古今英汉代表性
   语篇进行修辞分析; 语例丰富、理论阐述与批评实践结合紧密。

4. 林静伶. 语艺批评: 理论与实践[M]. 台北: 五南, 2000.

   　　此为我国台湾第一本用中文撰写的修辞批评[台译语艺批评]
   的书籍; 全书分为理论篇和实践篇, 前者阐述了西方主要修辞批评

方法,后者用其中的一些方法具体分析中国台湾地区的政治、社会问题。另可参考游梓翔《领袖的声音:两岸领导人政治语艺批评(1906—2006)》(2006)与温伟群《"总统"电视辩论:语艺策略与类型批评》(2007)。

5. 袁影. 修辞批评新模式构建研究[M]. 上海:上海外语教育出版社,2012.

　　书中对西方修辞批评的主要模式进行了多维比较和述评,并构建了一个由"修辞情境""修辞发明""文体"组成,范畴围绕策略、范畴间关系明确且范畴内部层层细化的新模式。通过对新闻、演讲、科学等五种语体十个语篇的分析,验证了此模式的广泛适用性、可操作性和阐释力。

6. Benson, Thomas W., ed. *Landmark Essays on Rhetorical Criticism* [C]. Davis: Hermagoras Press, 1993.

　　此文集收录了西方现代修辞批评奠基人Herbert Wichelns的名文,界定了"修辞批评"概念,并提供了影响深远的新亚里士多德批评模式。文集中还有著名修辞学家Kenneth Burke、Michael Leff、Karlyn Kohrs Campbell等的修辞批评经典实例分析。

7. Burgchardt, Carl R., ed. *Readings in Rhetorical Criticism* [C]. State College: Strata Publishing, Inc., 2005.

　　根据此版[第三版]封底介绍,本书被视为"现行修辞批评文集中最好且最全面"的著作,并已于2010年发行了第四版。选文围绕传统主义批评、戏剧主义批评、叙事批评、女性主义批评等十大主要修辞批评模式展开论述。

8. Hart, Roderick P., and Suzanne M. Daughton. *Modern Rhetorical Criticism* [M]. Boston: Pearson Education, 2005.

　　此著除了上面书中涉及的主要批评模式外,还有专门围绕情境、推理、句式、词汇、媒介等的分析。

9. Kuypers, Jim A., ed. *The Art of Rhetorical Criticism*［C］. Boston: Pearson Education, 2005.

    此书为修辞批评教材，收集了多位专家对各主要修辞批评方法的系统理论阐述及相应的实例分析，并且对各方法的优势与困境都做了总结。编者还特别注重选文的可读性和可接受性。

10. Longaker, Mark G., and Jeffrey Walker. *Rhetorical Analysis: A Brief Guide for Writers*［M］. Boston: Pearson Education, Inc., 2011.

    两位作者（J. Walker为资深修辞学家）均来自美国修辞学重镇得克萨斯大学奥斯汀分校，此书是他们为本科生编撰的教材，主要为针对经典修辞学概念的阐释和应用，如凯洛斯、修辞推论、情感诉求、人格诉求等。

附　录

1. 选文篇目中英名称对照表

[古希腊]伊索克拉底（ISOCRATES）
驳哲辩师（*Against the Sophists*）
交换法（*Antidosis*）

[古希腊]亚里士多德（ARISTOTLE）
修辞学（*Rhetoric*）
第一卷　第一、第二章（Book I: Chapters 1 & 2）
第二卷　第一、第二章（Book II: Chapters 1 & 2）

[古罗马]佚名（ANONYMITY）
献给赫伦尼厄斯的修辞学（*Rhetorica ad Herennium*）
第一卷　第一至三章（Book I: Chapters 1—3）
第三卷　第九、第十章（Book III: Chapters 9 & 10）
第三卷　第十六至二十四章（Book III: Chapters 16—24）

[古罗马]西塞罗（CICERO）
论雄辩家（*De Oratore*）
第三卷　第二十九、第三十章（Book III: Chapters 29 & 30）
第三卷　第五十六至六十一章（Book III: Chapters 56—61）

认同（Identification）
语言即象征行动（*Language as Symbolic Action*）
词语滤镜（Terministic Screens）

［美国］理查德·韦弗（RICHARD WEAVER）
语言即说教（*Language Is Sermonic*）

［比利时］钱姆·佩雷尔曼（CHAIM PERELMAN）
修辞学王国（*The Realm of Rhetoric*）
第二章　论辩·言者·受众（Chapter 2　Argumentation, Speaker, and Audience）
第四章　选择·在场·呈现（Chapter 4　Choice, Presence, and Presentation）
第十三章　语篇论据的顺序（Chapter 13　The Order of Arguments in a Discourse）

［美国］乔治·肯尼迪（GEORGE A. KENNEDY）
比较修辞学：历史与跨文化导论（*Comparative Rhetoric: An Historical and Cross-Cultural Introduction*）
序言：修辞的比较研究（Prologue: The Comparative Study of Rhetoric）

［美国］索妮娅·福斯（SONJA K. FOSS）
修辞批评探索与实践（*Rhetorical Criticism: Exploration and Practice*）
第一章　修辞批评特征（Chapter 1　The Nature of Rhetorical Criticism）
第二章　修辞批评实践（Chapter 2　Doing Rhetorical Criticism）

2. 西方修辞学核心概念英汉对译列表

Argumentation	论辩
Arrangement	布局/谋篇
Audience	受众
Comparative Rhetoric	比较修辞学
Copia	丰裕
Deliberative Speech	审议性演说/议政性演说
Delivery	宣讲/发表
Dramatic Pentad	戏剧五元
Eloquence	雄辩
Enthymeme	修辞推论/修辞三段论
Epideictic Speech	典礼性演说
Ethos	人格诉求/修辞人格
Five Rhetorical Faculties	修辞五艺
Forensic / Judicial Speech	庭辩性演说
Identification	认同/同一
Invention	修辞发明/觅材取材
Kairos	凯洛斯/契机
Logos	逻辑诉求/理性诉求
Memory	记忆
Pathos	情感诉求
Presence	在场
Rhetoric	修辞
Rhetorical Criticism	修辞批评
Scheme	非转义辞格

Stasis	争议点
Style	文体
Taste	品味/情趣
Terministic Screen	词语滤镜/辞屏
Topos	论题/论式/话题
Trope	转义辞格
Vivacity	生动